Spracche des Hasses

Friedrich Paul Heller
Anton Maegerle

Die Sprache des Hasses

Rechtsextremismus und völkische Esoterik – Jan van Helsing, Horst Mahler…

Schmetterling Verlag

Die Deutsche Bibliothek – CIP-Einheitsaufnahme

Heller, Friedrich Paul:
Die Sprache des Hasses. Rechtsextremismus und völkische Esoterik – Jan van Helsing, Horst Mahler ... / Friedrich Heller; Anton Maegerle. – 1. Aufl. – Stuttgart: Schmetterling Verl., 2001
ISBN 3-89657-091-9

Schmetterling Verlag
GbR Jörg Hunger und Paul Sandner
Lindenspürstr. 38b
70176 Stuttgart
www.Schmetterling-Verlag.de
Der Schmetterling Verlag ist Mitglied von aLiVe, der assoziation Linker Verlage.

ISBN 3-89657-091-9
1. Auflage 2001
Printed in Germany

Satz und Reproduktionen: Schmetterling Verlag
Druck: GuS-Druck GmbH, Stuttgart
Binden: IDUPA, Owen

Inhalt

Vorwort

Die deutschen Rechtsextremen haben sich ihre eigene Symbolsprache geschaffen. Sie eignen sich Jahrestage und Gedenkstätten an. Sie besetzen Raum und Zeit mit ihrer Symbolik. Wenn sie an Tagen wie dem 1. Mai in Großstädten aufmarschieren, führen sie ihren «Kampf der Symbole». Ihr Revisionismus ist längst mehr als nur Auschwitzleugnung: Er deutet die gesamte Hitlerzeit um. Die rechtsextreme Symbolik baut Hass und Aggressionen auf, die sich gewaltsam entladen. Dieser Hass ist Programm. Zu den wichtigsten Stichwortgebern des Rechtsextremismus hat sich in den letzten Jahren die braune Esoterik entwickelt. Der Rassismus hat sich verändert und Auswahlmörder hervorgebracht. Der Rassismus nach Auschwitz erklärt der Gesellschaft den Krieg.

Das sind, sehr knapp formuliert, die Thesen, die wir in diesem Buch durchführen wollen.

Die beiden unheimlichen Helden dieses Buches sind Horst Mahler und Jan van Helsing. Mahler, der Düstere, verbreitet im Internet eine Theologie des Terrors. Er schlägt eine philosophisch-theologische «Endlösung der Judenfrage» vor. Helsing, der gelegentlich zum Lachen reizt, verziert das Universum und das Erdinnere mit Hakenkreuzen. Seine braune Esoterik verschafft einer Denkweise, die einmal als ewig gestrig galt, auf pseudoreligiösen Umwegen neue Aktualität.

Für dieses Buch verwenden wir hauptsächlich Quellen aus den Jahren 1998-2001. Leserinnen und Lesern, die weiter zurückgehen wollen, sei unser Buch *Thule: vom völkischen Okkultismus bis zur Neuen Rechten* (2. Aufl. Schmetterling Verlag Stuttgart 1998) empfohlen.

Wir benutzen die neue Rechtschreibung. Da rechte Autoren in der Rechtschreibreform einen Angriff auf die nationale deutsche Identität sehen, behalten wir in Zitaten dieser Autoren die alte Schreibweise bei. Eine Anpassung würde deren politische Absicht verdecken.

Viele haben uns bei diesem Buch geholfen. Ihnen allen sei hier ohne Namensnennung gedankt.

Mai 2001, F.P.H. / A.M.

Die Symbolsprache der Rechtsextremen

«Immer mehr tritt der Kampf der Symbole zutage». (Wilhelm Landig: Wolfszeit um Thule*)*

Nehmen wir sie beim Wort! Ihre Sprache verrät sie eher als ihre politischen Programme. Die Parteiprogramme nimmt niemand ernst und die intellektuelle Neue Rechte hat, wie wir sehen werden, ihre Rolle als Stichwortgeber ausgespielt. Gemeinsam ist den rechtsextremen Parteien, den militanten Neonazis, der intellektuellen Neuen Rechten, den Antisemiten und braunen Esoterikern, neuheidnischen Sekten und dem politisierten Teil der Dark-Wave-Szene, dass sie eine gesellschaftliche Bewegung bilden. Wir nennen sie, anlehnend an Anetta Kahane und Bernd Wagner, eine neue völkische Bewegung. Der Zentralisierungsgrad dieser Bewegung ist gering, die Basis dafür um so breiter. Nicht die Parteien bauen sich eine Basis auf, sondern Jugendorganisationen und freie Kameradschaften haben die Altherrenpartei NPD revitalisiert. Horst Mahler spricht von «informellen Gruppen, die fernab von allem Ehrgeiz, eine Partei zu sein, sich mit den wirklich wichtigen Fragen beschäftigen»[1].

Die Wirkung der Gruppen und Organisationen ist weit größer als es die Anzahl der Organisierten vermuten lässt. Sie verständigen sich über einen gruppenübergreifenden Code. Sie verfügen über einen Bestand an gemeinsamen Symbolen, der jenseits der Parteienprogramme und Leitartikel seinen Ort hat. Diese Symbole unterlaufen alle parteilichen Demarkationslinien und Streitigkeiten von Parteivorständen, die die Einigkeit der Rechten beschwören, solange sie selbst die alleinigen Führer sind. Die rechtsextreme Symbolik ist der Kitt, der der dumpfen Unzufriedenheit zur Artikulation verhilft. Die Gründe für diese Unzufriedenheit sind durchaus konkret. Alte Gewissheiten sind abhanden gekommen, die Globalisierung verunsichert. Die Modernisierungsverlierer flüchten sich ins Sektierertum. Die politischen Eliten haben durch die Aushöhlung des Grundrechts auf Asyl und Kampagnen wie die Unterschriftensammlung der CDU gegen die doppelte Staatsbürgerschaft dies dumpfe Unbehagen artikuliert und gefördert. All dies ist untersucht worden und hat sich als zutreffende, aber letztlich unzureichende Erklärung erwiesen. Wir wollen in diesem Buch die Behauptung belegen, dass die Symbolwelten des Rechtsextremismus das Medium sind, das diesen – und vor allem die rechtsextreme Gewalt – verständlich macht.

Wie entstand die rechtsextreme Symbolsprache?

Die rechtsextreme Symbolsprache geht möglicherweise auf die Gefangenenlager deutscher Soldaten und NS-Verbrecher zurück. Nach US-Geheimdienstberichten benutzten die Häftlinge das Losungswort «ODESSA», um ihre Flucht zu organisieren oder bei der Essensausgabe bevorzugt zu werden. Solche Kürzel gehörten in den Jahren nach 1945 zu den Regeln des Versteckspiels und bald darauf des SS-Untergrundes[2].

***ODESSA**: Organisation der ehemaligen SS-Angehörigen[4]*

Die NS-nostalgische Symbolik wurde lange nur von Kleingruppen und Sektierern gepflegt. Savitri Devi, eine Europäerin, die in Indien nach ihren arischen Ursprüngen forschte, und der chilenische Hitlerbewunderer Miguel Serrano haben Nationalsozialismus und Esoterik literarisch zusammengeführt. Der Österreicher Wilhelm Landig hat die neonationalsozialistische Mythologie in seiner zwischen den späten siebziger Jahren und 1991 erschienenen, aber gewiss schon früher begonnenen Thule-Trilogie von insgesamt 1850 Seiten am dichtesten formuliert. Landig lässt seine Romanfiguren einen «Kampf der Symbole»[3] zwischen dem nordischen Mitternachtsberg und dem Berg Sinai oder Zion führen (Mitternachtsberg ist ein Liedtitel des rechten Sängers Josef Maria Klumb).

Savitri Devi s.S. 77

Miguel Serrano s. S. 87

Diese Bücher, auf die wir noch eingehen werden, wurden nur in kleinen Kreisen gelesen. Die heutige Symbolsprache des Rechtsextremismus ist ein Produkt der neunziger Jahre des 20. Jahrhunderts. Die neuen Sprachschöpfungen und Mythen (s. S. 81 ff u. S. 133) wurden von der Gewaltwelle der Jahre 1990-1992 und des Jahres 2000 stimuliert.

Aus was besteht die rechtsextreme Symbolsprache?

Sprachliche Symbole

Wörter sind im Zusammenhang gesprochener oder geschriebener Sätze logisch. Ihre Logik ist nicht immer einfach, und sie können Träger nichtlogischer Elemente sein, aber jeder Aussagesatz enthält etwas, dem man widersprechen oder das man für richtig halten kann. Funktionale Symbole (z.B. ein Einbahnstraßenschild) sind logisch und ihrem Zweck nach eindeutig. Nichtfunktionale Symbole hingegen sind von vorne herein mehrdeutig. Sie werden häufig benutzt, wo keine Argumente mehr angeführt werden können, denn sie entlasten vom logischen Argumentieren. Argumente können überzeugen oder nicht, Symbole erwecken Ängste oder Hoffnungen.

Wörter können durch veränderte Schreibweise oder besondere Betonung zu Symbolen werden («Doitschland»). Sie können sich in Zeiträumen so kurz wie ein Traum in ein Symbol mit anderen Konnotationen verkehren. Wenn ein Wort außerhalb eines Satzzusammenhangs benutzt wird, wird es häufig zum Symbol. Man kann argumentierend über «Volk» reden, wie wir es in diesem Buch tun. Ist aber die kurze Phrase «Wir sind das Volk» in einen anderen als einen sprachlichen Kontext gestellt, wird es zum Symbol für Selbstbewusstsein (wie in den Protesten zum Ende der DDR) oder zur Drohung gegen andere. In dem Wort «Jude» schwingt eine Fülle von Nebenbedeutungen mit. Als Schriftzug auf dem Judenstern bedeutete es, dass der Mensch, der den Stern trug, Jude war, vor allem aber symbolisierte es Stigmatisierung und erweckte Hass, Mitleid oder Angst.

Wörter können aber auch zu Symbolen werden, wenn sie in Satzzusammenhängen stehen. Wenn Horst Mahler, wie wir weiter unten sehen, von «Ostküste» spricht, meint er das nicht geografisch, sondern politisch.

Mitteldeutschland

Ostmark

Zecken

In den Druckwerken der rechtsextremen Parteien und Gruppen überwiegen die sprachlichen Symbole. «Mitteldeutschland» steht für die ostdeutschen Bundesländer (da Deutschland für die Rechten tief nach Polen hineinreicht), «Ostmark» (nach dem Sprachgebrauch Hitlers) für Österreich. Die eigenen Leute sind «Kameraden», die anderen «Zecken». Was in den eigenen Köpfen vorgeht, ist die Wahrheit und stützt sich auf «historische Literatur» (z.B. ein antisemitisches «zeitgeschichtliches Dokument aus dem Jahr 1936»), alles andere ist ein «verordnetes Geschichtsbild»[5].

Das vorherrschende Geschichts- und Gesellschaftsbild gilt als «politically correct» oder kurz «PC». Der Begriff «political correctness» stammt aus den USA und bedeutet die Ersetzung von Hass-Wörtern durch neutrale Wörter. In den USA trieb die Political correctness gelegentlich seltsame Blüten. Weiße hießen z.B. «Kaukasier». Universitäten stellten Leute ein, die über die politisch korrekte Rede und nicht-diskriminierende Praxis wachen sollten. Soweit ist es in Deutschland nicht gekommen. Hier waren es die Rechten, die «PC» ironisierend zum Kampfbegriff machten. Sie grenzte sich von sich aus gegen den vorherrschenden Sprachgebrauch ab. Otto Graf Lambsdorff eröffnete die Runde mit einem Artikel *Deutschlands neue Denkverbote* in der *Frankfurter Allgemeinen Zeitung* vom 2. August 1995. Im selben Jahr erschien Klaus Rainer Röhls *Deutsches Phrasen-Lexikon: politisch korrekt von A bis Z.* (Berlin: Ullstein, 4. Auflage 2001). Röhl, der nach rechts abgedriftete frühere Herausgeber der Zeitschrift *Konkret*, hat mit diesem Buch einen Katalog mutmaßlich verbotener Wörter zusammenstellt. Die rechte Szene jubelte. Erika Steinbach vom rechten Rand der CDU stellte das Buch auf einer Pressekonferenz in Bonn vor. Auszüge wurden z.B. im *Bramfelder Sturm*, einem militanten Skinhead-Blättchen, im *Focus* (39/1995) und der Rechtspostille *Europa Vorn* (Nr. 91) nachgedruckt[6]. Gerhard Frey schrieb im Januar 2001 in seiner *Nationalzeitung* einen zweiseitigen Artikel *Was jeder bedenken sollte; Kleines ABC der demokratischen Rechten*, in dem er in Form kommentierter Stichwörter seine Schrumpfprogrammatik entfaltet.

political correctness

Die *Junge Freiheit* verkaufte «Anti-PC-Aufkleber», 30 Stück für 9.- DM, und vertrieb das Röhl-Buch noch Anfang 2001. Die Hamburger Burschenschaft Germania wirbt damit, «garantiert politisch unkorrekt» zu sein. Kurz: Die politisch gespaltene deutsche Rechte hatte eine gemeinsame Sprache gefunden. Der Jubel für Röhl galt auch seiner Leistung, den rechten Sprachgebrauch enzyklopädisch geordnet zu haben. Man kann die Kataloge verbotener Wörter getrost spiegelverkehrt als Wunschliste lesen. Wenn jemand Auschwitz nicht leugnen durfte, sah er sich als Opfer der «PC» und ihrer «Denkverbote». Außerdem drischt Röhl selbst Phrasen wie «Ostküste» und «Auschwitzkeule»[7], komplettiert also die von ihm festgestellten Denkverbote durch aus seiner Sicht richtiges Vokabular.

«... hat sich das deutsche Volk geschlossen in einen Chor von Gutmenschen verwandelt, der seinen Hausmüll gewissenhaft trennt...» (Spiegel 39/1995

Die, die sich «politisch korrekt» verhalten, sind für die Rechtsextremisten «Gutmenschen». Auch dieses Wort ist umgedreht. Henryk Broder, ein jüdischer Journalist, hat es 1995 im *Spiegel* ironisch benutzt (s. Marginalienspalte). Bald danach ging es, wiederum ironisiert, in den rechten Sprachgebrauch ein. Das Nationale Infotelefon (5. Oktober 2000) von Andre Goertz, Hamburg, berichtet stolz, der Begriff «Gutmensch» sei jetzt schon in den Duden aufgenommen, «eine der wenigen positiven Neuaufnahmen».

System

Lizenzpresse

Wie in der Hitlerzeit wird die parlamentarische Demokratie als «System» bezeichnet. Polizistenmorde durch Rechtsextreme werden als Kampf gegen «das System» umgedeutet. Die deutsche Presse wird pauschal als «Lizenzpresse» bezeichnet. Das Wort bezieht sich auf die Zeit nach 1945, als die Alliierten Lizenzen für Zeitungen vergaben. Die Buchstaben «oi» in «Doitschland», «Loite» usw. gibt Texten, die ein Verbot verfassungsfeindlicher Propaganda unterlaufen wollen, einen subversiven Sinn, der an der Wortoberfläche nicht auszumachen ist. Das «oi» stammt von den britischen Skinheads, die «Kraft durch Freude» in das englische «Joy» übernommen haben. Im Jahrbuch einer Berufsschule ist ein Foto mit einem als rechtsextrem bekannten Schüler abgedruckt, der die Buchstaben NSDAP auf seinem Hemd trägt. Der Schüler sagt, auf dem Hemd habe CONSDAPLE gestanden, die Jacke sei aber nur halb offen gewesen, so dass die ersten und die letzten zwei Buchstaben verdeckt gewesen seien. Der Schüler konnte durch eine kaum wahrnehmbare Bewegung den politischen internen Code in einen neutralen externen verwandeln. Solche Hemden verkaufen sich in der Szene gut.

Die «Ostküste» geistert durch rechtsextreme Texte. Was gemeint ist, verrät – hinter einem Zitat versteckt – eine Buchrezension[8] in *Nation und Europa*: die an der Ostküste der Vereinigten Staaten, besonders aber in New York beheimateten jüdischen Organisationen[9]. Sicher ist auch die Wallstreet mitgemeint. Die *Junge Freiheit* bietet in ihrem Versand (Anfang 2001) das Buch ihres Stammautors Ivan Denes *Wer oder was ist die*

Ostküste

«Unter der totalen Herrschaft der Besatzungsmächte konnten durch die von der Ostküste der USA zurückgekehrten Emigranten der Frankfurter Schule die längst überwundenen Ideen des Marxismus und des Klassenkampfes, der Rätediktatur und der Demokratisierung aller Institutionen, der Kulturzerstörung und Internationalisierung, garniert mit Psychoanalyse und sexueller Ausschweifung, in Westdeutschland erneut Fuß fassen [...]» (ungezeichneter Artikel im *Eurokurier* Februar 2001. Der Artikel betont zweimal die jüdische Herkunft der Gründer der Frankfurter Schule)

«Haider hat [...] mehrfach den seit der Waldheim-Affäre einschlägig besetzten Begriff ‹Ostküste› verwendet, womit er Juden und jüdische Verbünde [...] ansprach.» (*Neue Zürcher Zeitung* 14. März 2001).

«Bisher ist es niemandem gelungen, Haider eine direkte antisemitische Aussage nachzuweisen. Deshalb tun sich die Anwälte in der [jüdischen] Kultusgemeinde schwer, ihn vor Gericht zu bringen. Sie sagen, Haider rede zwischen den Zeilen, arbeite mit Anspielungen, mit ‹antisemitischen Codes›, die die Hörer mühelos übersetzen würden...» (*Frankfurter Rundschau* 15. März 2001)

«Ostküste» des Dr. Helmut Kohl? an. Mahler spricht oft und gerne von der «Ostküste», und einmal rutscht ihm ein «Ostküsten-Juden» heraus. Jörg Haider schimpfte im Wiener Wahlkampf 2001 auf «Herrn Greenberg» von der «Ostküste» und kalauerte über den Vornamen des Vorsitzenden der jüdischen Gemeinde, Ariel Muzicant. Das Publikum bestätigte durch Gejohle, dass es verstanden hatte. «Ostküste» und «Ariel» sind – wie «Sinai», «Zion», «Zionsberg» und «Illuminati» Kampfwörter eines metaphorischen Antisemitismus.

Das Wort «Zinsknechtschaft» ging wahrscheinlich durch die Schrift Gottfried Feders, der 1919 ein *Manifest zur Brechung der Zinsknechtschaft* schrieb, ins rechtsextreme Vokabular ein. Feder war einer der frühesten Gefolgsleute Hitlers. Achtzig Jahre später ist es noch da: «Ein ganzes Land verkauft seine Kinder und Kindeskinder in eine nie dagewesene Zinsknechschaft» (Rudolf Krause, ehemals CDU, dann Die Republikaner, zitiert nach: *Bundesamt für Verfassungsschutz: Entwicklung im Rechtsextremismus in den neuen Ländern*, 1999, S. 8)

Auch das Wort «Keule» ist symbolisch aufgeladen. Es geistert seit Jahr und Tag durchs rechte Schrifttum. Der vom Grabert-Verlag versandte *Euro-Kurier* feierte 1990

«Illuminati»: s. das Kapitel über Jan van Helsing

Sinai, Zionsberg: «... die [...] Hebräer, deren Symbol zunächst der Sinai wurde [...]. So wuchs dann die Bedeutung des Sinai zum schrecklichen Widerpart des Mitternachtsberges im Norden». «Der rote Stern [auf den sowjetischen Panzern] ist ein altes Rachesymbol Judas und wurde von David als Zeichen Jahwes erneuert. Das war der Kampf des biblischen Moses gegen die Runen von Thule.» (Landig 1980 S. 254, 353)

Oberfeinde

Bernd Wagner, ein Kenner der ostdeutschen rechtsextremen Szene, listet folgende Bezeichnungen für die «Oberfeinde» auf[10]:

- Abartige
- Assis oder Asseln (Asoziale)
- Freimaurer
- genotypisch Behinderte
- Illuminati
- Juden
- Kanaken
- Kinderficker
- Mukus (Multikulturelle)
- Politbonzen
- Popen
- Schwule
- Systembullen
- Zecken
-

Auschwitzkeule

Moralkeule

mit dem «Auschwitz-Knüppel» seinen Einstand, den angeblich Habermas und die «unselige Frankfurter Schule» schwingt. 1993 veröffentlichte der rechtsextreme Anti-Antifa-Stratege Hans-Helmuth Knütter im Ullstein-Verlag *Die Faschismus-Keule: das letzte Aufgebot der deutschen Linken.* Zu unerwarteter Prominenz gelangte die Metapher, als Martin Walser bei seiner Rede zur Verleihung des Friedenspreises des Deutschen Buchhandels 1998 davon sprach, dass Auschwitz sich nicht zur «Moralkeule» eigne.

«Ich bin stolz ein Deutscher zu sein».

«Ein kleiner Wagen trug die Aufschrift ‹ alles kaputt›. Das war wohl die gleiche Gesinnung wie in der Kreideinschrift auf einer Hausmauer: ‹ Tod den [sic!] Hitler ›, wobei die Hitler für die Hitlerleute stehen mag. An der Feldherrnhalle steht mit Rieseniettern sorgfältig gemalt: ‹ Buchenwald, Velden, Dachau – ich schäme mich, ein Deutscher zu sein ›.» In nächster Nähe

Die Symbolsprache bedient sich der Technik der Umdeutung. Im Mai 1945, als die Deutschen sich ihrer Verbrechen gründlich gewahr wurden, schrieb ein Unbekannter an die Feldherrnhalle in München: «Buchenwald, Velden, Dachau – Ich schäme mich, ein Deutscher zu sein» (s. Marginalienspalte). Die Feldherrnhalle war ein symbolisch hoch aufgeladener Ort. Hier hatte Hitler 1923 einen Putschversuch unternommen («Marsch auf die Feldherrnhalle») und ab 1933 Erinnerungsfeiern an diesen Marsch abgehalten. In diesem Kontext wurde der Satz zum Symbol von Scham und Niederlage. Seine Umkehrung «Ich bin stolz ein Deutscher zu sein» als Aufnäher mit Reichsadler in schwarz-rot-gold ist ein sprachlich-grafisches Symbol, das die deutsche Scham tilgen soll. Die Ruinen und KZs sind durch jugendliche Kraft überdeckt.

Graphische Symbole dienen dem schnellen Wiedererkennen. Sie signalisieren ein «Wir gehören zusammen». Runen suggerieren eine jahrtausendealte gemeinsame Vergangenheit. Verbreitet sind Hakenkreuz, Sigrune (die doppelte Sigrune war das Zeichen der SS) und

Symbolsprache

Die Anti-Defamation League in New York listet für die USA folgende Abkürzungen der Symbolsprache auf:

RAHOWA Racial holy war, heiliger Rassenkrieg

ZOG/JOG Zionist Occupied Government, Jewish Occupied Government, zionistisch oder jüdisch besetzte Regierung

SWP Supreme White Power, höchste (überlegene) weiße Macht

UAO United As One, vereint wie Einer, Grußformel weißer Rassisten

CI Christian Identity, christliche Identität. Setzt weiße und christliche Identität gleich. Bedeutet: Nicht die Juden, sondern die Christen sind das auserwählte Volk. Die Juden stammen von Tieren oder dem Satan (666, s.u.) ab.

WPWW White Pride World Wide, weltweiter weißer Stolz.

Odalrune, «ein altes nordisches Symbol der Ahnentreue»[11].

Diese Symbole werden gesprüht, geritzt, gezeichnet oder, wie im Haus des ehemaligen Landesvorsitzenden der DVU von Mecklenburg-Vorpommern, Friedrich Tektas, als hakenkreuzförmige Klinkersteine in eine Mauer eingelassen[12].

Die Pyramide auf der Ein-Dollar-Note mit dem Schriftzug «novus ordo seclorum» (dt.: neue Weltordnung oder neue Jahrhundertordnung) steht für den Vorwurf, die USA und besonders die Wallstreet hätten eine heimliche Weltregierung installiert. Jan van Helsing hat das Symbol popularisiert. Wegen der Assoziation zur Freimaurerei grassiert es bei den esoterischen Verschwörungstheoretikern. Von dort geriet es unter die Musikbands. Es ist auf einem CD-Cover der Gruppe Carpe Diem abgebildet, das wiederum in der Jubiläumsausgabe von *Nation & Europa* (1/2001) zu sehen ist.

Die «Schwarze Sonne» symbolisiert die SS. In Wilhelm Landigs Thule-Romantrilogie steht sie für das «geheime selbständige Reich» der Nationalsozialisten nach 1945[13]. Die Esoteriker sehen in ihr ein Urgestirn, um das sich das ganze Universum drehen soll. Historisch geht die Schwarze Sonne auf Himmlers esoterische Neigungen zurück. Himmler hatte die Wewelsburg bei Paderborn – auch mit Hilfe von KZ-Häftlingen – zu einer SS-Ordensburg ausbauen lassen. Im «Obergruppenführersaal» der Burg ist die Schwarze Sonne in den Boden eingelassen (s. S. 77).

steht an einem Haustor, kleiner und nur mit Kreide, nicht so monumental fixiert wie der vorige Satz: ‹aux pays de Crématoires› [Im Krematorienland].» *(Victor Klemperer:* Ich will Zeugnis ablegen bis zum letzten Tag, *S. 789 f. Klemperer beschreibt einen Aufenthalt 1945 im zerbombten München)*

Grafische Symbole

Es ist eine Art Sonnenrad, dessen zwölf Achsen aus Sigrunen bestehen und das an ein sich drehendes Hakenkreuz erinnert. Im Saal mit der Schwarzen Sonne feierte die SS germanische Riten. Ein halbes Jahrhundert später entdeckten die Rechtsextremen die Wewelsburg wieder. Russell McCloud macht sie zum Schauplatz seines esoterischen Romans *Die schwarze Sonne von Tashi Lhunpo*. Die Schwarze Sonne gibt es

Schwarze Sonne

- als «T-Hemd, exklusiv und handnummeriert», 45.- DM»
- als «Schwarze Sonne-Tischdecke – Qualitätsware. In Handarbeit gefertigt – auch als Wanddekoration geeignet» für je 99.- DM
- als «Thule-Uhr – der Szene-Zeitmesser mit dem Symbol der Schwarzen Sonne»[14]
- als Kleinplastik («Dieses mythologische Motiv (Fundstelle Wewelsburg) begegnet uns in vielerlei Form bereits als Schmuckstück. Jetzt können wir es auch als eindrucksvolle Plastik für Schreibtisch oder Vitrine (besonders wirkungsvoll mit Hintergrundbeleuchtung) anbieten. Massiver Harzguß. H: 27 cm, DM 228.-» (Katalog des ARNDT-Buchdienstes).
- als Manschettenknöpfe, silbernes Gasfeuerzeug, Anstecker usw. Der Versandkatalog der *Deutschen Stimme* (NPD) bietet 15 dieser Varianten an.

Die Schwarze Sonne baut sich düster blinkend am Bildschirm auf, wenn man die entsprechenden Homepages anklickt, und sie geistert als Wort oder Bild durch die Dark-Wave-Szene. Ein NS-Devotionalienversand eines NPD-Jugendfunktionärs ist nach ihr benannt. Die NPD-nahe Neonazi-Skin-Postille *Der Landser* feiert sie als «esoterische Metapher für das Licht des eigenen Inneren, der Seele des Menschen von Atlantis, den Ariern». Sie sei, so heißt es dort, «die Hüterin unserer uralten eigenen germanischen Werte und Widerstandszeichen gegen die heute in Deutschland herrschende internationalistische und volkszerstörende Kraft des uns vom innersten her fremden und aufgezwungenen Materialismus.»[15]. Das *Zentralorgan*, die bundesweit führende Zeitschrift der Freien Nationalisten bringt seit dem Jahr 2000 eine Artikelreihe *Im Zeichen der Schwarzen Sonne*, in der nationalsozialistische Symbole wie der SS-Totenkopfring vorgestellt werden.[16]

Der Ursprung der Schwarzen Sonne braucht (auch in Vertriebsanzeigen) nicht mehr erwähnt zu werden. Jeder weiß, worum es geht. Die Schwarze Sonne ist szeneninternes Erkennungszeichen[17]. «Mit der schwarzen Sonne zeigten wir auf der Bühne eindeutig Flagge», beschreibt der rechte Liedermacher Josef Maria Klumb einen Auftritt beim Wave-Gothic-Treffen in Leipzig 2000, wo er mit Hilfe dieses Symbols ein Auftrittsverbot unterlief[18]. Auch die Umrisse der Wewelsburg werden ohne Erklärung abgebildet. Die Szene weiß genau, worum es geht. Der antisemitische Esoteriker Jan van Helsing hat ein Buch *Die innere Welt* geschrieben, in dem er das Erdinnere mit Millionen Deutscher besiedelt, darunter geflohene Nazis. Im Mittelpunkt dieser Hohlwelt steht die Schwarze Sonne. Beim flüchtigen Gang durch die Frankfurter Buchmesse 2000, in der wie in den Jahren zuvor rechtsextreme und esoterische Verlage bunt gemischt beisammenstanden, fielen einer Journalistin vier Titel oder Untertitel zur Schwarzen Sonne auf. Kurz, die Schwarze Sonne ist zu einem anerkannten Ersatzsymbol für das verbotene Hakenkreuz und die Sigrune geworden.

Jan van Helsing s. S. 125 ff.

Zahlensymbole

88 steht in Flugblättern und Leserbriefen für «Heil Hitler». H ist der achte Buchstabe des Alphabets. Ein Neonazitreff im schleswig-holsteinischen Neumünster heißt «Club 88». Auf einer Trauerschärpe für den ermordeten Neonazi Matthias F. in Bernsdorf stand die 88[19], und sie ist an die Stelle gekritzelt, wo der Jugendliche erstochen wurde. Die 88 steht auf Kappen, Jacken oder ist in die Haut tätowiert. Wir werden ihr in diesem Buch noch häufiger begegnen. Das Symbol ist in der Szene sehr verbreitet und wird unmittelbar verstanden. Nur das rechtsextreme Traditionsblatt *Nation & Europa* hat noch nichts davon gehört: «Kein normaler Mensch denkt bei der Zahl 88 an den Hitlergruß», schreibt das Blatt (Nov.- Dez. 2000) und befürchtet mit einem Unterton von Ironie, man dürfe nun wohl nicht mehr seinen 88sten feiern und dabei «ein nostalgisches Volkslied aus der Rekrutenzeit anstimmen», ohne in Verdacht zu geraten.

88

18 bedeutet Adolf Hitler. Eine rechtsextreme Terrorgruppe in Großbritannien heißt Combat 18.

18

Die Zahl 14 steht für die *14 words* des US-Rechtsterroristen David Lane («We must secure the existence of our people and a future for white children»). Lane war

14

*Mitglied in der amerikanischen NS-Gruppe «The Order – Brüder Schweigen». Er wurde wegen Mordes an einem Juden zu insgesamt 190 Jahren Haft verurteilt. Im Gefängnis gab er dem rassistischen *Resistance*-Magazin (Nr. 8) ein Interview, das die religiöse Dimension dieser Zahlensymbolik beleuchtet. Lane berichtet über die Entstehung seiner Wortschöpfung:

«Zwischen Februar bis März 1985, kurz vor meiner Festnahme, habe ich fast 6 Wochen auf einem Berg in Virginia in Meditation verbracht, nahe einem konföderierten Friedhof. Ich glaube nicht an das Konzept des Gebetes, wie es uns die christlichen Priester unterrichten. Tatsächlich würde ich mich verrückt fühlen, wenn ich zu der Luft spräche. Aber unter den Sternen und dem Mond, leise und aus den Tiefen meiner Seele, bat ich, welche Macht auch immer da sein möge, mich für den Schutz unserer Rasse zu nutzen. Das ist es, wo die Idee und die Inhalte für die 14 Words und 88 Grundsätze herkommen. [...] Jahre später, nachdem ich die Okkultismus-Theorie der Zahlen gelernt hatte, wie sie sich zu fundamentalen Bausteinen der Natur verhalten zu scheinen und nach der Entdeckung eines altertümlichen arischen heiligen Zahlenkanons, stellte ich fest, daß sowohl 88 und der Zahlenwert der 14 Words den Vater von allem, Wotan, den Gott der Natur, repräsentieren. All das wird wie Hokuspokus für jemanden klingen, der die Materie nicht erforscht hat, nehme ich an. Und ich lehre nach wie vor, daß wir kämpfen müssen innerhalb der Wirklichkeiten dieser Welt. Aber ich glaube auch, daß die 14 Worte ‹Wir müssen die Existenz unseres Volkes und auch die Zukunft unserer weißen Kinder sichern›, ein genauer Ausdruck des natürlichen Gottes sind, weil wir, die arische Rasse, das größte Werk dieser kreativen Kraft und Intelligenz sind.» Lane schließt das Interview mit den Worten: «Ich hoffe, daß ihr Euch alle uns anschließen werdet, um die 14 Worte zum heiligen Schlachtruf der übriggebliebenen weißen Welt zu machen, damit das Wotansvolk wieder leben kann, geschützt und sicher in ihren eigenen Nationen.»

Die Verknüpfung der Zahlensymbole hat Schule gemacht. Wenn im Internet mit 88/14 gegrüßt wird, weiß die Szene, was gemeint ist. Eine Neonazi-Skinband heißt «Die 14 Nothelfer». In ihrem Song *14 Words* heißt es: «Es

***14** steht für die vierzehn Wörter: «We must secure the existence of our people and a future for white children».*

Die Anti Defamation League in New York listet außerdem folgende Zahlensymbole auf:

***5** (Wörter): «I have nothing to say», Ich habe nichts zu sagen. Ein Code für Ungesagtes, von dem sich der Zuhörer oder Leser denken kann, was es ist.*

311
3 mal 11. «K» ist der elfte Buchstabe des Alphabets. 311 bedeutet also KKK, das Kürzel des rassistischen Ku Klux Klan.

33/6
33 bedeutet 3 mal 11, also KKK. 6 ist die gegenwärtige Ära des Ku Klux Klan.

***666** Biblische Zahl für den Satan.*

***83** steht für die Buchstaben H und C und bedeutet «Heil Christ». Wird von christlichen Rassisten benutzt.*

***100**% rein arisch*

***4/19** steht für die Daten der FBI-Akti-*

gibt einen Satz, den vergesse nie! Kämpfe, lebe streite nach ihm! 14 Words, never forget!»

Bei einer Demonstration gegen das Verbot von Kampfhunden verteilte der als «SS-Siggi» bekannte Rechtsextremist Siegfried Borchardt Flugblätter mit der Aufschrift «Berger war ein Freund von uns! 3 zu 1 für Deutschland. Kameradschaft Dortmund». Das «3 zu 1» spielt an auf den dreifachen Polizistenmörder und Neonazi Michael Berger. Auf einen gefallenen Rechten (Berger hat sich nach dem Dreifachmord selbst erschossen) sollen drei Vertreter des «Systems» kommen.

Die schwarz-weiß-rote Reichskriegsflagge gehört ebenfalls zu den einigenden Symbolen des Rechtsextremismus. Ihre Verbreitung scheint darauf zurückzugehen, dass Hitler sie geschätzt hat. In *Mein Kampf* schreibt er: «Im Rot sehen wir den sozialen Gedanken der Bewegung, im Weiß den nationalistischen und im [schwarzen] Hakenkreuz die Mission des Kampfes für den Sieg des arischen Menschen und zugleich mit ihm auch den Sieg des Gedankens der schaffenden Arbeit, die ewig antisemitisch war und antisemitisch sein wird.»[20] Die NPD benutzt die Farben schwarz-weiß-rot.

Wenn Sprache und Bild nicht zusammenpassen, siegt die Macht der Bilder über die der Worte. Der rechtsextreme Grabert-Verlag wirbt für ein Video über Kunst und Architektur im Dritten Reich, fügt aber hinzu: «Einmalige Bilder, leider mit unerträglichem Kommentar»[21]. Derselbe Verlag vertrieb ein Video *Das Rätsel des Hakenkreuzes*[22]. Dieses Video enthält eine Filmsequenz über die Nürnberger Parteitage, in der eine Flut von Hakenkreuzen gezeigt wird. Der Kommentar ist neutral und spärlich, gelegentlich auch distanziert. Dann wird ein liebevoller Hitler gezeigt. Der Kommentar entfernt sich von der Aussage der Bilder. Schließlich geht der Kommentar in Musik über, die von rhythmischen Heil-Rufen unterlegt ist. Die Bildsymbole, die heroische Musik und das akustische Symbol der Heil-Rufe reduzieren den Kommentar zu einem Alibi für die auf der Schutzhülle behauptete Wissenschaftlichkeit des Videos.

«Musik fürs Vaterland» ist Musik aus der Hitlerzeit oder rechtsextreme Musik. In der Dark-Wave-Musik breitet sich eine musikalische und sprachliche Symbolik aus, die das Spiegelbild einer eigenständigen Subkultur ist. Bandnamen wie Odin, Nordmacht, Thor oder Wotan

on gegen eine Sekte (Davidianer) in Waco 1993 und das Bombenattentat in Oklahoma 1995. Steht für Abneigung gegen die US-Regierung.

4/20 *steht für den 20. April (englisch: April 20.), den Geburtstag Hitlers. Auch 4:20 oder 420.*

Historische Symbole

Reichskriegsflagge

belegen, dass die rechtsextreme Symbolik vor allem über Esoterik und Neuheidentum in die Musikszene transportiert wird.

Gesten und Kleidung

Der Kühnen-Gruß besteht aus dem ausgestreckten rechten Arm wie beim Hitlergruß, wobei Daumen, Zeige- und Mittelfinger gestreckt und die anderen beiden Finger geknickt sind.

Grußriten (der Kühnen-Gruß), Glatzen, Stiefel, weiße Schnürsenkel usw. sind bekannt genug, aber nur die provokative Spitze einer ausgefeilten Symbolwelt.

Gedenkorte

***Neuheidentum**: Glaube an vorchristliche germanische oder europäische Gottheiten*

Die Externsteine im Teutoburger Wald sind zur Sonnenwende ein Kultort der Neuheiden und Esoteriker aller Couleurs. Auch das neurechte Thule-Seminar legt Wert darauf, dass seine Erzeugnisse in der Nähe der Externsteine gedruckt werden. Entgegen dem wissenschaftlich-archäologischen Befund schreibt Prof. Dr. Hans-Jürgen Hagel, Erstunterzeichner des *Appells der 100*, in der Zeitschrift *Metapo* des Thule-Seminars: «Das Heiligtum der Germanen schlechthin waren jedoch unzweifelhaft die ‹Externsteine› am Teutoburger Wald. Sie bildeten den Mittelpunkt des alles umfassenden Kultus einer existentiell-ganzheitlichen heidnischen Metaphysik.»[23]

Annaberg

Ein weiterer Symbolort ist der Annaberg in Oberschlesien. Nach dem ersten Weltkrieg entschied die oberschlesische Bevölkerung per Plebiszit, dass die Region zu Deutschland statt zu Polen gehören sollte. Daraufhin besetzen 1921 ein paar Hundert schlecht bewaffnete Polen den Annaberg mit seinem Franziskanerkloster, der für das katholische Polen symbolische Bedeutung hatte. Das Freikorps Oberland, auf das wir in dem Kapitel *Die Thule-Gesellschaft* noch kommen werden, massakrierte die Polen und hielt seinerseits den Berg besetzt. Die Nationalsozialisten bauten auf dem Annaberg ein Ehrenmal für die gefallenen Freikorpsleute. Polen konterkarierten es nach dem Zweiten Weltkrieg mit zwei weiteren Denkmälern. Der Jahrestag der Kämpfe (3. Mai) zieht polnische Skinheads und Nationalisten an. Das Freikorps Oberland wiederum hält bis heute im Mai seine Annaberg-Gedenkfeiern. Ständiger Ehrengast ist Gudrun Burwitz, eine Tochter Himmlers[24].

Bei der Ulrichsberg-Gedenkfeier für gefallene Soldaten treffen sich jährlich am ersten Sonntag im Oktober Alt- und Neonazis auf dem Ulrichsberg bei Klagenfurt in Österreich. Veranstalter ist die 1958 gegründete Ulrichsberggemeinschaft, in der Funktionäre der SS-Veteranenorganisation «Kameradschaft IV» das Sagen haben. Regelmäßige Gäste des Treffens sind die Nazi-Ikone

Florentine Rost van Tonningen und deren enge Freundin, Himmler-Tochter Gudrun Burwitz. Zu den bundesdeutschen Teilnehmern gehören Neonazis, Mitglieder der Ordensgemeinschaft der Ritterkreuzträger (OdR) und der Hilfsgemeinschaft auf Gegenseitigkeit ehemaliger Angehöriger der Waffen-SS (HIAG). Zu den internationalen Teilnehmer zählen Mitglieder der italienischen Lega Nord. Im Jahre 2000 nahmen etwa 2000 Menschen an dem Treffen teil. Höhepunkt war die Rede Jörg Haiders. Auch bei der Ulrichsberg-Gedenkfeier darf die germanisch-heidnische Mythologie nicht fehlen. Das braune Spektakel findet immerhin auf dem Gipfel des «Mons Carantanus» (lateinischer Name des Ulrichsbergs), dem «einstigen Sitz der keltischen Göttin Isis Noreia» statt, einer Spenderin des Erdsegens und der Fruchtbarkeit[25].

Ulrichsberg-Gedenkfeier

Auf dem Schweizer Rütli, dem historischen Ort des Rütli-Schwurs, nahmen im August 2000 etwa 100 Rechtsextreme demonstrativ an der üblichen Gedenkfeier teil.

Gedenkstätten

Auch das Beschmieren oder Zerstören von Gedenkstätten ist eine Form des militant ausgetragenen Kampfes um Symbole. Eine geschändete Gedenkstätte erinnert nicht mehr an die Opfer des Nationalsozialismus, sondern an die Bedrohung durch den heutigen Rechtsextremismus. Das aufgesprühte Hakenkreuz verschiebt die Zeitkoordinate des Gedenkens. Nicht die Vergangenheit mahnt die Heutigen, sondern die Gegenwart besetzt ein Symbol dieser Vergangenheit. Die Einzigartigkeit der Judenvernichtung wird relativiert – die ungehemmte staatliche Gewalt an wehrlosen Menschen damals wird überdeckt von einem gewaltsamen, aber rechtsstaatlich eingegrenzten Konflikt zwischen Polizei und rechter Subkultur heute. Aus dem «nie wieder!» wird ein «wir sind wieder da!».

Auch bei den Angriffen auf Gedenkstätten gibt es intellektuelle Vorgaben: Im Oktober 1998 nannte Martin Walser das geplante Holocaust-Mahnmal in Berlin einen «fußballfeldgroßen Alptraum». Im Januar 2000 demonstrierten Neonazis in der Nähe des Bauplatzes. Damit ist Walser nicht der intellektuelle Urheber der Demonstration. Eine Schreibtischtäter-These würde hier zu kurz greifen. Aber Walser hat die Auseinandersetzung um das Mahnmal öffentlich verbreitert. Ignatz Bubis, der damalige Vorsitzende des Zentralrats der Juden in Deutschland, widersprach Walser. Ohne es zu wollen stand Bubis für den Juden; Walser war der deutsche Gegenpart. Diese Bubis-Walser-Debatte brachte ein Art Rassentrennung in die Debatte. Die Konstellation erinnerte an den Aufstand im Warschauer Ghetto. Der Kontext für militante Schlussfolgerungen aus der öffentlichen Debatte war gesetzt. Mahler hat am 4. Dezember 1998, also wenige Tage vor dem Gespräch zwischen Bubis und Walser, in einem damals kaum wahrgenommenen Internetbeitrag den Schauplatz des Kampfes beschrieben: «Will man das Risiko eingehen, daß das geplante Mahnmal zu einer Bürgerkriegszone wird? Das wäre es doch, wenn nur seine hermetische Bewachung es vor Schändungen bewahren könnten (!).»[26]. Im Satz davor munkelt er, hinter Zitaten verschanzt, etwas von einem «rechtfertigenden Grund» für Aggressionen. Der Rechtsaußen-Sänger Josef Maria Klumb setzte noch eins drauf und sagte «Endlösung in Stahlbeton»[27]. Damit deutete er den Begriff, der historisch für die Judenvernichtung steht, in sein Gegenteil um.

Die Rechtsextremen besetzen Raum und Zeit mit ihrer Symbolik

Klassenfahrten zu KZs galten bisher als eine Art Impfung gegen den Rechtsextremismus. Mittlerweile lassen sich glatzköpfige Jugendliche grinsend in Auschwitz fotografieren. Das Foto soll sagen: Ich stehe zu dem, was hier geschah. Jugendliche finden die Gaskammern «cool»[28]. Auch Schindlers Liste wird rumgedreht. Spielbergs gleichnamiger Film erinnert an die Verfolgung der Juden und die Rettung derjenigen, die auf der Liste Oskar Schindlers standen. Die Judenhasser machen aus dem Symbol der Judenrettung ein Stigma für die Enkel der Geretteten. «Du bist wohl auf Schindlers Liste», sagte ein jugendlicher Zuschauer zu einem jüdischen Fußballer und bedrohte ihn mit einer Pistole[29].

Es gibt sogar schon konkrete Vorschläge: «Wiederherstellung der nationalen Würde, das bedeutet beispielsweise die Forderung nach Schleifung aller Siegerdenkmäler auf deutschem Boden, insbesondere der sowjetischen.» Zwei Sätze später wird daran erinnert, dass ein Kreuz «niedergerissen» wurde, «das an den Opfertod eines Widerstandskämpfers gegen die französische Besatzungsmacht nach dem Ersten Weltkrieg, an Albert Leo Schlageter, erinnerte»[30]. Schlageter war ein SA-Mann und offizieller Märtyrer des Nationalsozialismus. Ehrenmahle sollen wieder zu Ehren kommen. Im Mai

2000 reinigte eine Hamburger «Mädelschar Deutschland» ein Soldatenehrenmal am Hamburger Dammtorbahnhof[31].

Auch um zukünftige Symbolorte gibt es Streit. Ein rechtslastiger Verein will den Turm der Potsdamer Garnisonskirche wiederaufbauen. Hitler und Hindenburg haben dort 1933 per Händedruck die Machtübergabe besiegelt. Das Foto gehört zur Ikonographie der Hitlerzeit. Der Oberbürgermeister macht sich Sorgen, dass die Rechten die wiederaufgebaute Kirche als Pilgerort «umdeuten» könnten[32]. Und immerhin gibt es in Potsdam einen rechtsextremen Untergrundtrupp, der sich auf historische Jahrestage spezialisiert hat (s. Seite 25).

Im Februar 2001 gelangte der «Kampf der Symbole» vor das Bundesverfassungsgericht. Das Gericht hatte zu entscheiden, ob Rechtsextreme an Gedenktagen wie dem 27. Januar, dem Tag der Befreiung des Konzentrationslagers Auschwitz, demonstrieren dürfen. Der Hamburger Neonazi Christian Worch, dessen Familie dem SS-Folterer von Lyon, Klaus Barbie, beim Untertauchen half, hatte in Hamburg für den 27. Januar 2001 eine Protestdemonstration gegen das Verbot eines Büchertisches angemeldet. Da der 27. Januar der Jahrestag der Befreiung von Auschwitz ist, verbot die Hamburger Behörde die Demonstration. Nach einem raschen Weg durch die Instanzen urteilte das Bundesverfassungsgericht, dem 27. Januar komme «in der Gesellschaft [...] eine wichtige Symbolkraft» zu, und eine rechtsextreme Demonstration an diesem Tag verletze «grundlegende soziale und ethische Anschauungen». Das Bundesverfassungsgericht erlaubte es örtlichen Gerichten, Demonstrationen zu untersagen, wenn einem bestimmten Tag eine gesellschaftlich wichtige Symbolkraft zukomme, und die Anmelder auf einen anderen Tag zu verweisen. (Siehe Wortlaut am Marginalienspalte)

Das Urteil des Bundesverfassungsgerichts lässt offen, ob ein «Aufzug zu einem in seiner Symbolwirkung nicht eindeutigen oder in öffentlichen Auseinandersetzungen umstrittenen Zeitpunkt» stattfinden darf. Das Bundesverfassungsgericht hat für den 1. Mai 2001 Demonstrationen rechtsextremer Anmelder zugelassen. Daraufhin demonstrierten die Rechten in mehreren deutschen Städten.

Jahrestage und Gedenktage

«Die öffentliche Ordnung kann [als Begründung eines Demonstrationsverbots] betroffen sein, wenn einem bestimmten Tag ein in der Gesellschaft eindeutiger Sinngehalt mit gewichtiger Symbolkraft zukommt, der bei der Durchführung eines Aufzugs an diesem Tag in einer Weise angegriffen wird, dass dadurch zugleich grundlegende soziale und ethische Anschauungen in erheblicher Weise verletzt werden.» (Urteil des Bundesverfassungsgerichts zu einem Demonstrationsverbot für Rechtsextreme am 27. Januar 2001, AZ 1 BVQ 9/01).

27. Januar: Befreiung des Konzentrationslagers Auschwitz

Bombardierung Dresdens am 13. Februar

1. Mai
Eine weitere Enteignung findet beim 1. Mai statt: Unter der Parole «Arbeit für Deutsche» wird der traditionell internationale «Kampftag der Arbeiterklasse» zum nationalen Anliegen. Das Zentralorgan merkt zu den 1. Mai-Aktivitäten der Rechten an, dies sei seit 1933 ein staatlicher Feiertag, die Gewerkschaften missbrauchten diesen Tag mit ihrem Internationalismus, denn nur das Kapital sei international und die Profiteure kennten nur noch «Standorte», aber keine Heimat mehr[35].

20. April: Hitlers Geburtstag

Am 27. Januar 2001 wurde in den USA ein politisch engagiertes deutsches Lehrerehepaar ermordet. Im Zimmer eines der Mörder wurde NS-Literatur gefunden.[33]

Am 13. Februar 2001 wollte der Landesverband Sachsen der Landsmannschaft Schlesien der Bombardierung Dresdens am 13. Februar 1945 gedenken, bei der es viele – meist zivile – Opfer gab. «Doch Vertriebene und deren Nachfahren gehörten zur Minderheit unter den rund 750 Marschierern. Vielmehr verrieten Namen wie ‹Nationaler Widerstand Berlin-Brandenburg› oder ‹Widerstand West› auf Transparenten und die Zahl 88 auf einigen Jackenärmeln, wer da noch angetreten war. Aktivisten der sächsischen NPD organisierten den von mehreren Hundertschaften Polizei eskortierten Marsch.»[34] Vor allem die Junge Landsmannschaft Ostpreußen (JLO), bei der der sächsische Verfassungsschutz rechtsextremistische Bestrebungen ausmacht, hatte die rechte Politisierung des Gedenktages organisiert[34]. Franz Schönhuber, Gert Sudholt und Horst Mahler marschierten mit und sprachen anschließend auf einer NPD-Saalveranstaltung. Am nächsten Tag marschierten deren Gesinnungsgenossen mit schwarzen Fahnen und Fackeln am Hamburger Dammtor-Ehrenmal auf.

Am 20. April wird «Führers Geburtstag» gefeiert. Das «Komitee zur Vorbereitung der Feierlichkeiten zum 100. Geburtstag Adolf Hitlers» bestand aus prominenten Rechtsextremen und organisierte weit mehr als die Geburtstagsfeier von 1989. Am 20. April 1999 erschossen zwei Schüler in Littleton (USA) 13 Mitschüler und einen Lehrer. Sie hatten die Tat im Internet angekündigt und ausdrücklich auf Hitlers Geburtstag Bezug genommen. «Geburtstagsfeier» ist selbst schon ein Deckwort für konspirativ organisierte Veranstaltungen der Rechten.

Zu Ostern 2001 haben Rechtsextreme eine Reihe von Demonstrationen angemeldet und zum Teil auch durchgeführt. Unter dem Motto «Nationaler Ostermarsch – für Frieden, Freiheit und Gerechtigkeit» wollen sie den traditionellen linken Ostermärschen Konkurrenz machen.

Auch der 17. Juni wird von rechts besetzt, nachdem er als bundesdeutscher «Tag der deutschen Einheit» abgeschafft wurde. Am 17. Juni 1953 hatten Ostberliner Arbeiter sich gegen das SED-Regime erhoben. Der Aufstand, der sich über die DDR verbreitete, wurde von russischen Panzern niedergeschlagen. NPD-Chef Udo

Voigt sprach am 17. Juni 2000 in Görlitz nach einem Schweigemarsch vor einem z.T. glatzköpfigen Publikum[36].

17. Juni: Aufstand in der DDR

Hamburger Neonazis gedachten 1998 mit einer Kranzniederlegung des «Blutsonntags». Am 17. Juli 1932 hatte es Zusammenstöße zwischen der SA und Kommunisten gegeben, in die die Polizei eingriff. Bei der Schießerei nach einer SA-Provokation waren 18 Menschen gestorben. Die Nationalsozialisten machten den 17. Juli zum Gedenktag. Das *Zentralorgan* erinnert an die Aufmärsche, bei denen die Hitler-Anhänger unter den Opfern «symbolisch weiterhin für die Befreiung Deutschlands» marschierten, da ihnen in der Marschkolonne ein Platz freigehalten wurde[37].

17. Juli: «Hamburger Blutsonntag»

Zum Todestag von Hitlers Stellvertreter Rudolf Heß am 17. August werden Rudolf-Heß-Gedenkmärsche veranstaltet, deren Bedeutung allerdings abnimmt. Heß hatte im Hitlerstaat weit weniger Macht, als es sein Titel «Stellvertreter des Führers» (in der NSDAP) vermuten lässt. Er war ein eher sensibler Mensch, liebte Hausmusik und Hölderlin. Der neurechte Autor Martin Schwarz nennt ihn in einem morbid-homoerotisch eingefärbten Text süffisant einen «asketischen Sündenbock»[38]. Aber für die militanten Rechtsextremen taugt er zum Helden. Heß war in die kurz nach seinem Englandflug einsetzenden großen Verbrechen des Nationalsozialismus nicht verstrickt und er hat in den Nürnberger Kriegsverbrecherprozessen nichts gestanden oder bereut. Deshalb bietet er sich als Projektionsfigur an. Sein Schicksal und vor allem das seines älteren Freundes Karl Haushofer werden, wie wir sehen werden, in der rechtsextremen Mythologie nach Kräften ausgebeutet. «Rudolf Heß ist ein Symbol der besiegten Deutschen, seine Haft ging ein als ein Symbol der deutschen Niederlage und der alliierten Herrschaft über das 1945 besiegte Deutschland»[39], schreibt das NPD-Parteivorstandsmitglied Frank Schwerdt. Die *Nachrichten der HNG* (Hilfsorganisation für nationale politische Gefangene und deren Angehörige) nennen Heß ein «Symbol unterdrückter Freiheit in Deutschland».

17. August: Rudolf-Heß-Gedenkmärsche

Eine «Nationale Bewegung» in der Region Potsdam scheint sich auf Gedenktage spezialisiert zu haben. Sie markierte im Jahre 2000 folgende Daten und Orte mit NS-Emblemen:

- 30 Januar: Jahrestag der Machtübertragung an Hitler
- 23. Februar: Tod des NS-Märtyrers Horst Wessel
- 22. März: Eröffnung des Reichstags durch Hitler 1933
- 20. April: Hitlers Geburtstag
- 1. September: deutscher Überfall auf Polen
- 21. September 2000: 50. Jahrestag der Gründung des Zentralrats der Juden in Deutschland[40].

9. November: «Marsch auf die Feldherrnhalle»

Der 9. November ist nicht nur der Tag des Mauerfalls in Berlin, sondern auch der Jahrestag von Hitlers «Marsch auf die Feldherrnhalle» in München 1923. Am 9. November 2000 stellten Horst Mahler und Reinhold Oberlercher in Leipzig ihre Pläne für eine neue «Reichsordnung» vor.

Gedenktage waren seit dem Ende der Hitlerdiktatur eine Gelegenheit, über alle politischen Trennungslinien hinweg an das ungeheure Ausmaß der Opfer Hitlers und des Zweiten Weltkrieges zu erinnern. Die Heldengedenktage Kaiser Wilhelms gab es nicht mehr. Es galt als der Toten unwürdig, das Gedenken mit einer politisch-nationalistischen Absicht zu vermischen. Im Jahre 2000 – nach dem Anstieg rechtsextremer Agitation im Sommer dieses Jahres – galt dieses Tabu nicht mehr. In Delitzsch musste eine Gedenkfeier abgebrochen werden, weil Jugendliche in schwarzen Stiefeln Kränze niederlegten. Bei der Trauerfeier für den ermordeten Neonazi in Bernsdorf im Dezember 2000 musste die Pastorin ein Verbot rechter Symbole aushandeln; andernfalls wollte sie den Talar ausziehen. In Deutschlands größtem Friedhof für tote Soldaten und Zivilisten des Zweiten Weltkriegs, dem Golm auf Usedom, erschienen nach dem Fall der Mauer am Volkstrauertag bis zu 200 jugendliche Rechtsextreme und legten Kränze nieder. Sie wussten sehr genau, wie weit sie gehen konnten. Nur selten konnte der Verfassungsschutz Kränze oder «ein Gestell in Form eines verbotenen Symbols»[41] abräumen.

Volkstrauertag

Am Volkstrauertag des Jahres 2000 traten etwa 50 Jugendliche mit Springerstiefeln und Bomberjacken in Reih und Glied an den zentralen Gedenkstein des Golm und legten Kränze nieder. Auf einem stand «Unsere Großväter waren keine Verbrecher». Diese Parole war während der Demonstration gegen die Ausstellung *Vernichtungskrieg der Deutschen Wehrmacht 1941 bis 1945* (wir kommen noch darauf) populär geworden. Die Jugendlichen versuchten, eine Rede zu halten. Beim Wort «Heldengedenken» unterbricht sie der offizielle Redner[42]. Aber ihr Ziel hatten sie erreicht. Der Golm, ein würdevoller Ort der mahnenden Erinnerung, ist zum Schauplatz im Konflikt des «nationalen Widerstands» mit den «Anständigen» geworden, und der Volkstrauertag hat sich dem Heldengedenktag ein kleines Stück angeglichen. Die alte Schuld verblasst gegenüber dem neuen Hass. Der *Hamburger Sturm*, das Blättchen einer gleichnamigen, im Jahre 2000 verbotenen Neonazi-Gruppe, zählt für das Jahr 2000 zehn solcher «Heldengedenken» auf[43]. Auch die Veteranen der Waffen-SS sind es leid, dass am Volkstrauertag die im Zweiten Weltkrieg gefallenen deutschen Soldaten als «Geblendete und Verführte» bezeichnet werden: «Die Soldaten und die sich ihnen verbunden fühlende Jugend nimmt daher am kommenden Volkstrauertag [2000, F.P.H./A.M.] wieder an den schlichten Feiern an den Ehrenmalen der Divisionen oder den Gedenksteinen der Ortschaften teil, anstatt sich in gewärmten Sälen den gesalbten Reden angeblicher Volksvertreter auszusetzen.»[44]

Insgeheim hat der Rechtsextremismus allerdings auch negative Gedenkdaten. Wie werden im Kapitel Volk auf das symbolische Jahr 1945 zu sprechen kommen.

Personen

Wenn eine Person «zum Symbol wird», wird sie allgemeinverbindlich, über der Kritik stehend: «Mag an der Person Jörg Haider auch das eine oder andere zu kritisieren sein, er ist inzwischen zum Symbol geworden. Und dieses Symbol verkörpert längst die Hoffnungen vieler Deutscher», schreibt Heiner Kappel, Bundesvorsitzender des mittlerweile aufgelösten Bundes freier Bürger, in der *Jungen Freiheit* vom 13. Oktober 2000.

Nach 1945 gab es immer wieder Leute, die behaupteten, Hitlers Asche oder gar seine Leiche in einem Versteck aufzubewahren, um sie, «wenn es soweit ist», in einem Schrein «als Symbol für das deutsche Volk» auszustellen[45].

Die symbolische Enteignung historischer Persönlichkeiten greift bewusst in linke Traditionen ein. Die NPD in Riesa (Sachsen) will eine Straße nach Kurt Schumacher benennen, einem SPD-Politiker, den die Nationalsozialisten im KZ inhaftiert hatten[46]. Solche Enteignungen linker Traditionen haben System: zu ihnen gehören Hausbesetzungen, Parolen wie «hoch die nationale Soli-

Enzyklopädien der Rechten:

Klaus Rainer Röhls Deutsches Phrasen-Lexikon: politisch korrekt von A bis Z. *(s.o.)*

Hans Wagner: Taschenwörterbuch des Nationalsozialismus[48]. *wieder aufgelegt im Bremer Faksimile-Verlag, der sich auf die Reproduktion von Schriften aus der Hitlerzeit und davor spezialisiert hat. Der Verlag verbrämt seine politische Absicht durch ein neutrales Vorwort.*

Der Wiener Verein Muttersprache hat eine fünfzigseitige Broschüre «Engldeutsch? Nein danke! Wie sag ichs auf deutsch. Eine Wörterliste» herausgebracht, in der das Handy zum Handohrler und der Babysitter zum Kleinkindwächter wird.

«Deutsche Vornamen»: zusammengestellt von Birka Wibeke (Grabert 1998, 191 S.) «Für uns sollte jedoch nur ein zu unserem Volk passender, aus unserer Art gewachsener Name in Frage kommen.»

darität», der Begriff «befreite Zone», die antiimperialistische und antikapitalistische Rhetorik und rechte Demonstrationen am 1. Mai. Parteigrenzen und Klassenunterschiede sollen gesprengt und durch eine «Volksgemeinschaft» ersetzt werden.

Lassen wir es bei diesem Abriss. Wir könnten ihn zu einem Wörterbuch und Zeichensystem ausweiten. Die Landesämter für Verfassungsschutz in Berlin und Brandenburg haben für den Sommer 2001 ein solches Heft angekündigt[47]. Rechte Verlage haben eine Reihe von Wörterbüchern ihrer eigenen Political correctness herausgegeben (s. Marginalienspalte). Sie sind ein erster Beleg für die Enzyklopädisierung, also die Systematisierung und durchgängige Erklärung des rechten Weltbildes. Wir werden in diesem Buch noch weitere Beispiele dafür zeigen.

Im Internet, das Sprache, Musik und Bild darstellen kann, werden die Symbolebenen des Rechtsextremismus zu Bausteinen eines Weltbildes verbunden. Dieses Weltbild ist noch unvollkommen, aber immerhin zweckdienlich. Es dient, wie wir sehen werden, der internen Verständigung, unterläuft die Strafverfolgung durch Polizei und Justiz und hat den Reiz der Geheimparole. Es wandelt und erneuert sich permanent und stellt die Szene auf jeder Seite und bei jeder CD, bei jedem Video und bei jedem Ausflug in die einschlägigen Internetseiten vor die Aufgabe der Entschlüsselung und Weltdeutung. Dieser Deutungsprozess ist identitätsstiftend. Dem Sinn, der hier konstituiert wird, ist mit historischen Argumenten nicht beizukommen. Alle LehrerInnen, die sich mit einem rechtsextremen Schüler auseinandersetzen müssen, können ein Lied davon singen, wie wenig die Erinnerungspädagogik gegen neonazistische Symbole auszurichten in der Lage ist. Der stets wiederkehrende Vorschlag, im Unterricht stärker auf die Hitlerzeit einzugehen, will argumentativ widerlegen, was sich ohnehin der Logik entzieht. Am emotional aufgeladenen Symbol scheitern historische Beweisführungen. Im Kern sind die Neue Rechte und die rechtsextreme Esoterik kulturell-religiös ausgerichtet. Ihr Rassebegriff ist, wie wir sehen werden, nicht biologisch oder historisch, sondern in den vorchristlichen europäischen Religionen begründet.

Das Weltbild der rechtsextremen Symbolsprache ist dabei, sich im banalen Alltag einzunisten. Im November

2000 weigerten sich Geschäftsleute in Georgsmarienhütte bei Osnabrück, Plakate mit einem Foto des Vizepräsidenten des Zentralrates der Juden, Michel Friedman, in ihre Schaufenster zu hängen. Sie hatten Angst, Rechtsextreme würden ihnen die Scheiben einwerfen[49].

Der Bilderstreit macht auch vor den Niederungen der deutschen Leitkultur nicht halt. In der Vorweihnachtszeit des Jahres 2000 schmückte im hessischen Hanau eine Schulklasse einen Adventskalender mit ein paar nichtchristlichen Motiven, darunter auch des Islam. Die Oberbürgermeisterin verbot daraufhin, den Kalender, den sie zuvor selbst (offenbar unaufmerksam) gelobt hatte, auf dem traditionellen Weihnachtsmarkt im alten Rathaus auszustellen. Es könne, so die CDU-Frau, «Übergriffe» von Rechtsextremen geben, und außerdem könnten diese bei der anstehenden Kommunalwahl Stimmen dazugewinnen. Die pure Existenz des organisierten Rechtsextremismus sorgt dafür, dass man ihm demütig «entgegenarbeitet»: In Frankfurt am Main scheiterte die Umbenennung eines Platzes in Ignatz-Bubis-Platz an den Stadtteilpolitikern. Da der Platz einmal Adolf-Hitler-Platz geheißen hatte, wäre die Umbenennung peinlich gewesen. Außerdem lag er im Frankfurter Westend, in dem sich in den siebziger Jahren des vorigen Jahrhunderts Bubis als Häuserspekulant einen schlechten Namen gemacht hatte. Damals war viel Antisemitismus hochgekommen. Also verfielen die Stadtoberen auf eine Brücke, denn auf einer Brücke wohnt niemand, der sich beschweren kann. Eine Bürgerinitiative sammelte trotzdem 3000 Unterschriften gegen die Umbenennung. Die Stadtoberen blieben bei ihrem Entschluss. Daraufhin fragte ein Lokalblatt, ob «in einer Zeit wiedererwachenden Antisemitismusses (!) nicht gerade derartiges Verhalten der Politiker Antisemitismus erzeugt.»[50] Der Satz ist orthographisch und logisch bedenklich, aber gerade in seiner Wirrheit zeigt er, wie schwer es Demokratie und Menschlichkeit gegen die rechte Gewalt haben. Während der Feierlichkeiten zur Umbenennung waren die Gegner weit in der Überzahl. Es gab ein paar antisemitische Bemerkungen und viel eisiges Schweigen. Die Aversion gegen die Umbenennung der Brücke war so groß, dass die Republikaner beim Kommunalwahlkampf in Frankfurt am Main 2001

Ignatz Bubis

ein Plakat aufhängen konnten, auf dem nur die Worte: «Bubis-Brücke» und «REP» standen. Den Rest, so hofften die REPs, würden die Leute schon verstehen.

Die Funktionen der rechtsextremen Symbolsprache

Die rechtsextreme Symbolsprache dient der vertikalen Kommunikation innerhalb des Rechtsextremismus. Nach spektakulären Attentaten beeilen sich Parteiführungen und rechte Intellektuelle die Gewalt zu verurteilen, äußern aber ihr Verständnis für die Motive der Täter. Die Distanzierung bleibt an der Oberfläche, und die Symbolebene liefert das «Wir», die tiefergreifende Gemeinsamkeit zwischen den Tätern und ihren Interpreten. Die Interpreten sind «verständnisvolle Sprecher des deutschen Volkes»[51], die als Parteifunktionäre oder Akademiker den brutalen Überfall nicht akzeptieren können, sich aber darauf verstehen, den im Suff begangenen Mord in einen politischen Kontext zu stellen. Das genügt den Tätern. Sie brauchen Verständnis, nicht Solidarisierung. Die Täter und diejenigen, die die Tat politisch deuten, verstehen sich als Teil eines Ganzen – des Volkes –, das sich gegen das, was anders ist, wehren muss. Die Täter müssen nicht eigens aufgewiegelt werden. Ein paar Stichwörter genügen, das Flugblatt zum Beispiel, das die Gewalttätigkeiten in Hoyerswerda 1991 als «Volksaufstand gegen Überfremdung» bezeichnet, oder Mahlers Rede von «Volksaufständen [...] gegen die fremdrassischen zivilen Ersatzbesatzer»[52]. Die Täter handeln in dem Wissen, dass die politische Führung grundsätzlich einverstanden ist. «Gerade im Dementi der Gemeinsamkeiten werden die Täter noch aufgefordert, weiterzumachen. Nachfolgetaten sind nicht oder nicht bloß das Ergebnis der medialen Berichterstattung [...], sondern dieser paradoxen Aufforderung durch Leugnung»[53].

Diese Wechselwirkung von vager Programmatik der Führung und handfester Aktion ist nicht neu. Ian Kershaw hat es zum Leitmotiv seiner Hitlerbiographie gemacht: dem Führer entgegenarbeiten. Hitler hat in Bereichen wie der Rassenpolitik «bemerkenswert wenig Anleitung» gegeben. In *Mein Kampf* stehen ein paar Sätze, die man in der Rückschau als Ankündigung der

Ermordung der europäischen Juden lesen kann. Aber Hitler hat die Programmatik dieses Massenmordes herausgeschrien; so vage, dass niemand ihm die Aufforderung zum Mord nachweisen konnte, und aggressiv genug, um seinen Anhängern die Zielrichtung vorzugeben und ihre Taten vorab zu entschuldigen. Er hat «in Schlüsselmomenten ‹grünes Licht› gegeben». Seine eigenen Taten können jedoch, so Kershaw, die dann eingetretene Eskalation nicht angemessen erklären. Als die «Endlösung» beschlossen wurde, hatten viele kleine Funktionäre die notwendige Vorarbeit geleitet[54]. Bei allen Unterschieden haben die damalige und die heutige Situation gemeinsam, dass eine eher rhetorisch als administrativ handelnde Führung und eine chaotisch organisierte völkische Bewegung im Medium des wechselseitigen Vorverständnisses, der vagen, aber Emotionen aufwühlenden Formulierungen und der auf ein konkretes Ziel hindrängenden Hassgefühle miteinander kommunizieren. Zuarbeiten setzt gemeinsames Vorverständnis, gemeinsamen Hass voraus. In dieser Gemeinsamkeit tariert sich das Verhältnis von Führung und Gefolgschaft aus.

Die rechtsextreme Symbolsprache dient auch der horizontalen Kommunikation. Ein Redner sagt auf einer NPD-Veranstaltung Ungesagtes, munkelt, dass die «erwachende deutsche Jugend die herrschende Clique gebührend zur Verantwortung ziehen» wird – das ist keine Aufforderung zur Stimmabgabe für eine Partei, sondern die im Voraus erteilte Absolution für einen Überfall. Dazu das NPD-Blatt *Sachsenstimme*: «Donnernder Beifall bewies, dass der Redner von den Anwesenden verstanden wurde.» Redner und Publikum haben sich symbolisch verständigt. Die «erwachende deutsche Jugend» ist der gewaltbereite Teil der neuen völkischen Bewegung, die «herrschende Clique»[55] ist die dem Ausland und den Juden hörige Regierung. Der Beifall ist das «ja, wir haben verstanden». Der Redner deutet die Gefühle des Publikums, das Publikum deutet die Symbolsprache des Redners. Es gibt eine Fülle solcher Beispiele. Es genügt, dass ein Redner fordert, dass «diese Dinge» wieder angesprochen werden müssen, oder ein CDU-Abgeordneter schreibt, es sei «an der Zeit, dass man die Fesseln der Vergangenheit abwirft»[56], und er kann sich des Beifalls gewiss sein. Die neurechte *Metapo* freut sich,

«Auf NPD-Versammlungen putscht Mahler sein vor Begeisterung johlendes Publikum mit Zitaten aus dem Alten Testament auf, aus denen hervorgehen soll, Jehowa selbst habe seinem auserwählten Volk befohlen, zur Durchsetzung seiner Weltherrschaft fremde Völker auszurotten.» (Süddeutsche Zeitung, *3. Januar 2001).*

dass bei einem Konzert des Neonazi-Barden Frank Rennicke «stets an der richtigen Stelle geklatscht wurde»[57]. Diese Interaktion zwischen Rednern oder Sängern und Publikum ist so auffällig, dass sie der *tageszeitung* (taz) einen eigenen Artikel im Nachrichtenteil wert war.[58] Für das, was der gewaltbereite Teil der Zuhörer oder Leser daraus macht, ist der Redner oder Autor nicht mehr verantwortlich: «Zwar habe ich versucht, so gut wie möglich die unvermeidlich aufkeimende Wut [...] zu zügeln, doch kann ich keinerlei Verantwortung für das übernehmen, was mit Ihnen durch die präsentierten Informationen geschehen könnte», schreibt Jan van Helsing.[59]

Pierre Krebs s. S. 115 ff

Redner und Publikum haben sich hinter dem Rücken der Öffentlichkeit und sicher auch der Staatsanwaltschaft symbolisch verständigt. Pierre Krebs zitiert in einem Vortrag die Gegenüberstellung von Juden und Griechen des Apostels Paulus und ergreift Partei für die Griechen. Das Publikum klatscht. Auch hier ist eine verborgene Botschaft angekommen: Krebs hasst das Christentum und seine Hörer sind nicht zu dem Vortrag gekommen, um dem Apostel Paulus zu applaudieren. Athen, das ist «die Heimat des europäischen homo faber – Jerusalem [die] Hauptstadt des westlichen homo oeconomicus»[60], belehrt uns Krebs in *Der Kampf um das Wesen*.

Die rechtsextreme Symbolsprache erlaubt es, sich zu distanzieren und gleichzeitig am selben Strang zu ziehen. Ein Rassist, der Runen-Anstecker auf der Jacke trägt, fühlt sich nicht als Neonazi, denn er gehört keiner Partei an. Er handelt aber wie ein Neonazi und spricht dessen Sprache. Auf diese zugleich entlastende und bindende Diskrepanz zwischen Organisationsstrukturen und subkulturellem Milieu haben vor allem die Kenner der ostdeutschen Szene hingewiesen. Die rechtsextreme Symbolsprache erlaubt es, zur neuen völkischen Bewegung zu gehören, ohne sich auch nur als Neonazi zu fühlen. Sie koppelt den Rassismus von der politischen Programmatik ab und macht ihn in immer größer werdenden subkulturellen Milieus heimisch.

Befreite Zonen

Die rechtsextreme Symbolsprache ist ein Mittel, anonyme Räume zu besetzen. Sie markiert «befreite Zonen», in denen Ausländer usw. nichts zu suchen haben.

«National befreite Zone» oder auch «zeckenfreie Zone» war das «Unwort des Jahres 2000». Der Begriff «befreite Zonen» findet sich zum ersten Mal in einem anonymen Strategiepapier *Schafft befreite Zonen!* in der 2. Ausgabe der *Vordersten Front* (Juni 1991) des Nationaldemokratischen Hochschulbundes (NHB, Studentenorganisation der NPD). Bald wurde der Begriff auf dem Umweg über die Website *stormfront* (USA) für befreite Zonen im Mailbox-Bereich übernommen. In Deutschland wurde der Aufruf «Schafft befreite Zonen!» durch das neurechte Thule-Netz[61] popularisiert, mit dem 1993 der deutsche Rechtsextremismus zum ersten Mal organisiert per Mailbox-Verbund auftrat. Der Wortlaut gehört inzwischen zum Repertoire rechtsextremer Proklamationen. Dort heißt es: «Wir müssen Freiräume schaffen, in denen **wir** faktisch die Macht ausüben, in denen **wir** sanktionsfähig sind, d.h. **wir** bestrafen Abweichler und Feinde, **wir** unterstützen Kampfgefährtinnen und -gefährten, **wir** helfen unterdrückten, ausgegrenzten und verfolgten Mitbürgern... Wir sind drinnen, der Staat bleibt draußen» (Hervorhebung im Original).

Die Jury, die «(national) befreite Zonen» zum Unwort des Jahres 2000 ausgewählt hat, schreibt dazu: «Damit werden auf zynische Weise Gebiete und Orte umschrieben, aus denen durch terroristische Übergriffe Ausländer und Angehörige anderer Minderheiten vertrieben wurden und die Einwohner durch Einschüchterung daran gehindert werden, sich noch offen gegen diesen Terror zu wehren.»

Mittlerweile heißt es häufig «national befreite Zonen» – der Zusatz wurde wohl gemacht, um die ursprüngliche Bedeutung des Begriffs zu verwischen. «Befreite Zonen» waren Gebiete, in denen eine Guerilla die Macht hatte. Die Rechte hat diesen Begriff enteignet. Es gibt bereits in Deutschland reale «befreite Zonen», in denen «die Anderen» sich nur unter Gefahr bewegen können, Überfälle ohne großes Strafrisiko verübt werden und Selbstjustiz[62] geübt wird. Zu diesen befreiten Zonen sollen «nationalistische Kooperativen» und unterwanderte Jugendzentren gehören.

Die Grenzen der «befreiten Zonen» sind unsichtbar oder allenfalls durch ein paar Graffiti markiert. Sie verändern sich, verschwinden vielleicht, und manche mögen nur in der Phantasie existieren. Auch in «befreiten Zonen» waltet die Polizei ihres Amtes, aber die Rechtsextremisten haben die kulturelle Oberhoheit und ein deutliches Drohpotential. Die Innenstädte sind noch frei von dieser nationalen Befreiung, aber auch hier gibt es schon Markierungen, die zu denken geben. Mitten in Großstädten werden rechtsextreme Symbole so gesetzt, dass die Polizei sie nicht deuten kann, die Szene aber ihre Bestätigung findet. Im Herbst 2000 gab es in

Deutschland ein Reklameplakat, auf dem eine Frau mit dem rechten Arm nach einem Taxi winkte. Jemand hatte mitten in einer Großstadt die doppelte Acht auf das Gesicht der Frau gemalt. Damit wurde der erhobene rechte Arm zum Hitlergruß. Die Uminterpretation wurde mindestens zweimal durch ein Hitler-Bärtchen aktualisiert. Ein öffentliches Bild war nun mit der eigenen Symbolik besetzt und die Fußgängerpassage mit einem Flair von «befreiter Zone» versehen. Am Willen, sich mitten in einer Großstadt einzunisten, fehlt es gewiss nicht. «Frankfurt am Main ist unsere Stadt», beginnt ein Aufruf zu einer rechtsextremen Demonstration am 1. Mai. Der Aufruf endet: «Stoßen wir mit einer machtvollen und friedlichen Demonstration in das Zentrum der Feinde unseres Volkes!»

«Besonders tollpatschig reagierten die Genossen vom DGB-Nord auf unsere Demonstration, die mit einem dreisprachigen Flugblatt ausländische Bürger aufforderten, wegen der ‹Nazidemo› die Innenstadt unbedingt zu meiden! Damit forderte der DGB faktisch dazu auf, die Hamburger Innenstadt am 17. 2. zu einer ausländerfreien, also national befreiten Zone zu machen». (Pressemitteilung des «Aktionsbüros Norddeutschland» vom 17.2.2001)

«Befreite Zone» ist kein ausschließlich räumlicher Begriff. Christian Wendt, der die Internet-Arbeit der NPD organisiert, schreibt, eine befreite Zone sei «nicht nur als räumlich begrenzter Bereich vorstellbar. Auch im Bestreben um die geistige Lufthoheit und die Schaffung einer kulturellen Hegemonie können befreite Zonen geschaffen werden. In diesem Sinne kann für die nationale und soziale Bewegung auch eine legale Partei innerhalb des BRD-Regimes eine befreite Zone darstellen.»[63]

Tätowierung

Durch Tätowierung wird auch der eigene Körper auf das rechtsextreme Weltbild zugerichtet. Die in Gefängnissen und Erziehungsheimen herrschende Manie des Tätowierens ist unter den gesellschaftlich Ausgeschlossenen so verbreitet, dass kleine Läden davon – und von den entsprechenden Devotionalien – leben können. Mit Runen und «Keltensymbolen» wird der Hass für das ganze Leben eingefleischt. Einer der Jugendlichen, die in Ahlbeck (Usedom) im Juli 2000 einen Obdachlosen zu Tote traten, hat auf den Fingern seiner rechten Hand die Buchstaben HASS stehen[64]. Er ist nicht der einzige, der sich auf ewig dem Hass verschrieben hat. Häufig sind die beiden S als Sigrune geschrieben. Diese hautnahe Symbolik ist ein Mittel zur Rekrutierung neuer Mitglieder[65]. Da viele dieser Symbole keinen manifesten politischen Sinn tragen, können Jugendliche sich rechten Cliquen anschließen, ohne sich parteipolitisch gebunden zu fühlen.

Dient die rechtsextreme Symbolsprache dem Protest? Dem Anschein nach ja. Verstockter Protest kommt immer dann zum Vorschein, wenn es gelingt, jugendliche Neonazis in Diskussionen zu verwickeln. *Der Landser* deutet die Gewaltaktionen in seinem unpolitischen Umfeld so: «Daß entwurzelte Jugendliche in dieser kalten und asozialen Gesellschaft der BRD sich durch Gewalt Gehör verschaffen wollen und so ihren Platz suchen ist [...] nur allzu verständlich. Daß diese Jugendliche sich oft, aber nicht immer, ‹rechts› einstellungsmäßig, aber keinesfalls weltanschaulich äußern, liegt nur daran, daß sie sich von dem Mainstream der herrschenden Zustände brutalst möglich abgrenzen wollen. Ihre eigene Identität artikulieren sie über das Verneinen des Systems, das sich auf Kosten der Deutschen die Taschen vollstopft, sie belügt und betrügt, ihnen die soziale wie materielle Lebensgrundlage entzieht und anstatt volksgemeinschaftlich zu agieren, die Wärme eines Eisbergs ausstrahlt.»[66] (Rechtschreibung und Grammatik wie im Original). Durch Gewalt wollen sich die Jugendlichen Gehör verschaffen, sich gleichzeitig aber abgrenzen und ihre eigene Identität artikulieren. Der Überfall markiert die Scheidelinie zwischen «den Deutschen» und dem «System», der ersehnten Volksgemeinschaft und dem Eisberg.

Protest

Der Vergleich zu Protestbewegungen der jüngeren deutschen Geschichte zeigt aber, dass die neue völkische Bewegung eher introvertiert ist. Gegen ihre Feinde (die Liste der «Anderen») kann sie nicht protestieren, denn gegen die schlägt sie gleich zu. Gegenüber dem «System» igelt sie sich eher ein. Ihre Sprache und Symbolik sind oft nicht allgemeinverständlich. Protestbriefe, Unterschriftensammlungen, Redewendungen wie «Nieder mit...» oder «Schluss mit...» sind seltene Ausnahmen, wenn es sie überhaupt gibt. Protestdemonstrationen gab es nur bei Schließungen einschlägiger Clubs oder Schulungszentren oder gegen die Ausstellung *Vernichtungskrieg: Verbrechen der deutschen Wehrmacht 1941-1945*, die als Angriff auf eigenes Terrain empfunden wurde. Anschläge sind kein Protest, sondern sie provozieren ihn in Form von Gegendemonstrationen und Lichterketten.

Zur Deutung der rechtsextremen Symbolsprache

Verbotene Symbole und Kennzeichnen

Hakenkreuz in allen Variationen (auch seitenverkehrt)

Hakenkreuz (negativ) ANS/NA

Hakenkreuz NSDAP

Sigrune Zeichen des Deutschen Jungvolkes in der Hitlerjugend

Doppel-Sigrune/ SS-Rune Zeichen der Schutzstaffeln (SS) der NSDAP

Die rechtsextreme Symbolsprache erweist sich also als mehr als nur der Kitt politischer Fraktionen, deren Runde-Vereinigungs-Tische gescheitert sind. Sie ist die Summe aller ideologischen Gemeinsamkeiten dieser Fraktionen. Milan Kundera nennt diesen schwer fassbaren ideologisch-ästhetischen Fundus an Gemeinsamkeiten «politischen Kitsch»: «Politische Bewegungen beruhen nicht auf rationalen Haltungen, sondern auf Vorstellungen, Bildern, Wörtern und Archetypen, die als Ganzes diesen oder jenen *politischen Kitsch* bilden.»[67]

Diese Definition von «Kitsch» ist immerhin noch offen für Rationalität. Im günstigsten Fall kann der Kitsch selbstironisch aufgelöst werden. Der rechtsextreme Kitsch ist bärbeißiger, unreflektierter, Recke statt Gartenzwerg, Adlerhorst statt Kuckucksuhr. Er schmückt sich eher mit Aggressionssymbolen als mit Wörtern. Die gutmütige Bezeichnung Kitsch passt hier nur bedingt. Sie beschreibt aber die ästhetische Wirklichkeit der nationalsozialistischen Mythologien früher und heute.

Fast durchweg gehen diese Mythen auf Trivialkunst und -literatur zurück. Hitlers Kenntnisse der Germanen waren von verkitschten Wagneraufführungen geprägt. Die Wiener Moderne verachtete er. Himmler las den autodidaktischen Mythenforscher und Beinahe-Romancier Otto Rahn und hörte auf die Eingebungen des seelisch kranken Karl-Maria Wiligut (alias Weisthor). Wenn wissenschaftliche Befunde seine Spinnereien störten, ignorierte er sie. Helsings Weltraummännchen aus Plastik, die man auf der Frankfurter Buchmesse am Stand des Ama-Deus-Verlags bewundern konnte, und die zart ins Pornografische spielenden Publikationen des Thule-Seminars, wo eine nackte Frau am Waldrand die Arme gen die Sonne reckt[68], setzen diese Kitschtradition fort. Auch Horst Mahlers Vorschlag, statt des geplanten abstrakten Holocaustmahnmals in Berlin eine Akademie für sein «neues Denken» zu bauen, die «der Hagia Sophia nachempfunden sein könnte»[69], ist politischer Kitsch.

Symbole zaubern Klarheit und Eindeutigkeit in eine unverstandene Wirklichkeit. Robert Musil schildert in seinem Roman *Mann ohne Eigenschaften* eine völkische

Gruppe Jugendlicher in Wien, die irgendwann vor dem Ersten Weltkrieg die Hauptfigur des Romans, Ulrich, zu einem Treffen einlädt. Es war die Zeit und das Milieu, die Hitler prägten und von denen große Teile von *Mein Kampf* handeln. «Ihr Hauptlehrstück war das ‹Symbol›; soweit Ulrich folgen konnte [...], nannten sie Symbol die großen Gebilde der Gnade, durch die das Verwirrte und Verzwergte des Lebens [...] groß und klar wird.»[70]

Oswald Spengler spricht in seinem *Untergang des Abendlandes* von einer «neuen Art von Metaphysik, für die alles, es sei, was es wolle, den Charakter eines Symbols besitzt». Diese Symbole sind «ein Stück Wirklichkeit»[71], sie gehören zur Zeichensprache einer Ersatzreligion, die den Unterschied von Wirklichkeit und Symbol nicht anerkennen will. Auch andere Vordenker der Hitlerzeit verstehen Symbole nicht-logisch. Symbole sind nicht Zeichen, die auf etwas verweisen, sondern Beseeltes, Wesenhaftes, «magische Zeichen»[72].

Eine prägnante Formulierung dieses magischen Symbolbegriffs stammt von Alfred Bäumler, dem Theoretiker des Männerbundes und Vordenker des Nationalsozialismus. In *Männerbund und Wissenschaft*[73] versteht Bäumler das Symbol als Teil eines Ganzen, als Moment von Ganzheitlichkeit. Dieses Ganze verleiht dem Symbol eine eigenständige Kraft. Das Symbol stiftet die Einheit des Volkes, die das Wort nicht zustandebringt. Es gibt bei Bäumler nicht Symbole für etwas, sondern eine eigenständige «Welt des Symbols», die Bäumler zur religiösen Formel erhebt. Das Symbol ist die Quelle der Wiederbelebung, gegenseitigen Verstehens, des Wortes. Damit versteht Bäumler «Symbol» vorlogisch, als mystischen Ursprung, inneres Bild. Bäumler spricht von «feierliche Stummheit des Ursprungs». Diese ontologisierten Symbole, von denen er nicht sagt, was sie sind und bezeichnen, sind der Vernunft vorgeschaltet. Sie sind aktiv und eigendynamisch.

Das hier skizzierte Symbolverständnis ist rassistisch. Wilhelm Hauer, der Gründer der Deutschen Glaubensbewegung, spricht von der «Begabung zum abstrakten, analytisch-funktionellen Denken [die] im besonderen Sinne eine Begabung des semitischen Geistes» sei. Die Indogermanen hingegen seien mit einer «metaphysischen Tiefenschau» begabt. Begriffliches Denken ist ihre Sache nicht. Das «Wort [ist] nur Notbehelf, symbolhafter

Sigrune mit waagerechten Spitzen Kennzeichen der ANS/NA

Wolfsangel Zeichen der Jungen Front

Odalrune (Strafbarkeit strittig) Nur in Verbindung mit dem Bund Nationaler Studenten, BNS

Zeichen der Sturmabteilung

Reichskriegsflagge in der von den Nationalisten abgewandelten Form

Nationale Sammlung (NS)

Nationale Sammlung (NS)

Nationale Sammlung (NS)

Nationalistische Front

Deutsche Alternative (DA)

Nationale Offensive (NO)

Volkssozialistische Bewegung Deutschlands / Partei der Arbeit (VSBD/PDA)

Hinweis». Die indogermanischen Stämme gebrauchten «Symbolzeichen», «heilige Zeichen», hatten aber «kein System von Zeichen und Buchstaben». Der Glaube des «germanisch-deutschen Menschen gestaltet sich im Sinnbild gelebten Lebens», nicht «formelhaft in schriftlich niedergelegten Zehn Geboten»[74], wobei unausgesprochen mitschwingt, dass die Zehn Gebote jüdischen Ursprungs sind. Auch Horst Mahler wirft den Juden vor, das analytisch-wissenschaftliche Denken verbreitet zu haben[75]. Er stellt das jüdische «logische Denken» dem «Volksgeist der Germanen» gegenüber[76].

Miguel Serrano, der Begründer des Esoterischen Hitlerismus, hängt ebenfalls dem magischen Symbolverständnis an. «Wie man wohl feststellen konnte, gab es das Symbol zuerst, und der Mensch kann von seiner Bedeutungslosigkeit nur in dem Maße abkommen, in welchem er sich selbst zum Sinnbild machen kann, indem er in jener Immanenz, seiner eigenen Seele, ein Symbol verkörpert und es lebt.» Auch Serrano sondert den Begriff «Symbol» von der Logik und schlägt ihn der Mythologie zu: «Die Symbole sind viel zu geistvoll, um rational zu sein. Wenn wir einen Abgrund hinunterstürzen [...], dann sind es nur die Mythen und die Symbole, die aus dieser Gottferne zu uns sprechen.»[77] Wie wir sehen werden, deutet Serrano selbst noch das Vernichtungswerk der SS symbolisch (s. S. 62).

Magische Symbole sind ewig. 1992 entdeckte ein Forstpraktikant bei Zernikow im brandenburgischen Wald Lärchen, die in Form eines Hakenkreuzes gepflanzt waren. Ein hitlerbegeisterter Förster hatte sie 1938 angelegt. Das Hakenkreuz war lange niemandem aufgefallen, da man es nur im Frühling und Herbst und auch nur aus der Luft sah. Im Jahre 2000 gelangte eine Luftaufnahme durch die Presse. Nun fochten Forstarbeiter den «Kampf der Symbole» mit Kettensägen und Äxten aus. Sie rodeten «zwei Schenkel des Symbols», wie man am *Nationalen Infotelefon* (Andre Goertz) am 5. Dezember 2000 hören konnte. Die Landesregierung wollte mit der Fällaktion ein «Zeichen setzen» und verhindern, dass ein neuer Wallfahrtsort entstand[78]. Die Mailbox *Stoertebeker* gewann der Posse tiefen Ernst ab: «Manche Symbole kann man verbrennen, vergraben oder zerschlagen, vernichten kann man sie jedoch nie»[79]. Sogar hinter den drei Buchstaben NPD steht eine ewige

Idee. *Der Landser* schreibt, das Kürzel NPD stehe für «ein Forum zur Durchsetzung einer großen Idee. [...] Diese drei Buchstaben lassen sich für das System (fast) problemlos, die Idee hingegen niemals verbieten.»[80]

Freiheitliche Deutsche Arbeiterpartei (FAP)

Das magische Symbolverständnis überwog, solange der Nationalsozialismus oder seine Vorgängergrüppchen gesellschaftlich bedeutungslos waren. Auf dem Weg zur Macht und noch deutlicher in deren Besitz setzte sich der rationalere Strang, das funktionale Symbolverständnis durch. Himmlers esoterische Steckenpferde, für die das «Ahnenerbe» steht, fristeten in der Hitlerzeit ein Nischendasein. Für den funktionalen Traditionsstrang steht Alfred Rosenberg: «Jede echte Sehnsucht schafft sich ein Symbol. Beim Anblick eines solchen Symbols werden im schlichtesten Menschen alle Ideen, Persönlichkeiten, Erlebnisse lebendig, die sich an das Zeichen anheften.»[81] Das ist nüchterner. Symbole sind hier abgeleitet, ohne eigene magische Kraft, und dienen der Kristallisation emotionaler Inhalte. Rosenberg dürfte Hitlers Symbolverständnis nahe kommen. Hitler hat den Symbolwust der Wiener Ariosophen und der Münchner Thule-Gesellschaft von 1918 plakativ vereinfacht (Weißmann[82]) und für die Massenmobilisierung funktionalisiert. Das Meer der Hakenkreuzfahnen und Fackeln, die Trommelwirbel und Lichtdome der Nürnberger Parteitage sollten scheinbar veraltete Klassengegensätze überwinden und die Vereinigung von Volk und Führer ausdrücken.

Keltenkreuz nur strafbar in Verbindung mit verbotenen Organisationen

Es gibt ein spezifisch deutsches Bedürfnis nach Symbolen. Vor der Durchfunktionalisierung unserer Lebenswelt waren Raum und Zeit mit symbolischen Stationen versehen, die Orientierung anboten. Die Kirchen und Klöster mit ihren Schutzheiligen, die narrative Theologie der Portale, die Schriftzüge an Häusern, dann der Heiligenkalender oder das protestantische Kirchenjahr, schließlich Sinnsprüche und Bauernregeln erlaubten es, individuell Erlittenes und Erlebtes im Kontext allgemeinverbindlicher Glaubensvorstellungen von Geburt, Leiden, Tod und Erlösung zu deuten. Als diese Verbindlichkeiten in die Brüche gingen, schuf die deutsche Romantik ein tiefes Bedürfnis nach Symbolen, das sie zugleich befriedigte. Im 20. Jahrhundert wurde das mit der Säkularisierung eingetretene Deutungsvakuum in Deutschland politisch verstärkt. Da der Nationalsozialismus exzessiven Gebrauch von Symbolen gemacht hatte, waren nach 1945 in Deutschland politische Symbole verboten oder standen unter Ideologieverdacht. Jetzt war der mündige Staatsbürger das Ideal, der keine äußerlichen Stützen, keine Gründungsmythen, Jahrestage oder Staatsinsignien mehr brauchte, um sich sein eigenes, konsensfähiges Urteil zu bilden. Vor allem Fahnen waren verpönt. Auf halbmast mochten sie hängen, aber als Identifikationssymbole konnten sie sich nicht durchsetzen. Die Happenings von Demonstranten bei Rekrutengelöbnissen der Bundeswehr zeugen davon, dass bis heute das öffentliche Huldigen nationaler Symbole – in anderen Ländern eine Selbstverständlichkeit – als politische Verführung betrachtet wird. Die DDR stieg auf sozialistischen Kitsch um, aber in der BRD ließ sich kein Ersatz für die NS-Symbolik herbeischaffen. Nach dem Fall der Mauer sang in der Erwartung, dass alle mitsingen würden, die politische Elite in Berlin bei einer Veranstaltung das Deutschlandlied. Auf einer Schallplatte, die die linke *tageszeitung* vertrieb, konnte man die Politiker auf dem Podium brav singen hören, während die Menge grölte und pfiff. Die Leute verweigerten sich dem Versuch, einen Gründungsmythos symbolisch zu besiegeln.

«In Deutschland fehlen die Symbole» lautet die Überschrift des Zeitungsherausgebers Alexander Gauland: «Königin und Bärenfellmützen binden [in Großbritannien] einen Teil der Aggressionen, die bei uns frei vagabundieren»[83]. Gauland unterschlägt zwar, dass Symbolik und aggressive Praxis der europäischen Rechtsextremen eben dort entstanden, wo Bärenfellmützen sie angeblich binden, aber seine Beobachtung, es gebe ein spezifisch deutsches Symboldefizit, trifft zu. Die Skepsis gegenüber allgemeinverbindlicher Symbolik hat zu einem Vakuum geführt. Sekten und Geisterseher standen immer schon bereit, solche Lücken zu füllen. Mittlerweile hat sich die rechtsextreme Symbolsprache bei den Sinnstiftern eingereiht. Den Heiligenkalender hat sie durch «Jahresweiser»[84] ersetzt, in denen die altdeutschen Monatsnamen benutzt werden, die ohnehin immer häufiger in rechtsextremen Texten auftauchen. In ihrer gesellschaftlichen Funktion entspricht die rechtsextreme Symbolsprache den Sekten und der Esoterik. Beide ersetzen die ihrer Allgemeinverbindlichkeit beraubte Religion, beide bieten einfache Erklärungen (göttliche Allmacht, Verschwörungen) zur Orientierung in der globalisierten Welt an. Wo sich militanter Nationalismus und Sektierertum oder Esoterik mischen, entsteht eine politische Alltagsreligion, die neue Orientierungsmuster anbietet: Wir Deutschen haben auch noch eine andere Vergangenheit als Hitler, unser Verbrechen ist nicht einmalig, unsere Schuld aufwiegbar, unsere Gedenktage sind jetzt wieder unsere Gedenktage, wir haben Helden und Märtyrer, wir dürfen wieder hassen.

Der alliierte Kontrollrat verbot 1945 alle Nazisymbole. Heute sind verboten: Hakenkreuz, SS-Runen, Keltenkreuz (umstritten), Wolfsangel und einige Symbole von Untergliederungen der NSDAP und neonazistischer Organisationen. Landeszentrale für politische Bildung Hamburg: Recht gegen rechts, *Hamburg 2000. Strittig sind Imitationen von Abzeichen der Hitler-Jugend (Obergauarmdreieck des Bundes Deutscher Mädel). Siehe auch S. 36 ff.*

Karlheinz Weißmann hat in *Schwarze Fahnen, Runenzeichen* den Versuch unternommen, die Symbolik des Nationalsozialismus zu reflektieren und gleichzeitig politisch auszumünzen. Weißmann kann als einer der wenigen genuinen Theoretiker der deutschen Neuen Rechten gelten. Stets hart am Rande dessen, was noch nicht faschistisch ist, und wohl wissend, dass er diesen Rand nicht überschreiten darf, versteht er Politik «als Summe symbolischer Handlungen»[85]. Sein Symbolbegriff ist anthropologisch. Weißmann kommt zu der Schlussfolgerung: «Wenn man politische Symbole als eine Art von Stenografie weltanschaulicher Überzeugungen versteht, wird unmittelbar deutlich, welche einzigartige Aussagekraft ihnen zukommt. – In dieser Kurzschrift müssen sich die entscheidenden Vorstellungen einer bestimmten Ideologie verdichten.»[86] Bei Weißmann haben Symbole keinen Eigenwert, sondern verweisen auf Ideologien und Weltanschauungen. Sie sind also trotz ihres ideologisch aufgeladenen Kontextes funktional. Weißmanns Symboldefinition von 1991 liest sich zehn Jahre später wie ein schüchterner Einwurf gegen die fortschreitende Ersetzung des Politischen durch eine Symbolsprache. Die Kurzschrift wird im letzten Jahrzehnt des vergangenen Jahrhunderts mehr und mehr zum Haupttext.

***Runen**: germanische Schriftzeichen*

Runen werden als magische Symbole gedeutet. Runen sind «echte Symbole. Symbole sind ein Mittel, um Zugang zum inneren Wirken des menschlichen Geistes zu erlangen. Sie sind wie Pforten zum Unbewußten.»[87] Das Runendeuten ist weit verbreitet. Runen werden wie Karten gelegt und können zu diesem Zweck im Versand bestellt werden. Heutige neuheidnische Glaubensgruppen bieten das «Runenraunen» an, bei dem Runenzeichen geworfen werden und daraus die Zukunft zahlender Klienten gelesen wird. Die Esoteriker bieten ein Füllhorn weiterer magischer Symbole an. Hannes Holey, der Vater Jan van Helsings, sieht bei bestimmten Symbolen «schwer definierbare Kräfte, die als göttlich und magisch erkannt worden sind», die sich aber nur in Resonanz mit dem Menschen entfalten können[88].

Auch die intellektuelle Neue Rechte frönt dem magischen Symbolverständnis: «Ein lebendiges Symbol kleidet nicht nur den Körper: Es umhüllt die Seele und hält den Geist wach», schreibt Pierre Krebs in einem seiner Aphorismen (*Aus dem Tagebuch eines Rebellen*)[89].

Runenkulte, Sonnenwendfeiern und die Vermarktung neuheidnischer Religiosität in der Dark-Wave-Szene beweisen, dass das magische Symbolverständnis wieder Konjunktur hat. Ein früher literarischer Beleg ist Russell McClouds *Die schwarze Sonne von Tashi Lhunpo.*[90] Dieser 1991 im Arun-Verlag veröffentlichte Roman ist mittlerweile in dritter Auflage erschienen, und der Autor hat im selben Verlag ein Drehbuch darüber geschrieben. Thema der beiden Bücher ist der «Speer des Schicksals», eine Reliquie in der Wiener Hofburg, mit der ein römischer Legionär Jesus von Nazareth am Kreuz in die Seite gestochen haben soll. Die Legende will, dass der Speer dem, der ihn hat, große Macht, aber auch Unheil bringt. Der Autor schreibt über einen Besuch Hitlers in der Hofburg unmittelbar nach dem «Anschluss» Österreichs. «Plötzlich begann sein [Hitlers] Oberkörper zu zittern, erst ganz leicht, dann immer stärker. [...] Sein Mund öffnete sich, und heraus brach ein Schrei, der nichts Menschliches an sich hatte. Seine Arme schossen nach vorne, packten den Speer, rissen ihn in die Luft. Sein Kopf ruckte nach oben, seine dunklen Augen hefteten sich an das Stück Geschichte, das er in seinen ausgestreckten, zitternden Händen hielt [...]. Er war eins geworden mit den magischen Kräften, die der Speer ausstrahlte, deren Fluidum sich auf ihn übertrug.»[91] Roman und Drehbuch, die kaum ein Klischee der neuheidnischen Esoterik auslassen, enden in der Wewelsburg, wo ein Trupp SS-Leute mit dem geklauten Speer eine rituelle Feier veranstalten will.

Speer des Schicksals

Gibt es taugliche Gegensymbole? Die Lichterkette ist, im richtigen Moment am richtigen Ort, ein wirksames Symbol der Zivilgesellschaft gegen die rechtsextreme Militanz. Andere Gegensymbole sind hilflose Versuche den neuen Hass mit alten Mitteln einzudämmen. Die SPD[92] schlägt vor, «Orte mit einer besonderen Symbolik» zum Schauplatz einer Inline-Skate-Demonstration zu machen oder dort ein «DenkMal [...] als Symbol der Besetzung des öffentlichen Raums» aufzustellen. Hierfür schlägt sie Dreiecksständer aus dem Wahlkampf vor.

«Volk»

Die Symbolsprache des Rechtsextremismus unterscheidet sich vom Symbolwahn religiöser Sekten und Subkulturen durch ihren durchgängigen Bezug auf reale Kontexte. Sie ist – mindestens für Insider – jederzeit deutbar und in eine Faktensprache rückübersetzbar. Das letzte Substrat der rechtsextremen Symbolsprache ist das «Volk». Ohne «Volk» hätte der Wort- und Zeichenschwall keinen Resonanzboden und würde zirpen. Alle anderen Kontexte mögen sich ändern, aber ohne das als Volk verstandene «Wir» würden die übrigen Symbole bedeutungslos. Dass «Symbole die Gene nicht ersetzen können»[93], wissen die Rassisten. Wäre «Volk» selbst nur ein Symbol, dann wäre die rechtsextreme Symbolsprache insgesamt wiederum nur auf ein Symbol bezogen und das Ganze wäre Blendwerk, ein Wahngebilde ohne Boden unter den Füßen. Sorgsam gehegte Unterscheidungen wie «Gemeinschaft» (als Volksgemeinschaft) und «Gesellschaft» (nicht an Abstammung gebunden und soziologisch beschreibbar, deshalb abgelehnt) würden zu Seifenblasen.

«Gene sind nun einmal nicht durch Symbole zu ersetzen.» (de Mahieu, 1975b, S. 311)

Aber gerade dieses Substrat, diese letzte Gewissheit, dünnt aus. Die Selbstverständlichkeit, mit der die Nationalsozialisten von «Volk» sprachen, ist dahin. Ein deutsches Volk als ethnisch homogenes Kollektiv hat es wegen der jahrhundertelangen Migration in Mitteleuropa ohnehin nie gegeben. Selbst Hitler wusste das. Wenn er vom deutschen Volk sprach, meinte er die «arische Rasse», die in diesem Volk, wenn auch untergründig und vermischt, noch weiterlebte. «Volk» war jedenfalls eindeutig auf «Rasse» bezogen. Das Kapitel *Volk und Rasse* in *Mein Kampf* beginnt mit: «Es gibt Wahrheiten, die [...] auf der Straße liegen [...].» Eine dieser Wahrheiten ist die «eiserne Logik der Natur», d.h. Hitlers sozialdarwinistische Rassenlehre. Hitler leitet seinen Rassenbegriff

«Volk» bei Hitler

«Es gibt Wahrheiten, die so sehr auf der Straße liegen, dass sie gerade deshalb von der gewöhnlichen Welt nicht gesehen oder wenigstens nicht erkannt werden. Schon die oberflächliche Betrachtung zeigt als nahezu ehernes Grundgesetz all der unzähligen Ausdrucksformen des Lebenswillens der Natur ihre in sich begrenzte Form der Fortpflanzung und Vermehrung.» (Adolf Hitler: Mein Kampf, *S. 311)*

nicht ab, sondern setzt ihn als naturgegeben voraus[94] (siehe Marginalienspalte). In *Mein Kampf* und seinen Reden sagt er mit Vorliebe «das deutsche Volk», nicht «wir». Ein «Wir» wäre zu subjektiv gewesen.

Was meinen Hitlers Enkel mit «deutsches Volk»? Seit mehr als 2000 Jahren haben Kriege und Hungersnöte ganze Völkerscharen durch Mitteleuropa getrieben. Gäbe es eine genetische Definition von Volk, was man nach der Entschlüsselung des menschlichen Genoms ausschließen kann, dann träfe sie auf ein «deutsches Volk» nicht zu. Auch kulturell war das Gebiet des heutigen Deutschland immer einer Vielzahl wechselnder Außeneinflüsse ausgesetzt. Wer «deutsches Volk» sagt, müsste dazusagen, auf welchen historischen Moment er sich bezieht. Das heutige Deutschland wird wohl nicht gemeint sein, denn dessen multikulturelle Zerrüttung wird beklagt. Auch Deutschland nach 1945 kann schwerlich gemeint sein. Bei Kriegsende waren in Europa etwa vierzig Millionen Flüchtlinge, Überlebende der Lager, ehemalige Kriegsgefangene, Deportierte und Soldaten unterwegs. Dann kam die Arbeitsmigration. Kurz: Wer «deutsches Volk» sagt, meint die Hitlerzeit. Die ständige Rede von «unseren Großvätern», die keine Verbrecher waren, spricht für sich.

Umvolkung

Die Geschichte des Wortes «Umvolkung» deckt auf, welche schmerzhafte Kränkung sich hinter dem Protzgehabe der militanten Rechtsextremen verbirgt. Sie ist ein Beispiel für die destruktive Reflexivität völkischer Symbolik, auf die wir im Folgenden am Beispiel des Hakenkreuzes noch einmal zurückkommen werden. In der Hitlerzeit signalisierte das Wort «Umvolkung» Gefahr, vor allem aber deren Abwehr und Überwindung. Ziel der nationalsozialistischen Siedlungspolitik war es, «Lebensraum im Osten» zu schaffen, um die «rassische Identität» der Deutschen zu bewahren. Die «Volksdeutschen», die ausserhalb des Reichsgebietes lebten, standen, so die Theorie, unter besonderem Anpassungsdruck durch die «Wirtsvölker». Die NS-Bevölkerungstheoretiker sorgten sich, durch Vermischung mit dem «Wirtsvolk» könnte es zu einer «Umvolkung» kommen, also zu einem Verlust «völkischer Substanz». Gleichzeitig aber stand «Umvolkung» für Pläne zur Germanisierung deutschfreundlicher Bevölkerungsgruppen in den eroberten Gebieten. Diesen Minderheiten sollten nach

Feststellung «deutschen Blutes» angemessene Siedlungsräume zugewiesen werden. Die dafür vorgesehenen Gebiete waren nach den Plänen der Nationalsozialisten vor einer Neuansiedelung zu «entjuden» und die dort ansässige (slawische) Bevölkerung sollte umgesiedelt und dem Hungertod preisgegeben werden. Der Begriff «Umvolkung» wurde von dem Leiter der «Nord- und Ostdeutschen Forschungsgemeinschaft» (NOFG), Albert Brackmann, geprägt. Unter dem Dach der NOFG wurde 1934 ein interdisziplinär angelegter Großforschungsverbund gebildet, dem neben Brackmann weitere namhafte Historiker angehörten, darunter Werner Conze und Theodor Schieder. Forschungsgegenstand war die Germanisierung des «Ostraumes».[95]

«...das Wichtigste existiert heute wie damals: WIR» (Die Tat *1, S. 5, zitiert nach* Archivnotizen, *April 2001)*

Nur an den Rändern also, außerhalb der deutschen Grenzen, waren deutsche Minderheiten durch «Umvolkung» gefährdet. Hauptsächlich waren die Deutschen Subjekte der «Umvolkung» anderer Völker. Heute fühlen die deutschen Rechtsextremen sich nicht mehr als Subjekt, sondern als Objekt der «Umvolkung» durch Einwanderer. Glaubt man ihren Klagerufen, dann werden die Deutschen im Kern, nicht mehr nur am Rand «umgevolkt». Hitlers Angst, dass das deutsche Volk rassisch verdorben werden könne, schien mit dem Aufstieg des Nationalsozialismus gebannt gewesen zu sein; nach dessen Niederlage ist sie wieder da. Zum Objekt geworden zu sein ist aber nicht die einzige und nicht einmal die größte Kränkung. Die «eiserne Logik der Natur», die Hitler zum Schutz der Rasse walten sah, ist einer verzwickten Dialektik des «Wir» gewichen. Hitler sagte selbstbewusst «das deutsche Volk», seine Enkel sagen wütend «Wir». Sie fordern ein «Unterfutter von Wir-Gefühlen»[96] ein. Mahler spricht, wie im Folgenden zitiert, von einem «Gefühl der Zusammengehörigkeit», die das Volk ausmache. Wo Es (das Volk) war, ist Wir geworden. Dieses «Wir» ist nicht das eines robusten Selbstbewusstseins und am wenigsten das der Selbstreflexion. Es ist verunsichert und zaghaft, allen psychologischen Tücken des Wir-Gefühls ausgesetzt. Bis Stalingrad saß das deutsche Selbstbewusstsein auf dem soliden Sockel einer sieghaften Rasse. Heute leidet es unter Existenzängsten. In der rechtsextremen Szene sind die spärlichen Versuche, alte deutsche Siedlungsgebiete zu regermanisieren, bekannt, und allen springt der Kontrast zu dem

«Nun ist die Frage, ob das deutsche Volk deutsch bleibt oder ‹umgevolkt› wird, das wichtigste und alles entscheidende Feld der Politik.» (Flugblatt 3 der «Bürgerbewegung Unser Land»)

ins Auge, was Mahler die «Landnahme im Kreißsaal» nennt (siehe Marginalienspalte).

«Wir Deutschen haben immer weniger Geburten zu verzeichnen und es kommen immer mehr Fremde in unser Land. Und die Fremden, die hier schon sind, bekommen Kinder wie die Karnickel. Die Landnahme findet heute im Kreißsaal statt. Selbst, wenn wir die Grenzen dicht machen, werden wir majorisiert werden. Die Fremden brauchen gar nicht erst über die Grenze zu kommen.» Mahler in: Schönhuber 2000, S. 25

Das als «Wir» subjektivierte Volk ist der psychischen Dynamik kollektiver Subjekte ausgesetzt. Auch das «Wir» der scheinbar unbeugsamen Rechtsextremen schreit, verbirgt sich, siegt oder gerät in Panik, wenn der Sieg ausbleibt oder der Führer versagt. Diese Psychodynamik macht beim «Wir» nicht halt, sie trifft ins Innere des «Ich», denn bei «Umvolkung» schwingt eine individualpsychologische sexuelle Nebenbedeutung mit. «Umvolkung» hat mit Fortpflanzung zu tun. Die deutschen Bauernhöfe in den eroberten Gebieten sollten von blonden und blauäugigen Kindern wimmeln; die «Fremdvölker» sollten durch Sterilisation, Lager oder Vernichtung an der Fortpflanzung gehindert werden. Mahlers «Landnahme im Kreißsaal» ist die Folge südländischer Triebhaftigkeit. Welche Früchte solche Sexualphantasien treiben können, werden wir im Kapitel *Wandernde Wikinger* beschreiben.

Das Bild von den strammen deutschen Kolonnen, die in fremde Gebiete vorstoßen, assoziiert die Sexualphantasie mit Gewalt. Wenn dieser sexuell-aggressive Impuls sich gegen das phantasierende Subjekt zurückwendet, wird die Sexualphantasie zur drohenden Impotenz, die Gewalt zur Angst vor dem Vergewaltigtwerden.

Da der bewusste oder unbewusste homosexuelle Anteil unter den männerbündisch auftretenden neonazistischen Jugendlichen sicherlich hoch ist, kommt die Angst vor der eigenen Homosexualität dazu. Helsings Pol-Löcher, durch die der böse Feind eindringen will, aber von guten Kräften zurückgestoßen wird, sind ein sexualpsychologisches Bild für diese Ängste. Sie werden durch besonders markiges Auftreten überspielt.

Männerbünde: Die Theorie der Männerbünde entstand in der Freikorpszeit nach dem 1. Weltkrieg. Alfred Bäumler ist ihr bekanntester Vertreter. Klaus Theweleit hat sich in Männerphantasien (München: dtv 1995) damit auseinandergesetzt.

Helsings Pol-Löcher: s. das Kapitel «Helsings ‹Innere› Welt und seine Wunschwelt»

Die sprachgeschichtliche Veränderung des Wortes «Umvolkung» ist gewiss den wenigsten Rechtsextremen geläufig, aber alle dürften empfinden, dass die Aggressivität, die in diesem Wort lag, sich gegen das damalige Subjekt gewandt hat. Wer den «Zusammenbruch» von 1945 betrauert, trauert den guten alten Zeiten siegessicherer Subjektivität nach. Der gegen die eigene Substanz rückgewandte Stachel ruft die totale Niederlage in Erinnerung. Der Titel des Skinzines *Foiersturm* spielt, scheinbar feurig und stürmisch, mit dem traumatisierenden Erlebnis vieler deutscher Stadtbewohner in den letzten Jahren des Zweiten Weltkriegs, als nach den Bombenexplosionen die einzelnen Brände zu einem Feuersturm wurden, der Menschen und Städte vernichtete.

Die Rede vom «zweifellos bevorstehenden Endkampf»[97] zitiert den in Büchertiteln und Videos präsenten Endkampf um Berlin herbei[98], den sowjetischen Kessel, der immer enger wird, bis er zum Ring um die Reichskanzlei wird, neben der Hitlers Leiche schließlich verbrannt wird. Das Nationale Infotelefon Hamburg warnte Anfang 2001, dass «unser Anteil immer mehr gegen Null geht»[99]. Gegen Null gehen, die Bedrohung durch den enger werdenden Ring, das erklärt die steinernen Gesichter der Skinheads. Ihr martialisches Auftreten überspielt die Ohnmachterfahrung, vom Subjekt zum Objekt geworden zu sein. Sie reagieren am empfindlichsten auf die Unfähigkeit der Deutschen, nach 1945 eine ungebrochene nationale Identität aufzubauen, denn sie haben sich die alte, mit Fahnen und Panzern bewehrte deutsche Identität zum Vorbild gewählt. Mit «Volk» war «Herrenvolk» gemeint, und jetzt jammern sie, sie seien nicht mal mehr Herren im eigenen Lande. Der beschwörende Ton, mit dem sie das Ideal der Rassenreinheit verkünden, offenbart insgeheim, dass dieses Ideal schon zerbrochen ist. Das Trauma von 1945 hat einen sozialpsychologischen «inneren Feind» erzeugt, der – so eine an Sigmund Freud anlehnende Überlegung Micha Brumliks – unbesiegbar ist, da das Subjekt, das ihn ausschalten wollte, sich selbst vernichten würde[100]. Es gibt rechtsextreme Gruppen, die zu einem «heroischen Selbstmord»[101] bereit sind.

Die Großväter der Rechtsextremen berichten noch von heldenhaften Ausbrüchen aus dem Ring; kaum eine Nummer des *Freiwilligen* (dem Mitteilungsblatt der Waffen-SS-Veteranen), in der nicht ein alter Kämpfer vom Ausbruch aus russischen Kesseln berichtet. Nur ganz wenige haben es geschafft, aber die konnten sich später als Helden feiern. Diese Schilderungen sind so häufig und ähnlich, dass sie als eines der Sinnbilder dieser Veteranengeneration gelten können. Das Symbol der Enkel ist der Einbruch ins Eigene, nicht der Ausbruch aus dem Fremden. «Stoßen wir mit einer machtvollen und friedlichen Demonstration in das Zentrum der Feinde unseres Volkes!», heißt es in dem oben zitierten Aufruf zum 1. Mai 2001. Das Zentrum ist nicht mehr Paris oder

«Seit 1945 hat sich der Vorgang umgekehrt. Da es dem Egalitarismus nicht gelingen wollte, aus Schwarzen und Gelben Weiße zu machen, ist er jetzt dabei, in die europäische Kultur Elemente aus dem Besitz der Afrikaner und Asiaten einzupflanzen.» (Jacques de Mahieu in Metapo / *1999)*

«[Der Jude] vermag heute, den Deutschen und den Engländer, Amerikaner und Franzosen zu mimen, zum gelben Asiaten fehlen ihm die Brücken.» (Hitler: Mein Kampf, *S. 724)*

«Fanatiker der Volkszerstörung könnten nicht wirksamer vorgehen.» (Kommentar Wigbert Graberts im Eurokurier, *Februar 1999).*

Joschka Fischer macht sich, so Pierre Krebs, mit seiner «multirassischen Ideologie […] der Beihilfe zum Völkermord» schuldig[102].

Nach Krebs «euthanisiert» (!) die multirassische Gesellschaft das Volk[103].

«[...] da unser Volk [...] existenziell gefährdet ist» (Harald Neubauer, in: Molau 1995, S. 199)

«Wir müssen jetzt kämpfen, wenn wir als Volk überleben wollen.» (Horst Mahler: Offener Brief an Daniel Goldhagen, *27. Januar 2000)*

«Es war die Aufgabe des Judaismus – auch in seiner christianisierten Form – die Individuation der germanischen Volksgenossen als Losreissung [!] von Gott zu bewirken. Nachdem das vollbracht ist, erleben sich die Individuen jetzt als vereinzelte Einzelne, als Sozialatome, in einer emotionalen Eiswüste, in der sie zugrunde gehen, wenn sie nicht Gott als ihr Wesen wiederfinden und damit die Gemeinschaft in Gott als freiheitliche Volksgemeinschaft verwirklichen.» (Horst Mahler: Ausrufung des Aufstands der Anständigen, *Oktober 2000).*

Nicht-biologische Definition von «Volk»

Moskau, sondern die Innenstadt von Frankfurt am Main.

Das zusätzliche Quantum an Gewalttätigkeit, das den deutschen Rechtsextremismus von dem anderer Länder unterscheidet, mag dieser in der Jahreszahl 1945 symbolisierten Ohnmachtserfahrung geschuldet sein. Kein anderes europäisches Land musste einen derart gravierenden Wechsel von Siegesgewissheit und totaler Niederlage verkraften. Wer heute vom «deutschen Volk» spricht, versucht, diese vergangene Größe wiederaufleben zu lassen.

Das «Wir», das die Rechtsextremen sich als historischen Bezugspunkt konstruieren, war vom Rausch der Volksgemeinschaft inspiriert, das neue, reale ist ein bemühtes Konstrukt. In der heutigen deutschen Gesellschaft ist Jeder des Anderen Konkurrent. Die Solidarität zwischen den Generationen, den Arbeitenden und den Arbeitslosen, den Gesunden und den Kranken, die eine Säule der BRD war, zerbröckelt am Neoliberalismus. Mahler sieht das richtig. Seine Hoffnung, dass das brüchige «Wir» der atomisierten Deutschen in ein solides, wärmendes «Wir» der «Volksgemeinschaft» umschlagen könne, macht einen Schwachpunkt der neuen völkischen Bewegung sichtbar: Sollte die Geschichte nicht der von Mahler interpretierten hegelschen Geschichtslogik, sondern ihrer eigenen folgen, dann ist es eben nur eine Hoffnung gewesen, und dem rechtsextremen «Wir» brechen die Krücken weg. Die «Volksgemeinschaft» erweist sich dann als die Clique, in der die «Volksgenossen» sich gemeinsam besaufen.

Der traditionalistische Teil des Rechtsextremismus spricht immer noch vom Eingebundensein in den «Blutstrom»[104]. Eine modernisierte Variante besagt, dass nicht mehr das mythologische Blut, sondern die wissenschaftlichen Gene die Träger der Volkssubstanz sind[105]. Die Genetik steht aber für eine Präzisierung völkischer Vorstellungen nicht zur Verfügung. Aufgeklärtere Rechtsextremisten definieren deshalb den Begriff «Volk» nicht rassisch-biologisch, sondern kulturell.

Im September 2000 legte der Künstler Hans Haacke im Innenhof des Berliner Reichstags den Schriftzug «Der Bevölkerung» an. Er war als Gegenstück zu der Portalinschrift «Dem deutschen Volke» gedacht. Ein Begriff, der historisch blamiert war und nur noch symbolischen

Wert hatte, sollte durch eine sachlichere Formulierung ersetzt werden. Als der Vorschlag bekannt wurde, meinte der *Euro-Kurier*, das deutsche Volk solle «abgeschafft und durch die multikulturelle Gesellschaft ersetzt werden». Derselbe Artikel lobt das «Zeitlose und Generationenübergreifende des deutschen Volkes»[106]. Als die Inschrift angebracht wurde, wetterte der *Euro-Kurier*: «Aus aller Herren Länder sind sie gekommen und sollen sie weiter kommen, um das deutsche Volk, das es zweifellos gab und noch gibt, umzuvolken» eher beschwörend als selbstsicher. So völkisch dieser Satz daherkommt («umvolken»), so wenig materiell-biologisch argumentiert der Artikel. Der Widmung «Der Bevölkerung» wird unterstellt, sie wolle «das Volk abschaffen». Wer von einer objektiv gegebenen Rasse überzeugt ist, könnte diesem symbolischen Streit um «Volk» oder «Bevölkerung» soviel Wirkung überhaupt nicht zugestehen. Der Artikel schließt mit der Hoffnung, dass «ein verantwortungsvolles Geschlecht wieder der politische Mittelpunkt Deutschlands» werde[107]. «Geschlecht» und «Mittelpunkt» sind Metaphern eines Rassedenkens, das an seiner Substanz irre geworden ist.

«Wir alle wissen, daß die Verfolgung der NPD wegen angeblicher Straftaten nur ein Vorwand ist, jede nationale Regung gegen den Genozid des deutschen Volkes, gegen die Zerstörung unserer gesamten Kultur im Keime zu erstikken.» (Huttenbriefe für Volkstum, Kultur, Wahrheit und Recht, *Jan. - April 2001)*

Der *Euro-Kurier* gibt sich sehr völkisch und kann als Beispiel dafür gelten, dass der Begriff «Volk» sich in Abstraktionen verliert. Der *Euro-Kurier* spricht häufig von «Umvolkung» und nennt Österreich die «Ostmark». Die Argumentation schwenkt aber häufig von der Biologie in abstrakte Zusammenhänge. Ein Artikel *Völker statt «One World»* geht vom «Volk mit seinen Rassenbestandteilen als genetisches Sammelbecken» aus, handelt dann aber vom «Volksbewusstsein», der «politischen Wirklichkeit des Volkes», vom Volk als «politischer Notwendigkeit» und «volkszerstörenden linken Ideen der marxistischen Frankfurter Schule»[108]. Ein Lieblingsthema des *Euro-Kurier* ist die Rechtschreibreform, die «das deutsche Selbstbewußtsein [..] verwirren und stören soll» und die ein Teil der «Umerziehung» durch die «unheilvolle Frankfurter Schule» sei[109]. Es geht bei der Kritik an der Rechtschreibreform um Werte wie «Selbstbehauptung» und um die Angst vor «Überfremdung». Das Thule-Seminar sieht bei der Rechtschreibreform die «Nivellierung gewachsener (Sprach-) Strukturen» und einen «universalistischen Hintergrund», der «allmählich zur völligen sprachlichen Kolonisierung» führt[110]. Immer

Rechtschreibreform

neue Breitseiten schießt der *Euro-Kurier* gegen die Einführung des Euro. Er sieht darin einen «weiteren Schritt zur Auflösung der Nation». Ein Volk, das durch Rechtschreibung, Währung oder Kritische Theorie (die Frankfurter Schule) in Gefahr gebracht zu werden droht, kann nicht rassenbiologisch definiert sein. Wie muss es um die Substanz eines Volkes bestellt sein, das in Gefahr gerät, wenn Schulkinder lernen, dass man «Betttuch» und «Schifffahrt» schreibt? Unter der Hand wird «Volk» zur Metapher für alles National-Konservative. Damit aber ist der Volksbegriff nur noch ideologisch.

«Der Euro-Weg in die Katastrophe» Zentralorgan *10/2000*

Rudolf Rahlves im Jahre 2000 im Grabert-Verlag erschienenes Buch *Was ist deutsch?* kann gewiss als zeitgemäße Antwort auf die Frage gelten, wie der Rechtsextremismus «deutsches Volk» definiert. Hier nun ist auf fast jeder der 225 Textseiten von «den Deutschen» die Rede, denen «geistiges Erbe», «Deutschtum», «die deutsche Seele» usw. zugesprochen wird, aber eine irgendwie auf «Rasse» abhebende Definition «der Deutschen» findet man in diesem Buch nicht. Zwar munkelt der etwas plumpere Klappentext von einem «Angriff volksfeindlicher Kräfte», aber die Antwort auf die im Titel gestellte Frage bleibt abstrakt: «Laßt, ihr Deutschen, Eure große Kultur nicht zu Geschichte werden! Laßt die deutsche Seele nicht sterben.»[111] Was mit «geistiges Erbe» gemeint ist, stellt das Titelblatt des Buches dar: Kühne Recken, die sich um eine hehre Königin (wahrscheinlich Krimhild) scharen. Kitsch! *Nation & Europa* stellt in einer Buchrezension kleinlaut fest, dass der Autor den Lesern «am Ende keine Definition, keine eindeutige Bilanz mit auf den Weg» gibt[112]. Eine Anzeige für ein Buch *Das Erbe der Ahnen* beschwört die «zeitlosen Werte der deutschen Seele».[113]

Nicht viel besser ergeht es der Neuen Rechten. Das Thule-Seminar vertreibt Aufkleber mit den Schriftzügen «Rasse ist Klasse» und «Entdecke die Wurzeln Deines Volkes». Sein Leiter Pierre Krebs besteht auf der «biokulturellen Wirklichkeit»: «Ein kolonisiertes Volk kann an seine Wurzeln zurückkehren. *Ein vermischtes Volk besitzt aber keine Wurzeln mehr*»[114]. Den «Geist unseres Volkes» führt er auf «dasselbe Blut» zurück. Hinter einem Zitat verschanzt sagt er, dass «die Erbanlagen der Rasse heil» sein müssen. «Unser Volk» sind aber offenbar die Europäer, also ein Volk, das es nicht gibt. In den folgenden Sätzen ist von Schicksal, Werten und Wahrheit die Rede[115]. Auch Wendungen wie «rassisch begründete Kulturgemeinschaft als untrennbare Einheit»[116] belegen den abenteuerlich schnellen Sprung vom Konkreten – der Rasse – zum Abstrakten. Nach Krebs sind Erbgut und Territorium irgendwie aneinander gebunden. Wenn sich diese Bindung auflöst, gehört «der Mensch nicht mehr einem Ort, einer Herkunft, einer Geschichte und somit einer Kultur, einem Schicksal und einer Macht an».[117] Die Zeitschrift *Metapo* des Thule-Seminars, deren Kopf Krebs ist, schreibt, dass «die Bevölkerung einer Nation nicht zwangsläufig einem völkisch-rassischen Ideal entspricht», und im Folgesatz heißt es: «...doch leider ist diese Begriffsverwirrung ein bekanntes Problem der symbol- und wortlos gemachten Nachkriegsdeutschen»[118]. Ist demnach «Volk» ein Symbol, ein Wort? Wo Krebs Aufschluss geben sollte, was er mit «Volk» meint, verfällt er in Beteuerungen und reiht abstrakte Begriffe aneinander. Das, worauf sein theoretischer Überschwang basieren sollte, ist selbst Theorie.

«Volk» bei Horst Mahler

Horst Mahler, einer der reflektierteren unter den Nationalisten, ist sich dieser Problematik bewusst und bestimmt «Volk» als Glaubensinhalt. Der «intellektuelle Morgenthauplan» (die *reeducation* nach 1945) habe «uns als Volk umgeschaffen: in ein Volk ohne Gott [...] ohne Willen zur Nation». Aufgrund «dieses Glaubens» definiert er ein paar Zeilen später nicht «Volk», sondern ersatzweise den Begriff «Heimat». «‹Heimat›, das ist für mich nicht nur die Landschaft. Heimat ist mir auch das kollektive Gedächtnis, aus dem heraus ich lebe, das kollektive Unbewußte, die Kultur, die Religion, die Institutionen, die den Geist dieser Kultur und Religion materialisieren. Es ist eine bestimmte Lebenswelt, der ich mich zugehörig fühle.»[119] Mahler definiert: «Eine durch Abstammung, Sprache und Kultur im Gefühl der Zusammengehörigkeit gegen jede denkbare äußere Bedrohung geeinte Gemeinschaft von Menschen ist ein Volk», und zwei Sätze später ist er bei «Volksgeist» und «Seele»[120].

Zwar spricht Mahler ohne Umschweife von Rasse, er weiß aber, dass er diesen Begriff nicht biologisch definieren kann. Es sei der Fehler des «historischen Nationalsozialismus» gewesen, «die völkische Lebensordnung einseitig nur als biologische Überlebensstrategie» zu begreifen. «Die Natur eines Volkes ist seine Rasse»[121], lautet eine These Mahlers, aber dieser Naturzustand ist historisch überwunden. Nicht durch Blutseigenschaften, sondern durch «sein Dasein im Leid, welches das Deutsche Volk in der Fremdheit zu Gott erfährt», wird «Volk» erläutert. Mahler spricht von einer «lebendigen Gemeinschaft der endlichen Geister als Volk»[122]. Da aber bei Mahler «Volk» immer noch an «Abstammung» gebunden ist, argumentiert er sich in einen offenkundigen Fehler hinein: In einem Brief an den österreichischen Rechtsextremisten Gerhoch Reisegger (1999) zitiert er Marx' *Zur Judenfrage*, wo der Begriff «Gattungsbande» der Menschen vorkommt, die nach Marx von der bürgerlichen Gesellschaft zerrissen wird. Dann Mahler: «Die Herstellung der ‹Gattungsbande› ist nur ein anderer Ausdruck für die Herstellung der Volksgemeinschaft». «Gattung» ist bei Marx und seinen philosophischen Vorbildern aber immer die ganze Menschheit. «Gattung» an dieser Stelle völkisch zu lesen ist schlechterdings unhistorisch.

Deutsch-Sein mit Natur, einem «Biosubstrat»[123], gleichzusetzen, war, so Mahler, ein mittlerweile überwundenes Selbstmissverständnis des deutschen Volkes, ein falsches Bewusstsein seiner selbst. (Mahler meint damit in Hegelscher Begrifflichkeit «Hitler als verkörperte [...] geschichtliche Person des deutschen Volksgeistes», in dem sich das deutsche Volk naturhaft verstand, weil es sich noch nicht als Geist erkannte.)[124] Mahler folgt hier der Hegelschen Geschichtsphilosophie, und wenn wir uns auf die Hegel-Mahler-Melange einlassen, wäre es nun geboten, Mahlers subjektive, unter einer Glaubensprämisse stehende Umschreibung von «Volk» und «Heimat» als kollektives Gedächtnis, kollektives Unbewusstes, Kultur usw. an einem historischen Moment festzumachen. Die Hitlerzeit hält er für einen historischen Irrtum, und außerdem gab es in Deutschland damals sieben Millionen ausländische Kriegsgefangene und Zwangsarbeiter. Weiter zurück wird er nicht gehen wollen. Meint er die dumpfe Adenauerzeit oder den Aufbruch der späten sechziger Jahre? Die Jetzt-Zeit mit ihrem Gemisch aus Einheimischen und Zuwanderern, mit ihren Anglizismen und ihrer internationalisierten Kultur kann auch er nicht meinen – all das will er ja rückgängig gemacht wissen. Nach dem «zentralen Angriff auf die Grundlagen jeder Gesittung», den Adorno

Zu Mahlers Geschichtsphilosophie s. das Kapitel Horst Mahler, S. 167

und Horkheimer («beides Juden») gegen die Deutschen geführt haben, nach all dieser «psychologischen Kriegsführung»[125] sind die Deutschen im mahlerschen Sinne kein «Volk» mehr. Franz Schönhuber hat in seinem langen Gespräch mit Mahler (*Schluss mit dem deutschen Selbsthass*) diesen Einwand ganz unphilosophisch vorgetragen. Das deutsche Volk sei nach zwei Weltkriegen «klein, ausgeblutet und erschöpft», und er sei skeptisch, was seine «Regenerierbarkeit» betreffe. Darauf Mahler glaubensfest: «Das Deutsche Zeitalter liegt noch vor uns»[126]. Das aber ist Spekulation. Mahler meint auch nicht das Staatsvolk, denn das ist durch Ehen zwischen Einheimischen und Einwanderern und durch Einbürgerung schon viel zu durchmischt.

«Volk» ist der Zentralbegriff in Mahlers politischer Philosophie. Wenn es keine Völker und ihre respektiven Seelen, Volksgeister usw. gäbe, könnte er seine Homepage abschalten. Mahler spricht vom «Volk» als einer unveränderlichen Größe. «Wir» sind «Germanische Krieger» und gehören zu einer «germanischen Volksgemeinschaft»[127]. Diese Kontinuität über Jahrtausende kann es nicht geben, wenn man, wie Mahler, «Volk» kulturell definiert. Kultur ist nicht konstant. Wenn, wie bei allen hier gezeigten Beispielen, «Volk» kulturell definiert wird, geht ein entscheidender Inhalt des traditionellen Volksbegriffs verloren. Das völkische Denken setzt auf eine Substanz, die von den Wechselfällen der Geschichte nicht verändert wird. Trotz aller ausländischer («fremdvölkischer») Einflüsse bleibt, so die traditionelle Denkweise, eine «gesunde Volkssubstanz».

Die offenkundige Unmöglichkeit, heute in einem europäischen Land den Begriff «Volk» rassenbiologisch zu definieren, zeigt sich an Bernd Wagners Katalog der «Oberfeinde» (s. S. 14). Zwischen «Abartige» und «Zekken» gibt es nur einen Begriff («Jude»), der auf «Rasse» bezogen werden kann. Alle anderen haben keine ethnischen Konnotationen.

Wenn der heutige Rechtsextremismus von «Volk» spricht, gerät ihm das zur Beschwörungsformel. Sie selbst wissen ja, dass es dieses Volk ethnisch homogen nicht mehr gibt: «Nur durch große, anhaltende Anstrengungen und Opfer der gesamten deutschen Nation können die Folgen der unverantwortlichen, jahrzehntelangen Untätigkeit der deutschen Regierenden zwar nicht

Für den nicht-deutschstämmigen Teil der Bevölkerung hat Mahler folgende Drohung bereit: «Es ist an der Zeit, die Fremden in unserem Lande, die glauben, jetzt für ihre geborenen Kinder und infolgedessen auch für sich die deutsche Staatsangehörigkeit erwerben zu können, zu warnen.» (Deutsche Stimme 11/1999)

«... während das deutsche Volk zu Grunde geht» (Aufruf der Montagsdemonstration Horst Mahlers im März 2000 in Berlin)

«Damit erfolgt die Zerstörung der Volksseele [...]. Nationen und Völker sind heute im Begriff [...] sich aufzulösen»
(Hans U. Hertel: Der multikulturelle Untergang der Kulturvölker Europas, *Proklamation Nr. 10 der World Foundation for Natural Science, 17. Juli 2000)*

«Bis wir als deutsches Volk ausgelöscht sind.»
(Flugblatt Nr. 3 der «Bürgerbewegung Unser Land», März 1999)

mehr verhindert, aber doch noch abgemildert werden. Es geht um das Überleben unseres Volkes»[128]. Seit Jahren ist der allerletzte Augenblick gekommen, in dem der Untergang noch aufgehalten werden kann.

«Volk» ist zu einer Metapher für das jeweils pragmatisch gemeinte «Wir» geworden[129]. «Wir sind das Volk», die Parole der DDR-Protestbewegung im Jahre 1989, war nicht völkisch gemeint. Sie kritisierte eine Funktionärsschicht, die vorgab für das Volk zu reden. Als dann «Wir sind ein Volk» daraus wurde, war der erste Schritt der semantischen Verschiebung von der politischen Kritik zur ethnischen Identifikation getan. Danach schrumpfte das «Wir» zum «nationalen Widerstand» zusammen. «Wir sind das Volk» ist eine Parole auf einem Flugblatt der NPD[130] und zur verunglückten Montagsdemonstration Horst Mahlers in Frankfurt am Main am 19. April 1999.

«Reich»

Auch der Begriff «Reich» hat seinen konkreten Sinn verloren. Zwischen dem Kaiserreich und Hitler bedeutete er etwas Übernatürliches, Zeitloses und Unzerstörbares. «Reich» spielte – wohl auch mit Absicht – ins Religiöse. Das Reich sollte von den Querelen der irdischen Republik erlösen. Ein ähnlicher höherer Sinn wurde dem Begriff «Deutschland» unterlegt. Alfred Bäumler unterscheidet zwischen dem «empirischen Deutschland» und dem «wirklichen und wahren Deutschland, das in der Tiefe unserer Geschichte angelegt ist»[131]. Die deutsch-nationalen Konservativen der Weimarer Republik haben über die Reichsidee nachgedacht. Der Begriff «Drittes Reich» stammt von Moeller van den Bruck. Mit Hitler wurde das Dritte Reich dann Wirklichkeit. Die Idee und der Staat deckten sich. Gegen Ende des Zweiten Weltkriegs begannen informelle Zirkel der SS über ein Europa nach Kriegsende nachzudenken. «Wenn man von Reich sprach, verstand man darunter auch nicht einen staatsrechtlichen Begriff, sondern einen ‹politischen Ordnungsbegriff›[132], erinnert sich einer der Beteiligten. Tatsächlich aber drückte nach Kriegsende das Wort «Reich» nur noch eine zähneknirschende Erinnerung an die Hitlerzeit aus: «Wir nennen uns eine Reichspartei, weil wir nicht gesonnen sind, dem Staat irgendwelcher Sieger zu folgen und [...] auf das heilige Reich aller Deutschen Verzicht zu leisten»[133], heißt es in einer Proklamation der Sozialistischen Reichspartei. Von solchem Nominalismus abgesehen überwinterte die Reichsidee bei Esoterikern wie Landig. «Das Reich hat nicht kapituliert»[134], sagt Landig zum 8. Mai 1945. Auch nach Mahler hat das Deutsche Reich nicht kapituliert, sondern ist nur handlungsunfähig gewesen, und es ist, so Mahler, unsere Aufgabe, es wieder handlungsfähig zu machen[135]. Das geteilte und besetzte Deutschland hatte ebenfalls hinter einer Idee zurückzutreten: «Wo wir sind, da ist Deutschland»[136], lässt Landig geflohene SS-Leute sinnieren.

Erst als die Neue Rechte die «Konservative Revolution» wiederentdeckte, wurde der Begriff «Reich» wieder politisch formuliert. Pierre Krebs spricht von Deutschland als dem «inneren Reich Europas» und von einem «holistisch, reichsbestimmten Projekt»[137]. Die Europäischen Synergien wollen statt der technokratisch kalten EU ein föderatives Europa, das sich an der Reichsidee ausrichtet. Der Unterschied zu anderen föderativen Europakonzepten dürfte darin liegen, dass hier größtmögliche regionale Autonomie mit einem geringen Maß an demokratischer Repräsentation verbunden werden. Der Bioregionalismus der Europäischen Synergien löst die Vorstellung vom Volk als Nation gleichsam nach unten auf.

Einer der neuesten Reichsanhänger ist Mahler. Er will die «reichstreuen» Parteien mit dabei haben, wenn eine neue «Reichsordnung» erarbeitet wird. Als Staatsoberhaupt wünscht er sich – bewusst mythologisch – einen «Kaiser»[138]. Untergründig ist das Reich schon da: «Wir alle müssen uns gegenwärtig halten, daß wir uns im Krieg befinden und das Deutsche Reich unseren Beitrag zur Verteidigung des Deutschen Volkes jetzt einfordert»[139].

Die Neue Rechte denkt über die «Reichsidee» nach, und das Reich geistert durch die neonazistische Musikszene. Was mit «Deutsches Reich» gemeint sein könnte, kann nur noch in einer abgehobenen quasireligiösen Sprache angegeben werden. Das Original für alle diese Reichssymbole ist nicht mehr beschaffbar: Ohne sich dessen bewusst zu sein, gab dies ein NPD-Mitglied zu, das als Ziel der Partei eine «Kopie des deutschen Reiches in Wort und Bild»[140] nannte.

Europa statt Deutschland

Schon zu Ende der Hitlerzeit wurden gelegentlich Wörter wie «deutsch», «germanisch» oder «arisch» durch «europäisch» ersetzt. Den Anstoß gab die Waffen-SS, die gegen Kriegsende so ausgeblutet war, dass sie nichtdeutsche Soldaten aufnehmen musste[141]. Die SS-Soldaten starben nun nicht mehr für das deutsche Volk, sondern für die europäischen Völker. Generäle der Wehrmacht und der Waffen-SS werden – allerdings im Nachhinein – nicht müde, den europäischen «Freiwilligenverbänden», die oft aus Kriegsgefangenen bestanden, die auf diese Weise dem Lager entkamen, «supernationales Kämpfertum» und ein «Bekenntnis zu Europa»[142] zu bescheinigen. Die «Aktion Deutschland», ein SS-Untergrund nach 1945, bekannte sich zur «europäischen Zusammenarbeit»[143], was aber nur bedeutete, Westeuropa gegen den Kommunismus zu mobilisieren.

Zeitschrift Nation Europa

1951 wurde in Coburg die Zeitschrift *Nation Europa* gegründet. Die Rede von der deutschen Nation kam so kurz nach der deutschen Katastrophe nicht an, und außerdem war Deutschland geteilt. Nicht Deutschland, Europa war für die Zeitschriftengründer damals eine «nationale Schicksalsgemeinschaft»[144]. Wie wenig ernst die Zeitschrift den Gedanken einer europäischen Nation meinte, zeigt eine Tagung des «jungeuropäischen Arbeitskreises» im August 1958 in Coburg. Zur Eröffnung teilte der Tagungsleiter Sündermann[145], Leiter des Druffel-Verlags und geistiger Urheber des «jungeuropäischen Arbeitskreises», den meist älteren Teilnehmern mit, dass die ganze Zeit über ein Tonbandgerät mitlaufe, denn «wenn drei Deutsche heute zusammen sind, arbeitet einer von diesen für fremde Interessen». Er sollte recht behalten. Die Tagung wurde bespitzelt, und das Folgende stützt sich auf diesen Spitzelbericht.[146] Der offizielle Teil fand im Hotel Goldene Traube statt. Hier wurde den «Europäern» (Anführungsstriche im Original) «Gelegenheit gegeben, das Programm und die politische Auffassung der NATION EUROPA [...] zu kritisieren». Ein finnischer Delegierter meldete sich zu Wort und «räumte gründlich mit dem Hirngespinst europäischer Organisationen auf». «Was nützte alles Geschwafel von Europa, wenn man noch nicht einmal eine europäische Währung habe, die bei Beibehaltung der Nationalwährung trotzdem dem Einzelnen erlaube, ohne Beschränkung von Land zu Land zu reisen», sagte der Finne in schreiendem Kontrast zu der Hetze derselben Zeitung heute gegen den Euro. Dann war der offizielle Teil zu Ende, bei dem ohnehin «Grundsatzfragen ausgeschaltet werden sollten» und durch «strenge Disziplin» sichergestellt wurde, dass die Tagung «nicht zu einem Debattierclub» ausartete. Prinzessin von Isenburg verlas noch ein Grußwort, in dem eine Generalamnestie für alle «Kriegsverbrecher» (Anführungsstriche im Original) verlangt wurde. Dann zogen sich die Herren in das Privathaus eines Herrn Eberhardt zurück, um «in qualvoller Enge und brütender Hitze die eigentliche Arbeitstagung» zu beginnen. Der Spitzel fasst zusammen, dass es bei der Tagung um die Steigerung der Abonnentenzahl der Zeitschrift ging, wenn auch «der eine oder andere Teilnehmer [...] vielleicht von dem Gedanken [geleitet war], durch Findung objektiver historischer Wahrheit den europäischen Sprengstoff zwischen den Völkern entschärfen zu helfen.» Die Mehrheit habe «in Geschichtsklitterung gemacht» und «mehr oder weniger in der Erlebniswelt des Dritten Reichs, nur modernisiert», gestanden, «kleine Gernegroße westdeutscher Prägung, um wörtlich einige Bemerkungen selbst von Mitgliedern der NATION EUROPA wiederzugeben.» Als man in Deutschland wieder von Nation sprechen konnte, hat sich die Zeitschrift in nochmaliger symbolischer Modernisierung in *Nation & Europa* (Auflage 15.000) umbenannt – «um Missverständnisse zu vermeiden», wie es in der Jubiläumsnummer zum 50. Geburtstag kleinlaut heißt[147]. Das «&» ist von einem klassizistischen Ritterkopf gekrönt.

Das Stichwort «Europa» taucht bei den Altnazis nach 1945 immer wieder auf. Wilhelm Landig hat eine *Europakorrespondenz* herausgegeben. Die Deutsche Soziale Bewegung, ein kurzlebiger Sammelversuch der Nationalsozialisten in den frühen fünfziger Jahren, plante die Erweiterung durch eine Europäische Soziale Bewegung. Der Grabert-Verlag versendet den *Euro-Kurier*, eine Zeitschrift heißt *Europa vorn*. Die Neue Rechte steuert eine Deutsch-Europäische Studiengesellschaft bei.

Als Höhepunkt der Verallgemeinerung wird «Europa» durch die «weiße Welt» (wohl ein Deckbegriff für «weiße Rasse») ersetzt. Horst Mahler behauptet, dass «am 8. Mai 1945 [dem Tag der deutschen Kapitulation] der weiße

Mann in der Welt eine entscheidende Niederlage erlitten hat.»[148] *Nation & Europa* jammert, «daß sich Europa, die weiße Welt überhaupt, längst im Status der ethnischen Belagerung befindet»[149].

Für die Abstraktionskette von «Deutschland» zu «die weiße Welt überhaupt» ließen sich zahllose Belege liefern.

Wenn das «Volk» ins Abstrakte entgleitet wie ein Drachen, dessen Schnur reißt und der, immer kleiner werdend, irgendwo abstürzt, hat die rechtsextreme Symbolsprache keinen Bezugsrahmen mehr und muss sich neu erden. Wie wir sehen werden, tritt die Gewaltaktion an die Stelle der verlorenen Selbstverständlichkeit.

Ein Streit um Bilder: Die Ausstellung *Vernichtungskrieg der deutschen Wehrmacht 1941-1945*

Die Kampagne der extremen Rechten gegen die Ausstellung des Hamburger Instituts für Sozialforschung *Vernichtungskrieg der deutschen Wehrmacht 1941-1945* ist ein Beispiel für die Wechselwirkung zwischen intellektuell-publizistischen Vorgaben und Gewaltanwendung. Die Kampagne war unerwartet intensiv und militant. Ein Aussteiger aus der rechten Szene berichtete, die Ausstellung sei «wie ein gefundenes Fressen» gekommen. Auf diesen Gegner konnte sich nun das gesamte rechtsextreme Spektrum einschießen. Der Kampf gegen die Ausstellung hat der kaum noch beachteten NPD bei einer Demonstration in München am 1. März 1997 zu neuem Aufschwung verholfen. Bei weiteren Demonstrationen der NPD gegen die Ausstellung sprachen militante Neonazis wie Christian Worch (9. Oktober 1999 in Osnabrück), Friedhelm Busse (24. Oktober 1998 in Bonn) und Thomas Wulff (10. Juli 1999 in Hamburg-Bergedorf zusammen mit Worch). Mehrfach gelang es der NPD bei Aktionen gegen die Wehrmachtsaustellung, junge Rechtsextreme zu mobilisieren. Die Jugendorganisation der Partei, die «Jungen Nationaldemokraten» (JN) gewann Einfluss in der Parteihierarchie.

Am 20. Februar 1999 demonstrierte die NPD in Saarbrücken gegen die Wehrmachtsausstellung. Redner war Peter Naumann, der 1978 einen Sprengstoffanschlag gegen eine Gedenkstätte in Italien verübt hatte und im selben Jahr gegen eine NDR-Sendeanlage gebombt hatte, um die Ausstrahlung einer Folge der US-amerikanischen Serie *Holocaust* zu verhindern. Im März 1999 wurde gegen die Wehrmachtsausstellung in Saarbrücken ein Bombenanschlag verübt, der überlegteste und professionellste, den die deutsche Rechte bisher organisiert hatte. Der Anschlag war kein blinder Terror, sondern – im Vergleich zum Bombenattentat auf dem Münchner Oktoberfest 1980 oder zu den Attacken besoffener Skinheads – wohlgeplante bewaffnete Propaganda. Die Bombe ging ferngezündet nachts hoch und richtete hohen Sachschaden an, ohne jemanden zu verletzen. Warum richtete sich das bisher professionellste Attentat gerade gegen die Wehrmachtsausstellung? Ein Grund mag sein, dass diese Ausstellung jahrzehntealte Ikonen der Nationalsozialisten (Stahlhelm, Uniform, die Insignien der Wehrmacht) enteignet und in einen linken, aufklärerischen Kontext gestellt hat. Sie hat nicht gegen den Rechtsextremismus argumentiert, sondern – wohl ohne diese Absicht bewusst verfolgt zu haben – dessen Symbolsprache entsymbolisiert und in den einzig angemessenen, nüchtern-historischen Kontext gestellt. Das musste das rechte Weltbild ins Mark treffen. Die Gewalt, die diese Bilder zeigen, ist die Gewalt historisch verbürgter Kriegsverbrechen, nicht die von eingebildeten nationalen Feldzügen.

Das Attentat war die logische Folge der publizistischen und intellektuellen Kritik an der Ausstellung. Es war ein einseitiger Streit um Bilder. Niemand hat ernsthaft darüber diskutiert, dass die deutsche Wehrmacht Verbrechen verübt hat. Stattdessen munkelt der *Euro-Kurier*, dass eine Bildtafelkonstellation der Ausstellung «sicher nicht zufällig ein geschwungenes eisernes Kreuz bildet – das Hoheitszeichen der Bundeswehr, das sich von demjenigen der Deutschen Wehrmacht deutlich unterscheidet»[150].

Rechtsextreme Publikationen wiesen mehr als ein Jahr lang nach, dass dieser Gürtel auf einem Foto von keinem Wehrmachtssoldaten getragen worden sein konnte oder jene Spange auf eine Verkleidung hindeute. In den Artikeln schlägt sich eine kalte Wut darüber nieder, dass Tausende vor den Türen der Ausstellung Schlange standen. Die rechte Kritik einte Fraktionen, die sonst nichts miteinander zu tun haben wollen. Gauweiler von der Münchner CSU stand Schulter an Schulter mit der gesamten Prominenz des Rechtsextremismus.

Die Kampagne gegen die Ausstellung schien geplant und koordiniert gewesen zu sein. Die Deutschen Konservativen schreiben in einem internen Rundbrief: «Ohne unseren Einsatz wäre es nicht zum Zusammenbruch der Reemtsma-Ausstellung gekommen. Heute kann ich dazu noch nicht alle Einzelheiten verraten. Nur so viel: Bestimmte ausländische Historiker arbeiten nicht ohne Auftrag und finanzielle Hilfe. Zu einem späteren Zeitpunkt werden Sie Einzelheiten erfahren.»[151] Der Deutsche Rechtsschutzkreis (DRsK) aus Bochum ergänzt: «Zum Beispiel haben wir den mittellosen Historiker Dr. BODGAN MUSIAL in seinem erfolgreichen Prozeß gegen Reemtsma unterstützen können. Ohne die Kostenbürgschaft des DRsK hätte er nie gegen die Macht der Reemtsma-Anwälte angehen können.» (Hervorhebung im Original. Musials Beweis, dass einige Fotos der Ausstellung falsch zugeordnet waren, hat später zur Überarbeitung und zeitweiligen Schließung der Ausstellung geführt.) Musial dementiert diese Information.

Dann wurde die Kritik praktisch. Es gab Informationsstände und Demonstrationen gegen die Ausstellung. Der Bombenanschlag hat diese Kette von Polemiken interpretiert. Für die Gewalt, die die Ausstellungsfotos zeigten, war schlechterdings kein Verständnis zu erlangen. Der Soldat, der Zivilisten erschießt, ist kein Held. Die Gewalt der Bombe war innerhalb der Szene unmittelbar verständlich. Sie hat die realen Bilder vom Mord an wehrlosen Menschen szeneintern rehabilitiert und in den Kontext einer heutigen Konfrontation gestellt. Es gab kein Bekennerschreiben. Die Bombe sprach für sich. Gewalt war jetzt wieder die vom «Wir» legitimierte, einende Gewalt der «nationalen Opposition» gegen das «System».

Die Wehrmachtsausstellung musste für einige Zeit zurückgezogen und überarbeitet werden. Das rechnete sich die Rechte als Erfolg zu. Das Hamburger Institut für Sozialforschung beauftragte eine Kommission mit einer kritischen Analyse der Ausstellung. Der Kommissionsbericht vom November 2000 stellte fest, dass die Ausstellung keine Fälschungen enthielt. Von den 1433 Fotografien waren 20 falsch zugeordnet. In ihrer

Kernaussage entsprach die Ausstellung dem internationalen Forschungsstand. Allerdings bescheinigte der Bericht den Ausstellungsmachern «überheblichen und unprofessionellen Umgang», wenn auch zwischen «bloßer Polemik und seriöser Fachkritik» der Gegenseite nicht immer leicht zu unterscheiden gewesen sei. Die Auseinandersetzung habe, so der Bericht, «Züge eines Glaubenskrieges» angenommen.

Symbolsprache und Gewalt

Die rechtsextreme Symbolsprache ist das Kampfprogramm der heutigen völkischen Bewegung. Wilhelm Landig hat sie mit seinem «Kampf der Symbole» vielleicht als erster beim Namen genannt. Die Welle der Schändungen von Gedenkstätten und jüdischen Friedhöfen im Jahre 2000 löst dieses Kampfprogramm ein, wenn auch viel konkreter als der Esoteriker Landig gemeint hat.

Die Verbreitung dieser Symbolsprache ist kaum abzuschätzen; sie ist aber weit größer als die offizielle Wahrnehmung eingesteht. Vor allem aber ist diese Symbolsprache auf der Höhe der Zeit. Sie entspricht präzis der diffusen, führerlosen, aber schlagkräftigen Organisationsweise des deutschen und internationalen Rechtsextremismus. Neben den Republikanern, der NPD und der DVU gibt es ein vielfältiges Netzwerk von Kameradschaften, Lesezirkeln, Burschenschaften, intellektuellen Kaderschulen und Skinheadgruppen, die über das Internet, Mobiltelefone oder «Nationale Infotelefone» miteinander kommunizieren. Die Parteien sind nicht etwa die Drahtzieher im Hintergrund; im Gegenteil hat sich die NPD dadurch stärken können, dass sie militanten Neonazis die faktische Führung überließ. Die Logik, dass es Schreibtischtäter geben muss, wenn es politische Verbrechen gibt, stimmt im Fall des deutschen Rechtsextremismus nicht. Es gibt keine «terroristischen Apparate» auf der Organisationsseite und ihre «willigen Vollstrecker»[152] auf der Straße.

Führerloser Widerstand

lone wolves

Diese profillose Organisationsweise ist kein Zeichen von Schwäche. Das Konzept heißt «führerloser Widerstand» und «Hammer-Skins». Alle Individuen und Kleingruppen operieren unabhängig voneinander. Sie sind *lone wolves*, einsame Wölfe. Sie erhalten keine Befehle von oben und erstatten keine Meldung. Öffentliche Treffen und Kundgebungen werden vermieden, um nicht die Aufmerksamkeit der staatlichen Verfolgung zu erregen. Stattdessen werden gewaltbereite Kleinstgruppen gebildet. Diese Gruppen handeln, wenn sie fühlen, dass die Zeit dafür reif ist. Es geht um die Sache, nicht um die Organisation. Es gibt kein Zentrum, das zerschlagen werden könnte, um die Bewegung zu stoppen[153]. Der deutsche Rechtsextremismus verknüpft dieses aus den USA stammende Konzept mit der Werwolf-Tradition.

Werwolf s. S. 184

Landigs Rede vom «Kampf der Symbole» drückt das Selbstverständnis der politischen Esoteriker und neurechten Metapolitiker aus. Wo Argumente versagen, müssen Symbole herhalten. Bilder werden bemüht, um die Schuld am Zweiten Weltkrieg von den Deutschen zu wälzen. Von Landig bis Helsing und Mahler gehört ein Artikel im *Daily Express* vom 24. März 1933 zum Repertoire derer, die den Juden die Kriegsschuld geben wollen. Der Artikel wurde als Plakat vertrieben. Es geht in dem Artikel um einen Boykottaufruf einer jüdischen Gruppe gegen Hitlerdeutschland, nachdem die ersten Ausschreitungen gegen Juden in Deutschland bekannt geworden waren. Die Überschrift *Judea Declares War on Germany* muss als Kriegserklärung der Juden gegen die Deutschen herhalten. Der Artikel löst nicht ein, was die Überschrift suggeriert (überzogene Überschriften sind ein Erzübel des Journalismus). Aber in dem Artikel findet sich ein Satz, den Horst Maler unter dem Stichwort «Apropos Schuld» in seinem Rundbrief an die von jüdischen Organisationen erpreßten deutschen Wirtschaftsunternehmen zitiert: «Das Auftreten des Hakenkreuzes als Symbol des neuen Deutschlands hat das alte Streitsymbol Judas zu neuem Leben erweckt.» Miguel Serrano deutet den Holocaust als symbolischen Kampf: «Die Unsterblichen kommen nicht um, auch wenn man sie tötet. Die Menschen werden dann zu Symbolen [...] Die mythische SS tötete nicht, um Menschen zu vernichten, vielmehr befanden sich ihre unsterblichen Götter im Kampf mit anderen Wesenheiten oder Gottheiten. Symbole standen gegen Symbole»[154].

Keine Frage, dass das sogar noch im rechtsextremen Kontext überzogen ist. Nicht alles rechtsextreme Denken löst sich in Symbolen auf. Die Traditionsparteien und -blätter sind trocken wie eh und je, wenn sie sich auch ab und an ins Sektiererische versteigen. Es gibt Unikate wie Horst Mahlers philosophisch-theologische Begründungen des Völkischen. Die Akteure des rechtsextremen Spektrums kämpfen um unterschiedliche, aber jeweils sehr materielle Ziele. Den Parteien geht es um Macht. Hier sind sie in einem Dilemma. Eine Partei muss demokratisch und pluralistisch agieren. Die Führung vor allem der NPD lässt keine Gelegenheit aus, ihre Wohlanständigkeit zu unterstreichen. Die unruhige Basis hat ein viel opportunistischeres Verhältnis zur Demokratie. Für sie ist der Parlamentarismus «völlig überflüssig geworden»[155]. Sie will Hitler nachahmen, der sich als Demokrat verkauft hat, damit er an die Macht kam.

Nun gibt es aber nicht mehr die Macht, wie Hitler sie noch ergriffen hat, es kann nur noch um einen Anteil an den heutigen funktionalen Machtzentren gehen. Der Kampf um die Macht führt in die Welt der kaum noch konkret erfahrbaren kollektiven Herrschaftsfunktionen und Entscheidungsketten. Die rechtsextremen Parteien stehen vor einem Parlamentarismus-Dilemma: Sie wollen in die Parlamente, weil sie deren Infrastruktur brauchen und ohne formelle Repräsentation am Rand der Gesellschaft verkümmern würden, aber sie verachten das Parlament als Teil des «Systems», das sie bekämpfen.

Ihr zweites Standbein, der Kampf auf der Straße, ist mit der parlamentarischen Routine nicht vereinbar. Die parlamentarische Arbeit der Rechten ist keine Interessensvertretung und der Basis nicht vermittelbar. Horst Mahler, ein Veteran des Antiparlamentarismus, will deshalb eine Partei «als parlamentarische Filiale» seiner nationalen Bewegung, deren einziger Programmpunkt «die Nutzung der parlamentarischen Bühne»[156] wäre.

Was bleibt, sind die Wahlkampfkostenrückerstattungen, von denen NPD und Republikaner abhängig sind, und die dumpfe Einsicht, dass «Machtergreifung» nur als die «Schaffung befreiter Zonen», d.h. nur ein paar Straßenzüge weit möglich ist. Hierin nun besteht das materielle Interesse der Kameradschaften und Kleingruppen. Sie werben um lokale Führerschaft, die Neue Rechte will kulturelle Hegemonie und die Verlage kämpfen um Geld und Marktpositionen. Wehe aber denjenigen Rechten, die zugeben würden, um kurzfristige Ziele zu kämpfen. Alle berufen sich auf ihre Sache, und was diese Sache ist, können sie nur in ihrer Symbolsprache erläutern. Vor allem aber hat sich das Verhältnis von trockener Ideologie der Traditionalisten und symbolisch aufgeladener Hasssprache der Neuen verlagert. Die Symbolsprache ist dem Sektenmilieu entwachsen und hat im Rechtsextremismus die Hegemonie erlangt. Die neue Militanz ignoriert die alte Nüchternheit.

Der «Kampf der Symbole» ist keine symbolische Politik. Auch die herkömmliche Politik bedient sich der Symbolik. Das kann sie in Misskredit bringen. Symbolische Politik ist meist abgehoben, ein Alibi. Der Präsident überfliegt das Katastrophengebiet, und die Katastrophe geht weiter. Aber wenn die Bilder im Fernsehen erscheinen, sitzt er längst wieder am Schreibtisch und betreibt sein Tagesgeschäft. Symbolische Politik ist eine oft fragwürdige öffentliche Vermittlung realer Politik. Die Rechtsextremen betreiben Symbolik *als* Politik. Sie lassen sich in Parlamente wählen, um dort symbolisch präsent zu sein. Ihre Reden und Anträge sind aneinandergereihte Reizwörter. Die Neue Rechte setzt auf Metapolitik. Ihr Kampf ist von Anfang an symbolisch. Reale Interessen sollen erst zu ihrem Recht kommen, wenn dieser symbolische Kampf gewonnen sein wird. Die militanten Rechtsextremen verweigern sich bewusst einer rationalen, interessengeleiteten Politik. Sie tragen das, was man allenfalls als Programm bezeichnen könnte, in Form von Runen, Aufschriften, als Stiefel und Glatzen mit sich herum.

Metapolitik: s. S. 116

Hass

Der nationalistische Hass kann einige Zeit ungebunden auf einer Symbolebene flottieren, ehe er seine realen Objekte findet. Der Schauplatz des vagabundierenden Hasses besteht aus den rechtsextremen Homepages des Internet, der prallen Symbolik der Gothic- und Dark-Wave-Szene und der braunen Esoterik und, ganz am Rande, den Ritualen der kleinen, aber politisch profilierten neuheidnischen Gruppen. In diesem Milieu kommt es zu einem medienbedingten Emotionsstau. Die Ton- und Bildträger bauen Hass auf, ohne dass er sich im selben Medium entladen könnte. Das rassistische Computerspiel kennt nur virtuelle Opfer. Auch Mailboxen und Homepages lassen die Wut auf «das Andere» im virtuellen Raum herumirren. Die rechtsextremen Enklaven des Internets sind ein Schmelztiegel, in dem sehr unterschiedliche politische und pseudoreligiöse Elemente sich mischen. Das Internet verknüpft elektronisch disparate Elemente, ohne dass ein realer Bezug zwischen ihnen entstünde. Die Bildschirmoberfläche gleicht Widersprüchliches einander an; sie amalgamiert die universalisierte Symbolik des Nationalsozialismus mit örtlichen und sektiererischen Elementen. Bis dahin dienen sie der rechten Sache gut. Aber der Bildschirm nivelliert. Er macht das Völkische zur Folklore. Er stellt die Sprache des nationalistischen Hasses auf gleiche Stufe wie die universelle Sprache der Software und die Signale der internationalisierten Werbung. Dieser Widerspruch ist den Benutzern wohl bewusst, und sie blamieren sich tapfer mit Wortschöpfungen wie «Weltwabergewebe»[157], «Netzvertretung», Horst Mahlers «elektronisches Weltnetz»[158] oder seine «Welt des elektronischen Schaufensters»[159] (wohl alles für World Wide Web). Reinhold Oberlercher präsentiert sich im Internet mit einer «Heimatseite», auf der die schwarz-rot-goldene Fahne weht. Der Kontrast von Medium und Botschaft ist augenfällig. Die Hasssymbole sind auf diesen ungeliebten Kontext zurückgeworfen und verlangen nach etwas Realerem, nach Handlung.

Hate Sounds *Bestelladresse für rechte Musik*

An der Oberfläche sind viele rechtsextreme Symbole eher unaggressiv. Oft grenzen sie aus. Erst die konkrete Gewalttat gibt der rechtsextremen Symbolsprache ihren durchgängigen Sinn und ihre aggressive Zielrichtung. Ohne Gewalt wäre sie eine Aneinanderreihung nur lose miteinander zusammenhängender, oft altertümlicher und unverständlicher Zeichen. Eine Rune ist eine Rune, ein historisches, aus sich heraus nicht verständliches Symbolfragment. Im konkreten räumlich-zeitlichen Kontext der Schändung eines jüdischen Friedhofes gewinnt die Rune einen zeitgemäßen Sinn. Die Bezugnahme auf die Hitlerzeit ist sofort erkennbar. Die Bedeutung des Symbols ist allerdings ins Gegenteil verkehrt. In den KZs trugen die SS-Leute Sigrune und Hakenkreuz und die Opfer trugen den stigmatisierenden Judenstern. Juden war es verboten, an nationalsozialistischen Feiertagen die Hakenkreuzflagge zu hissen. Undenkbar, dass ein KZ-Häftling ein Hakenkreuz getragen hätte. Zwischen 1992 und 1995, also in der Zeit der sich

«Eine zwanzigjährige Frau ist in der Leipziger Innenstadt mit Verletzungen und einem ins Gesicht geritzten Hakenkreuz gefunden worden.» (Frankfurter Rundschau, *26. Mai 2001)*

«Irgendwann ritzte sich Heike ein Hakenkreuz in den Unterarm, so groß wie ein Fünfmarkstück – in der Sonne sieht man die Narbe noch immer.» (Bericht der Eltern einer ehemaligen Rechtsextremen, Frankfurter Rundschau, *21. Februar 2001)*

formierenden, aber noch nicht zum heutigen Selbstbewusstsein gelangten neuen völkischen Bewegung, haben Rechtsextreme ihren Opfern Hakenkreuze in die Haut geritzt. In einem Fall erwies sich die Tat als Selbststigmatisierung einer behinderten Frau. Die Schändung jüdischer Friedhöfe durch Hakenkreuze spricht für sich. Das Hakenkreuz hat sich also für Opfer und Täter vom Symbol für arisches Herrenmenschentum zum Stigma für die Opfer gewandelt. Das Beispiel der Selbststigmatisierung zeigt, wie tief politische Symbole in die Psyche eines Menschen eingebettet sein können. Die Stigmatisierung der Opfer und die Tätowierungen der Täter stülpen eine unbewusste Symbolik nach außen. Militante Rechtsextreme belassen es aber nicht bei der Tätowierung. Auch hier gibt es Beispiele für schmerzhafte Selbststigmatisierung. Die Jugendliche von 14 oder 15 Jahren ahmte unbewusst die mittelalterliche Praxis christlicher Fanatiker nach, die sich derartige Wundmale beibrachten. Wir sind dieser destruktiven Reflexivität völkischer Symbole am Beispiel der «Umvolkung» begegnet. Dieses Umlenken der aggressiven Spitze geht auf ein Ohnmachtserlebnis des «Wir» zurück. Es wiederholt permanent die Erfahrung des «Zusammenbruchs» von 1945, als sich, in einer symbolischen Jahreszahl verdichtet, der anfängliche deutsche Siegesrausch in die totale Niederlage verkehrte.

Die deutsche Niederlage von 1945 bekam in den Ruinen der deutschen Städte den Namen «Zusammenbruch». Das Wort wurde im Sinn eines zusammengebrochenen Weltbildes mit seinen zerstörerischen seelischen Folgen gebraucht. Hans Frank, ein enger Gefolgsmann Hitlers und Generalgouverneur im besetzten Polen, brach zusammen und verübte 1945 zwei Selbstmordversuche, die beide beinahe erfolgreich gewesen wären. Während seines Prozesses in Nürnberg begründete er diese Selbstmordversuche gegenüber dem Gerichtspsychologen mit den Worten: «Und dann die ganze Katastrophe, wie Hitler seine Leute im Stich ließ und alles zusammenbrach»[160].

Hass ist so notwendig wie die Liebe. Beide sitzen einer Täuschung auf. Sie machen blind und überhöhen etwas, was in Wirklichkeit weniger schön oder weniger hässlich und meist trivialer ist. Irgendwann müssen Hass oder Liebe sich an ein Objekt heften und ent-täuscht werden.

In der Auseinandersetzung mit einem realen Objekt (Partnerin, Partner, Feind statt Feindbild) werden Liebe und Hass realistischer. Sie können soziale Beziehungen stabilisieren. Sie werden durchgearbeitet und sublimiert. Wenn der Hass sich aber kollektiv am Rande der Gesellschaft aufstaut und seine Sublimation wiederholt misslingt, kann er, wie die Redensart es will, «grenzenlos» werden. Nirgends wird so innig gehasst wie unter Ausgeschlossenen. «Mich würgt der Haß», schreibt ein «Kamerad Martin» in einem Leserbrief aus der Justizvollzugsanstalt Hagen an die *Nachrichten der HNG*[161], die sich um einsitzende Rechte kümmert. Auch Arbeitslose, Jugendliche ohne Zukunftsperspektive, Plattenbaubewohner oder Menschen, die sich unter den Anforderungen der Moderne nach Heimat sehnen, bauen Hass auf.

«Ich bin sooooo wütend!!!!!!!! Aber eins, das ist sicher!!!!! Einst kommt der Tag der Rache, einmal da werden wir frei!!!! Und dann... und dann werden diese Schweine, JEDER EINZELN, dafür bezahlen!!!!!!!!!!!!!! Dann werden wir es machen wie es der JUDE seit Jahrtausenden fordert und SIE mit ihren eigenen Mitteln schlagen: AUGE UM AUGE, ZAHN UM ZAHN!!!! Mr. X» Auszug aus dem Diskussionsforum der Homepage der Duisburger Jungen Nationaldemokraten (JN)

Dieser Hass kann sich nicht an adäquate Objekte heften. Es gibt keine Individuen, denen man die Schuld für die eigenen Ohnmachtsgefühle zuschreiben könnte. Deshalb besetzen die Hassenden ihre Zimmer, ihre Körper, ihre Treffs und die Straßen, in denen sie herumhängen, mit den Symbolen einer Zeit, in der man ungeniert hassen durfte, als es noch verbindliche Riten wie den vorgeschriebenen Hitlergruss gab und das «Wir» sich noch stark fühlte. Im Nationalsozialismus wurde der Hass von oben gedeckt und gefördert und hatte verbindliche Objekte, zuallererst die Juden. Der heutige, objektlose Hass wandelt sich vom spontanen Impuls zum Dauergefühl. Christian Semler nennt das, was die kulturell und sozial sehr gegensätzlichen Fraktionen des deutschen Rechtsextremismus eint, den «gemeinsamen Hassvorrat», der vor allem über eine «Musik aufgebaut werde», deren Texte einem «dumpfen deutschnationalmorastigem Untergrund» entsprängen[162]. Diese Musik – so müssen wir ergänzen – schafft ihre Inhalte nicht selbst, sie popularisiert die Mythologien der braunen Esoterik.

Der Hass verfestigt sich zum Programm. Er wird nicht als negativ empfunden. Das inoffizielle Organ der Hammer-Skins[163] heißt *Hass Attacke*. Der US-amerikanische Rechtsextremist Alex Curtis schreibt: «Hass ist eine Emotion, die Menschen zum Handeln bewegt und so Veränderungen bringt. Wir müssen Nigger und Juden ermutigen uns zu hassen»[164]. Erst wenn die Gegenseite provoziert ist und einen Mord begeht, können die Ras-

«Die Kugel ist für dich» (Titel eines Liedes auf der CD Noten des Hasses *der Gruppe White Aryan Rebels, April 2001)*

«In letzter Zeit leidet K. fast an diesem Hass, denn er kann ihn nicht befriedigen»[166]. Kafka 1960, S. 264

«Im September 2000 trafen sich vier rechtsextreme junge Männer bei Schnaps, Bier und Musik. Und dann, so sagte einer von ihnen bei der späteren Gerichtsverhandlung in seinem holprigen Deutsch, «haben uns entschlossen für irgendetwas, das wir anzünden». Dann zerschnitten sie ein Bettlaken, holten von einer Tankstelle Benzin und bastelten einen Brennsatz. Dann erst überlegten sie, was sie «abfackeln» könnten. In Betracht kamen eine im Bau befindliche Synagoge, ein SPD-Büro und ein Asylbewerberheim, in das sie schließlich die Brandsätze warfen.» (Frankfurter Rundschau 17.2.01, vgl. das Kapitel Rassismus nach Auschwitz)

sisten losschlagen und eine günstige Bilanz der Todesopfer erzielen.

Der mit Symbolen aufgeladene Hass muss sich irgendwann ein reales Opfer schaffen. Er muss sich entladen, damit der Hassende sich nicht selbst verzehrt. Das Attentat ist eine psychische Notwendigkeit. In ihm entlädt sich der aufgestaute Hass. Im totgeschlagenen Einwanderer oder Linken oder Schwulen oder Obdachlosen, im eingeschlagenen Fenster einer Synagoge oder eines Asylbewerberheims wird das unerträglich opake Feindbild scharf. Prostituiertenmörder handeln unter einem ähnlichen Zwang. Sie haben Angst vor allem Weiblichen. Diese Angst schlägt in Hass um und steigert sich zur Aggression. Erst wenn die Tote vor ihnen liegt, wird ihnen klar, dass sie nicht «Das Weibliche», sondern eine konkrete Frau ermordet haben. Auch rechtsextreme Täter wissen, dass es keine Heldentat ist, einen schlafenden Obdachlosen zu überfallen. Sie können nur einen wehrlosen Teil des «Anderen» töten, und diese Einsicht kränkt sie. Aber ihre Tat bringt keine Ernüchterung, sondern Bestätigung in der Subkultur, «negative Anerkennung», wie Christian Semler sagt[165].

Rassistische Mörder stehen unter einem ähnlichen Zwang wie Frauenmörder, wenn, wie Horst Mahler schreibt, «der untergründige Haß auf alles Fremde an die Oberfläche drängt»[167]. Allerdings folgt auf ihre Tat keine Ernüchterung, sondern die Bestätigung innerhalb dessen, was sie selbst als «nationale Opposition» bezeichnen, also der für sie einzig legitimen Instanz, denn das «System» ist dem Ausland hörig. Ein Polizistenmord ist für Rechtsextreme deshalb kein Verbrechen, sondern ein legitimer Angriff auf das «System», und so wird er auch gerechtfertigt (s.o. «3 zu 1 für Deutschland»). Horst Mahler liefert die intellektuelle Deutung: Wegen des drohenden NPD-Verbots kann der Hass nicht in konstruktive Politik umgesetzt und auf diese Weise sublimiert werden. «Die Drahtzieher dieser deutschfeindlichen Umtriebe sind unmittelbar dafür verantwortlich, daß die natürliche – quasi ‹instinktive – Gegenwehr des Deutschen Volkes gegen seine Umvolkung zu einer afro-euro-asiatischen Mischrasse keinen politischen Ausdruck finden kann und deshalb sich hilflos und ohnmächtig in verbrecherischen Gewaltakten zeigt.»[168] Nun gab es die Hassausbrüche schon lange bevor von einem

NPD-Verbot die Rede war, und ohnmächtig sind nicht die Täter, sondern die Opfer. Aber Mahler geht es nicht um Logik, sondern um Legitimation.

Nächtliches Sprühen und Überfälle verleihen den Hass-Symbolen ihre volle Bedeutung. In den eigenen vier Wänden, in szeneinternen Blättchen oder auf dem Bildschirm haben sie einen vieldeutigen Sinn[169]. Symbole können ohne erkennbaren Sinn sein (ein Phantasieschnörkel als Graffiti) oder einen vieldeutigen Sinn haben (das Hakenkreuz kann Verehrung der Hitlerzeit ausdrücken, aber auch Protest oder Gruppenzugehörigkeit). Durch den Objektbezug verliert das Symbol seinen uneindeutigen Sinn und erhält eine klare, eindeutige Bedeutung. Das Gegenteil des Hasses, die Liebe, folgt der gleichen Regel. Es gibt eine schwärmerische, objektlose Liebe, ein unspezifisches Sehnen, wie sie sich etwa in einem Lied oder Gedicht ausdrückt, und die Liebe zu einer konkreten Person. Das Gedicht mit seinem verschwommenen Sinn erhält eine unverwechselbare Bedeutung, wenn Hans es seiner verehrten Grete zusteckt. Das Hakenkreuz auf einem Gedenkstein oder einer Synagogenwand macht das «Wir» deutlich, das diesen Ort markiert hat, und es identifiziert eine konkrete Personengruppe hier und jetzt, gegen die das «Wir» mobilisiert. Der Schritt vom allgemeinen Sinn zur konkreten Bedeutung ist das Markieren durch Sprühen, Pinseln, Parolenrufen oder der Springerstiefel auf dem Schädel des Obdachlosen. Die Markierung kann drohen, stigmatisieren oder das «Wir» gegen den Rest abgrenzen, also etwa eine «befreite Zone» bezeichnen.

Durch die rechtsextreme Gewalt «artikulieren» die Täter «ihre eigene Identität», wie es in dem Text aus dem *Landser* (s. Seite 39) heißt. Sie fixiert die oszillierende rechtsextreme Symbolsprache zum Weltbild. Dieses Weltbild gibt den virtuellen Schauplätzen der Hass-Symbole Wirklichkeitsbezug. Es wird, wie wir sehen werden, mythologisch und pseudoreligiös begründet und legitimiert die Gewalt, die in seinem Namen verübt wird. Die Gewaltaktion stellt den Sinn her, der mit dem Entschwinden des konkreten «Volkes» verlorengegangen ist. Das aber ist nur Ersatz. Die Unzufriedenheit über den Verlust des Originals erklärt den verzweifelten, beschwörenden, dumpf drohenden Unterton rechtsextremer Texte. Der deutsche Rechtsextremismus weiß, dass er über keinen Vorrat selbstverständlicher Gewissheiten verfügt. Den durch Gewalt verbürgten Sinn muss er immer neu herstellen, denn Gewalt ist Entladung eines Gefühls, das dadurch momentan befriedigt ist, sich aber stets neu aufbaut.

Die Konfrontation mit der juristischen und polizeilichen Staatsgewalt gibt der Symbolsprache weitere politische Ausrichtung. Das permanente Abtasten der Verbotsgrenze bereichert sie und macht sie verbindlich. Der Jargon einer halbpolitischen Subkultur wird zur politischen Sprache der neuen völkischen Bewegung. Zudem eint die Gewalt: «Deutschland wird den unser Volk *vereinigenden* Aufstand wählen und siegen»[170]. Der fortgeschrittenste Ausdruck des lange aufgestauten Hasses ist, wie wir im Schlusskapitel ausführen werden, der unerklärte Krieg gegen den inneren Feind. Die zahlreichen rechten Kriegserklärungen geben der mit Objekten verbundenen Symbolsprache letzte Verbindlichkeit. Im Krieg wird nicht diskutiert, sondern gehorcht.

«Die Gewalt ist [...] ein Element des Konsenses zwischen den Führern und den Geführten, der komplizierten Arbeitsteilung zwischen militanten Aktivisten einer Bewegung von rechts und ihren Intellektuellen, die durch ihre intellektuelle Ausarbeitung neurechter Ideologien die Gefühle und Handlungen freisetzten, die sie dann als irrationale Ausbrüche, als Mythos feiern können.»[171] Gegen diesen 1993 geschriebenen Satz müssen wir heute einwenden, dass eine kräftig wachsende rechte Kulturproduktion die Stelle der intellektuellen Neuen Rechten eingenommen hat. Die gängige Rede vom «Schreibtischtäter» setzt voraus, dass es eine Basis gibt, die zugleich liest und prügelt. Bei Hausdurchsuchungen nach rechtsextremen Straftaten werden aber weniger Schreibtischprodukte wie Bücher und Zeitschriften gefunden als vielmehr CDs, Videos, Embleme, Flugblätter und Rundbriefe und allenfalls textarme Broschüren. Wer aber sind die Popularisierer, wer sind diejenigen, die die Schreibtischprodukte zu Stichwörtern und Parolen herunterkochen? Und welche Eigendynamik entwickelt dieser Vermittlungsprozess? Wir werden auf diese Fragen in den folgenden Kapiteln eingehen.

Die völkische Esoterik, die Thule-Gesellschaft und der Nationalsozialismus[172]

Die heutige braune Esoterik hat die Vorschichte des Nationalsozialismus für ihren eigenen Bedarf zurechtgebogen. Wir wollen deshalb kurz die wesentlichen Fakten in Erinnerung bringen und uns mit der Frage beschäftigen, von welchem Nutzen dieser Rückblick ist.

Der völkische Okkultismus entstand Ende des 19. Jahrhunderts. Als ihr Begründer kann Guido von List (1848-1919) gelten. Den Adelstitel hat er sich selbst verliehen. List deutete die Runen esoterisch und entwickelte die Ariosophie. Nach List nehmen die Arier die höchste Stelle in der Rassenhierarchie ein. List hat das Hakenkreuz, das über die Jahrhunderte an vielen Orten Europas als Ornament benutzt worden war, als politisch-magisches Symbol gedeutet. An einer Stelle, wo die Germanen die Römer in einer Schlacht besiegt hatten, vergrub er acht Weinflaschen in Form eines Hakenkreuzes.

Guido von List

***Ariosophie**: der Glaube an die Arier als gottgleiche Menschen*

Jörg Lanz von Liebenfels (1874-1954) hat dieses spätromantische Konzept weiterentwickelt. Auch sein Adelstitel ist hausgemacht. Er war Zisterziensermönch in Heiligenkreuz bei Wien, verließ aber das Kloster. Liebenfels wollte eine heroische, arische Rasse heranzüchten. Das Symbol dieses zukünftigen, rassereinen Reiches sollte die doppelte Sigrune, also das spätere Symbol der SS, sein. Das Gegenstück waren die «Sodoms-Äfflinge», die aus der Vermischung von Tier und Mensch entstanden seien. Die hohen und niederen Rassen kämpfen sozialdarwinistisch um ihre Stellung in der Völkerhierarchie. Hitler schrieb in *Mein Kampf*, er habe sich in Wien die ersten antisemitischen Broschüren seines Lebens gekauft. Wahrscheinlich handelt es sich dabei um Liebenfels' *Ostara-Hefte*.

Jörg Lanz von Liebenfels

Die Thule-Mythologie, auf die sich die heutige Neue Rechte und die braune Esoterik stützen, geht auf die historische Münchner Thule-Gesellschaft zurück. Diese Mythologie geht von einer höheren (meist arischen) Rasse aus, die einer Kultur entstammt, die mit dem sagen-

Zum völkischen Okkultismus und zur Thule-Gesellschaft s. Goodrick-Clarke, Nicholas: Wurzeln des Nationalsozialismus, *mit einem Vorwort von H.T. Hakl. Graz-Stuttgart, 1997*

umwobenen Thule unterging. Dieses Thule wird in Atlantis oder in Nordeuropa vermutet. Der führende Kopf der Thule-Gesellschaft war Rudolf Freiherr von Sebottendorff (1875-1945), ein Hochstapler und Goldsucher in Australien, als er mal wieder pleite war. Auch er hat sich selbst geadelt. Die Thule-Gesellschaft war eine Deckorganisation für den im Untergrund agierenden Germanen-Orden. Zu den Symbolen der Thule-Gesellschaft gehörte das Hakenkreuz. Während der Münchner Räterepublik 1918/19 organisierte die Thule-Gesellschaft im Münchner Hotel Vier Jahreszeiten die Konterrevolution. Während die Thule-Gesellschaft in München gegen die Räterepublik konspirierte, rückte das Freikorps Oberland gegen die Stadt vor. Nach dem Sieg der Konterrevolution kaufte Sebottendorff den *Münchner Beobachter*, aus dem das NSDAP-Blatt *Der Völkische Beobachter* hervorging. Mitglieder der Thule-Gesellschaft gründeten 1919 die Deutsche Arbeiterpartei, die 1920 zur Nationalsozialistischen Deutschen Arbeiterpartei (NSDAP) wurde.

Freikorps Oberland:
s. S. 20. Das Freikorps und die Thule-Gesellschaft waren eng miteinander verbunden.

Hitler war Gast der Thule-Gesellschaft. «Gast» war ein fester Status, der so etwas wie Anwärter auf den Mitgliederstatus bedeutet haben mochte. Hitlers Münchner Jahre prägten ihn ebenso wie seine Wiener Zeit. Während der Münchner Räterepublik erfuhr Hitler eine Mischung aus aggressivem Antikommunismus und Antisemitismus, aus der später seine häufig benutzte Formel vom «jüdischen Bolschewismus» wurde. Auch seine panische Angst von dem «Dolchstoß», also der politischen Lösung eines militärisch nicht mehr zu gewinnenden Krieges, geht auf die Münchner Erfahrungen zurück. 1944/45 verweigerte sich Hitler allen Verhandlungslösungen und ließ bis zum bitteren Ende kämpfen.

Einige Mitglieder der Thule-Gesellschaft nahmen später wichtige Funktionen in der NSDAP und im Hitlerstaat ein. Zu ihnen gehörten der SA-Führer Ernst Röhm, der NSDAP-Ideologiewächter und Reichsminister für die besetzten Gebiete Alfred Rosenberg und Hans Frank, Hitlers Rechtsanwalt und Generalgouverneur im besetzten Polen. Der Schriftsteller Dietrich Eckart gehörte ebenfalls zum Umkreis der Thule-Gesellschaft. Er war Hitlers Mentor. Hitler hat ihm *Mein Kampf* gewidmet.

Ernst Röhm, geb. 1887, Stabschef der SA (Schutzabteilung, eine paramilitärische Organisation der NSDAP). Röhm wurde 1934 von der SS verhaftet und kurz darauf erschossen.

Rudolf Heß, ein weiteres Mitglied der Thule-Gesellschaft, und sein Freund Karl Haushofer, wurden zu

Symbolfiguren des heutigen Rechtsextremismus und der braunen Esoterik. In beiden Fällen musste dazu die historische Person kräftig umgebogen werden. Heß, für den die Rudolf-Heß-Gedenkmärsche abgehalten werden, war zwar «Stellvertreter des Führers»; dies bezog sich aber nur auf Angelegenheiten der NSDAP, und auch in dieser Funktion hatte ihn sein Stellvertreter, der Intrigant Martin Bormann, bald ausgebootet. Heß, ein eher sensibler und zum Aberglauben neigender junger Gefolgsmann Hitlers, wurde durch seinen Englandflug 1941 bekannt. Er hatte sich ein Flugzeug beschafft und war alleine über den Ärmelkanal geflogen, um den Krieg zwischen Großbritannien und dem Deutschen Reich zu beenden. Heutige Geschichtsrevisionisten fügen hinzu, er habe mit Hitlers Einverständnis gehandelt. Hierfür gibt es keine Beweise. Wohl aber spricht eine Fülle von Argumenten gegen diese Deutung[173].

Die wenigen Belege, die sich für eine Friedensmission im Auftrag Hitlers anführen lassen, werden von heutigen Rechtspublikationen nach Kräften ausgebeutet. Die Beweisabsicht, dass Hitler den Krieg nicht wollte, wird stramm durchgehalten, auch wenn es noch so viele Äußerungen Hitlers gibt, die das Gegenteil beweisen. Als Hitler von Heß' geglücktem Fallschirmabsprung über Schottland erfuhr, ließ er Heß öffentlich für verrückt erklären. Bald ging in Deutschland der Witz um, dass Churchill zu Heß gesagt habe: «Sie sind also der Verrückte?» und Heß geantwortet habe: «Oh nein, nur sein Stellvertreter»[174].

Von einer Heldentat konnte keine Rede sein. Die Briten behielten Heß in Haft und er wurde bei den Nürnberger Kriegsverbrecherprozessen angeklagt. Während der Verhandlungen stellte sich Heß verrückt oder war es wirklich. Da er kurz vor dem deutschen Überfall auf die UdSSR nach Großbritannien geflogen war, konnte er für den dann eskalierenden deutschen Vernichtungskrieg nicht verantwortlich gemacht werden. Er wurde zu lebenslanger Haft in Berlin-Spandau verurteilt, wo er 1987 im Alter von 93 Jahren Selbstmord verübte. Die Umstände seines Todes gaben zu der Spekulation Anlass, er sei vom britischen Geheimdienst ermordet worden. Die verhinderte Verwicklung in den Holocaust, die jahrzehntelange Haft und die Mordtheorie ließen ihn zum «Märtyrer des Friedens und Symbol der unterdrückten Freiheit in Deutschland» werden, so die «Hilfsorganisation für nationale politische Gefangene und deren Angehörige (HNG)»[175].

Heß war ein Freund des Geopolitikers Karl Haushofer, einer Projektionsfigur der heutigen braunen Esoterik. Haushofer, der mit einer Jüdin verheiratet war und Hitler nicht leiden konnte, hat den Begriff des «Lebensraumes» entwickelt, der den Expansionsbedürfnissen Hitlers als Legitimation diente. Hitler, der selbst kaum ein paar zusammenhängende Zeilen schreiben konnte, hat seinem Mithäftling Heß in der Haft in Landsberg 1923 sein Buch *Mein Kampf* diktiert. Heß, der das Diktierte glätten und korrigieren musste, mag dabei das Lebensraum-Konzept Haushofers eingebracht haben. Haushofer hat dem Hitlerstaat in einigen Funktionen gedient. Sein Sohn Albrecht gehörte dem Widerstandskreis des 20. Juli 1944 an. Karl Haushofer kam deshalb in ein KZ, ohne überhaupt den Grund zu erfahren. Wegen seines Alters und seiner angegriffenen Gesundheit wurde er in Nürnberg nicht angeklagt, sondern nur als Zeuge vernommen. Kurz nach den Nürnberger Prozessen beging er mit seiner Frau Selbstmord. Die hier skizzierte Biografie eignet sich eher als Stoff einer Tragödie über die Verwicklung in ein Verbrechen, an dem der Protagonist schließlich selbst zu Grunde geht. Die rechte Legende mythologisiert Haushofer. Sie macht ihn zu einem engen Vertrauten Hitlers und dichtet ihm einen Aufenthalt in Tibet an, bei dem er Kontakt zu einem Geheimorden, den Gelbmützen, gehabt haben soll. Helsing macht ihn zu einem «Mitgründer der Thulegesellschaft», Mitglied der Gelbkappen und verantwortlich für die Gründung der ersten tibetanischen Gemeinden in Deutschland[176].

«Haushofer war davon überzeugt, daß das unterirdische Reich unter dem Himalaya der Ursprungsort der arischen Rasse sei, worüber er sich angeblich auf seinen etlichen Tibet- und Indienreisen eigens überzeugt hatte.» (Helsing 1995a, S. 109, Fehler im Original)

Einige Symbole des Nationalsozialismus gehen auf die Thule-Gesellschaft zurück: das Hakenkreuz, Eckarts Text zu dem Lied «Deutschland erwache», der Ruf «Sieg Heil» und die Rede vom «Führer». Das Wort «Thule» konnte sich seine Unschuld bewahren. Hitler dichtete wärend seiner politischen Karriere seine persönliche Biografie um. Bereits die 1923 geschriebene Autobiografie *Mein Kampf* enthält zahlreiche Retuschen. Hitler hat alles, was mit Okkultismus und der Thule-Gesellschaft zusammenhängt, aus seiner Biographie herausgefiltert und nach 1933 unterdrückt. Es war weit weniger, als die braun-esoterische Rezeption behauptet. Diese Rationalisierung erlaubte es der Thule-Mythologie, nach 1945 wieder aufzuleben.

Nach 1933 benutzte die NSDAP die auf die Thule-Gesellschaft und das Neuheidentum zurückgehenden Symbole zur Ausstaffierung ihrer Parteitage und Umzüge. Mythologische Begriffe wurden zu rhetorischen Figuren. Was den nationalsozialistischen Symbolen an esoterischer Einzigartigkeit angehaftet haben mag, wurde nun zum identitätsstiftenden Kitt einer Bewegung. Die sektiererischen Ursprünge der NSDAP fanden in der Forschungs- und Lehrgemeinschaft «Das Ahnenerbe» Unterschlupf. Das Ahnenerbe war ein von Hitler belächeltes Steckenpferd des Reichsführers SS Heinrich Himmler. Innerhalb der SS spielte es eine untergeordnete Rolle. Zu den Aktivitäten des Ahnenerbes gehörten neben mörderischer Rasseforschung eine Tibetexpedition 1938/39 und Forschungen zu Hanns Hörbigers «Welteislehre», die davon ausgeht, dass die Erde innen hohl ist. Beides spielt in der heutigen braunen Esoterik eine Rolle. Die Tibet-Expedition hatte immerhin wissenschaftliche Ziele. Die heutige esoterische Rechte dichtet ihr alles an, was sich mit Tibet assoziieren lässt.

Ahnenerbe

Kann der Rückgriff auf die Vorgeschichte den Nationalsozialismus und Neo-Nationalsozialismus erklären?

Die Frage, wieweit die okkulten Ursprünge des Nationalsozialismus auf dessen entwickelte Formen, auf Weltmachtphantasien und Rettung der arischen Rasse durch Auslöschung der jüdischen gewirkt haben, wird in der Literatur unzulänglich und oft parteiisch beantwortet. Jan Kershaws Hitlerbiografie steht am rationalen Extrem des Spektrums. Kershaw beschreibt Hitler in Wechselwirkung mit der deutschen Gesellschaft. Die gängige Behauptung, dass Hitler von einem Dämon besessen gewesen sei, streift er nur mit einem Zitat[177]. Hitlers Wahn von einer Erlösermission, den Kershaw immer wieder anführt, nennt er beiläufig ein «pseudoreligiöses Element»[178]. Kershaws rationaler, die psychologische Deutung möglichst meidender Ansatz bringt es auch mit sich, dass er Hitlers «Besessenheit» kaum ausführt. Der Hitler, den Kershaw uns vorstellt, ist rationaler als das Original. Im Epilog seiner mehr als 2000 Seiten geht Kershaw noch einmal etwas ausführlicher auf die «starken Elemente pseudoreligiösen Glaubens»[179] im Verhältnis der Deutschen zu Hitler ein, ohne das Thema methodisch in sein Werk integriert zu haben. Damit wird es zum uneingelösten theologischen Rest.

Trevor-Ropers 1946 erschienenes Buch *Hitlers letzte Tage* zeigt einen sehr abergläubischen Hitler, der sein Handeln von Astrologie und esoterisch interessierten Beratern wie Himmler bestimmen ließ[180].

Die rational argumentierende Literatur zur rechten Esoterik neigt zu einer Überschätzung des esoterischen Einflusses auf den Nationalsozialismus. Rüdiger Sünner suggeriert in *Schwarze Sonne* ein Kausalverhältnis, wenn er z.B. schreibt, dass einige Mitglieder esoterischer Zirkel «deren Ideen später auch in die SS [trugen], die etliches davon in die Tat umsetzen wird»[181]. An anderer Stelle ist die «mythisch verklärende Ideologie» von der nordischen

Herrenrasse notwendige Bedingung der nationalsozialistischen Verbrechen.[182] Eduard Gugenberger stellt seinem Buch *Hitlers Visionäre* zwei ähnliche Sätze voran, die als Begründung für seine Beschäftigung mit der Esoterik herhalten müssen (s. Marginalienspalte). Die wenigen esoterischen Elemente im Nationalsozialismus müssen als Begründung für die Beschäftigung mit dem heutigen Modethema herhalten. Da ist Jan van Helsing direkter. Er platzt, wie wir sehen werden, damit heraus, dass Hitler ein Werkzeug dunkler Kräfte war (s. Marginalienspalte).

«Der Erfolg des Nationalsozialismus ist nicht allein durch wirtschaftliche und gesellschaftspolitische Umstände erklärbar. Dass dabei auch okkulte Weltsichten und mythische Verklärungen eine wesentliche Rolle spielen, ist von der offiziellen Geschichtswissenschaft lange Zeit übergangen worden.» (Gugenberger 2001, S. 9)

«Der fruchtbare Boden, den die ‹THULE-GESELLSCHAFT› mit ihrem Werkzeug Adolf Hitler nur noch zu benutzen brauchte.» (Helsing 1995a, S. 101)

So gut wie alle Publikationen, die es zur aktuellen braunen Esoterik gibt, versuchen, das Phänomen durch die esoterische Vorgeschichte des Nationalsozialismus zu erklären. Sünner ist nur ein Beispiel von vielen. Das Neuheidentum und seine Trivialisierung in der rechten Subkultur täuschen den unmittelbaren Rückgriff auf vorchristliche europäische Religionen vor, die durch ein «Erberinnern»[183] (zu lesen als Erb-Erinnern, wohl so etwas wie ein Bluts-Gedächtnis) oder jahrhundertelange Resistenzen gegen die christliche Mission noch gegenwärtig sein sollen. Diskurstheoretiker sehen in der radikalen Rechten «das ganz Andere der Moderne», das sich dem bundesrepublikanischen Diskurs verweigert[184]. Das Grundmuster ist, den heutigen Rechtsextremismus durch Archaik zu erklären. Demgegenüber müsste der reale Zeithorizont dieser Rückgriffe und die Frage der gesellschaftlichen statt der historischen Ursachen geklärt werden.

Braune Esoterik und Neuheidentum gehen auf das späte 19. Jahrhundert und die erste Hälfte des 20. zurück. Das Wenige, was wir von den vorchristlichen europäischen Religionen wissen, ist (von den lateinischen Quellen abgesehen) ebenfalls im späten 19. Jahrhundert rekonstruiert worden. Das heutige Neuheidentum ist von den spätromantischen Sehnsüchten nach längst Vergangenem geprägt. Savitri Devi hat um die Mitte des 20. Jahrhunderts mythologisierende Bücher geschrieben, die den antichristlichen Affekt des 19. Jahrhunderts mit Hitlers Rassenwahn verbanden. Ihre Werke gehören zum Grundbestand der neurechten Mythologie. Die Schwarze Sonne wurde zwischen 1938 und 1942 ohne historisches Vorbild in der Wewelsburg in den Boden des «Obergruppenführersaals» eingelassen. Einige Traditionsstränge wie etwa Herman Wirths,

Sogenannter Obergruppenführersaal in der Wewelsburg

dessen Schriften heute wieder verlegt werden, wurden in der Hitlerzeit kaum beachtet und haben erst durch die an der Hexenproblematik interessierte New-Age-Bewegung Aktualität erlangt[185]. Die Neue Rechte beruft sich auf die Konservative Revolution der Jahre nach dem Ersten Weltkrieg. Vor allem der italienische Mussolinifreund und Technikkritiker Julius Evola wurde stark rezipiert, da 1998 sein hundertster Geburtstag gewesen wäre. Das Evola-Jahr wurde in allen halbwegs seriösen rechten Publikationen aufgegriffen. Evolas Technikkritik ist entschieden kein historischer Rückschritt; eben wegen ihrer Aktualität wird der Autor heute wieder aufgelegt und gelesen. Künstlerisch war Evola Dadaist, insgesamt also ein Denker und Künstler, der die Konflikte der Moderne in einer extremen Weise formuliert hat.

Julius Evola

Die nationale Engstirnigkeit, die den Rechtsextremen ins Gesicht geschrieben zu sein scheint, ist ein Missverständnis und oft wohl auch ein Selbstmissverständnis. Die Neue Rechte, die in Parteien organisierte extreme Rechte und die militanten Neonazis handeln global. Sie haben ein «Nationalisten aller Länder, vereinigt Euch!» auf ihr Banner geschrieben. Mahler nennt es eine «Internationale der Nationalrevolutionäre»[186] (er meint in seiner eigenwilligen Lesart die Studentenbewegung von 1968). Wie wir gesehen haben, reden die Nationalisten längst von der europäischen oder weißen Rasse. Es gibt eine europaweite «Identitätsrock-Bewegung», die «nationale Inhalte» vermittelt[187]. Die Europäischen Synergien halten ihre Sommeruniversität in der Lombardei ab und die Website *Sonnenwacht* hat einen Link zur Comunitá Odinista (Odinsgemeinschaft), einer heidnischen Glaubensgemeinschaft in der Lombardei.

«Es geht heute nicht mehr nur darum, verbissen auf dem Nationalismus zu beharren, sondern gemeinsam mit weißen Menschen in der Welt einen Bund zu schließen – gegen die Vermischung der Nationen. Ein Überleben der weißen Völker muß gewährleistet sein.» (Internettext von «freien Nationalisten», Februar 2001)

Kurz: Die Berufung auf Odin und Wotan ist ein Selbstmissverständnis[188]. Runen und Riefenstahl werden zitiert wie etwa Separatisten regionale Traditionen (z.B. die keltische Musik in Irland) wiederzubeleben versuchen, was meist in fragwürdiger Folklore endet. Es gibt ein paar Kleinstgruppen, die heidnische Religiosität praktizieren, aber die übergroße Mehrheit des Rechtsextremismus benutzt den Nationalsozialismus und seine Vorgeschichte als Steinbruch für Ornamente, die erklären sollen, was sie unter «Wir» und «Volk» verstehen. Eine kaum zehn Jahre alte Serie von Büchern und Internettexten über den völkischen Okkultismus, bei der einer vom anderen hemmungslos abschreibt, hat so viel Eigendynamik entwickelt, dass der historische Gegenstand nur noch als Auslöser erkennbar ist. Bruchstücke des Nationalsozialismus werden zitiert und oft genug als Zitate gekennzeichnet, also in historischer Distanz gehalten. Passagen aus *Mein Kampf* tönen als fernes Echo, aber eben nur als Echo, in die Jetzt-Zeit (s. Marginalienspalte und das Kapitel *Geheimgesellschaften*). Das Original schimmert gerade eben noch durch, und es nicht nachvollziehbar, wieviele Zwischenschritte es gab und ob die Autoren sich der Vorlage bewusst sind. Die historische Distanz hat sich als Perspektive durchgesetzt. Mahler etwa baut Hitler mitsamt seinem Zerstörungswerk reflexiv in seine Geschichtsphilosophie ein.

Rückgriffe auf die Ästhetik des Nationalsozialismus sollen der heutigen Ideologieproduktion eine historische Aura verleihen, können sie aber nicht wiederbeleben. In heutigen CDs wird Hitlers Stimme nachgeahmt. Zu Hitlers Lebzeiten hätte diese Imitation die Gestapo auf den Plan gerufen. Hitlers Stimme wird von heutiger Musik unterlegt und damit, ohne dass die Produzenten das bezweckt hätten, zum historischen Zitat. Wie im Kapitel *Die Symbolsprache des Rechtsextremismus* zitiert, geht es nicht um eine historische Wiederholung des hitlerschen Originals, sondern ausdrücklich um eine «Kopie des deutschen Reiches in Wort und Bild»[189]. Nur dadurch, dass den Handelnden diese historische Distanz bewusst ist, können Symbole ihren Sinn ändern (das Hakenkreuz als Stigma) und Ersatzsymbole das Ursprungssymbol überlagern (die Schwarze Sonne statt Hakenkreuz und Sigrune)

Der Vorwurf der antimodernen Diskursverweigerung ignoriert die Fakten. Eine Heerschar von Lehrerinnen und Lehrern weiß davon zu berichten, wie sie sich schulstundenlang mit rechten Schülern auseinandersetzen müssen. Die Rechten schicken Debattenredner aus, die sich bei Veranstaltungen strategisch im Saal verteilen, sich auf die Rednerliste setzen lassen und die Diskussion an sich ziehen, um am Schluss als gutgelaunter Klüngel gemeinsam abzuziehen. Die Neue Rechte hat es mit ihrer Metapolitik darauf angelegt, sich in den offiziellen Diskurs einzuklinken. Die Redaktionsstrategie der *Jungen Freiheit* besteht darin, z.B. jüdische

«Jedes Tier paart sich nur mit einem Genossen der gleichen Art. Meise geht zu Meise, Fink zu Fink, der Storch zur Störchin, Feldmaus zur Feldmaus, Hausmaus zu Hausmaus, der Wolf zur Wölfin usw.» (A. Hitler: Mein Kampf, *S. 311)*

«Keine Pflanze, kein Vogel und kein Tier vermischt sich mit einer anderen Art, keine Blaumeise mit einer Kohlmeise, kein Regenwurm mit einem Spulwurm, keine Weinbergschnecke mit einer Schleimschnecke, kein Schimpanse mit einem Gorilla, kein Wolf mit einem Wildhund...» (Hans U. Hertel: Der multikulturelle Untergang der Kulturvölker Europas, Proklamation Nr. 10 der World Foundation for Natural Science, die der Universalen Kirche und Jan van Helsing nahe steht)

und sozialdemokratische Interviewpartner zu finden, um aus ihrer rechten Schmuddelecke rauszukommen. Die *Junge Freiheit* versteht sich als Organ einer Bewegung und hat über Jahre hinweg Leserkreise organisiert. Der ehemalige stellvertretende NPD-Vorsitzende Jürgen Schützinger veranstaltet Schulungen für Leserbriefschreiber. Die Illustrierte *Focus* wird ständig mit solchen Leserbriefen beliefert. Horst Mahler besuchte höchstselbst eine Veranstaltung im alternativen Frankfurter «Exzess», in der über Maßnahmen gegen seine Montagsdemonstration beraten wurde, um wie in den alten APO-Zeiten mitzudiskutieren, wurde im Halbdunkel erkannt und musste mit zwei blauen Augen wieder abziehen. Das war ihm Anlass für einen offenen Brief. Er hat zu allem und jedem im Internet einen offenen Brief oder ein Thesenpapier bereitliegen, und er ist nicht der Einzige.

Gewiss, es gibt die Diskursverweigerer. Ein besoffener Rassist oder ein Neonazi, der Deutschland zu seinem «Privatgelände»[190] erklärt, wird wohl eher Schläge als Argumente austeilen wollen. Auch mit den Esoterikern ist schwer zu diskutieren. Zwar lieben es Leute wie Helsing, eine Plauderrunde um sich zu scharen, aber ihr Kernargument, dass sie über höhere Einsichten verfügen, lassen sie sich nicht entwinden. Dass mit Betrunkenen und Sektierern nicht gut zu diskutieren ist, lehrt freilich bereits die Alltagserfahrung. Was den diskussionsbereiten – um nicht zu sagen diskussionsgeilen – Teil der neuen völkischen Bewegung betrifft, müsste sich das aufgeklärte Denken auf allerhand Trivialitäten einlassen, um sich nicht seinerseits den Vorwurf der Diskursverweigerung einzuhandeln.

Die Universalisierung der Thule-Mythologie in Lateinamerika

Die Thule-Mythologie ist aus Lateinamerika nach Europa reimportiert. Das Ende von Nationalsozialismus und Faschismus in Europa hatte sie zur Flucht gezwungen. In den Trümmern deutscher Städte stieß eine Remythologisierung des Nationalsozialismus auf taube Ohren; die hitlerbegeisterte Savitri Devi musste diese Erfahrung machen, als sie unmittelbar nach Kriegsende voll missionarischem Eifer von Indien nach Deutschland kam. Neben Savitri Devi haben Wilhelm Landig, Jacques de Mahieu und Miguel Serrano die nationalsozialistische Mythologie universalisiert. Wilhelm Landig hat, wie wir noch sehen werden, in Österreich die Reise der Thule-Männer in die Antarktis und in den Südkegel Lateinamerikas in Romanform beschrieben. Neben dieser projektiven Neuverortung des Nationalsozialismus gab es die realere der aus Europa geflohenen und der lateinamerikanischen Hitleranhänger.

Savitri Devi: s. die Biographie von Nicholas Goodrick-Clark: Hitlers Priestess Savitri Devi: the Hindu-Aryan Myth and Neonazism. *New York University Press 1998 und in diesem Buch S. 9, 77*

Wilhelm Landig

Landig[191] wurde am 20. Dezember 1909 in Wien geboren und war einer der frühen österreichischen Anhänger Hitlers. Nachdem 1933 die österreichische NSDAP verboten wurde, war er ein «Illegaler». Er gehörte zu einem Freikorps und erhielt in der Umgebung Wiens eine militärische Ausbildung. Wegen seiner Beteiligung am gescheiterten nationalsozialistischen Putschversuch im Juli 1934 in Wien musste er ins Deutsche Reich fliehen, wo er als «illegaler» Österreicher in hohem Ansehen stand und der SS beitrat, bei der er es zum Oberscharführer brachte. Er gehörte zum Sicherheitsdienst (SD) der SS und gleichzeitig zur Waffen-SS, da ihm die Freikorpszeit als militärische Dienstzeit anerkannt wurde. Landig wurde am «Arbeitswissenschaftlichen Institut» in Berlin angestellt. Nach dem «Anschluss» Österreichs kam er mit einer Sondergenehmigung Himmlers nach

Wien zurück, noch ehe sich die SS eine Woche später dort einrichtete. In Wien wurde Landig Sachbearbeiter für geheime Reichssachen. Zu seinem Aufgabenbereich in Wien gehörte, so Landig, die Koordination der Produktion von Flugscheiben. Diese Flugscheiben, über die Landig nur in Andeutungen spricht, spielen in seinen nach dem Krieg geschriebenen Büchern und in einschlägigen Videofilmen eine wichtige Rolle. Die Flugscheiben wurden, so Landig, von gegeneinander abgeschotteten Abteilungen der SS entworfen. Drei Abteilungen waren für die Technik verantwortlich und zwei weitere arbeiteten auf dem Gebiet der Esoterik. Dass die SS ein solches Projekt betrieb, liegt im Bereich des Möglichen; dass Modelle, die sie konstruierten, von welchen Kräften auch immer angetrieben, versuchsweise flogen, ist immerhin denkbar. Ein Hüpfversuch in Prag, der mit Totalschaden endete, ist belegt. Landig und Leute seines Schlages bieten Zeugen an, die Flugscheiben beobachtet haben. Ob und bis zu welchem Punkt Flugscheiben tatsächlich entwickelt wurden, ist schwer auszumachen. Da bei den esoterischen Nationalsozialisten Wirklichkeit und Phantasie unentwirrbar ineinander übergehen, mischen sich ständig historische Sachverhalte und Wunschdenken.

Flugscheiben: *s. a. das Kapitel* Wunderwaffen und Hakenkreuzufos *(s. S. 108)*

Durch das Studium alter Schriften und Symbole wollte die SS Kenntnis bisher unbekannter Antriebskräfte erlangen, die die Flugscheiben bewegen sollten, berichtet Landig. Sie schickte zu Kriegsbeginn eine aus fünf Wissenschaftlern und zwanzig SS-Leuten unter Standartenführer Schäfer bestehende Expedition nach Tibet, die, so die Esoteriker im Gegensatz zur historischen Forschung, esoterischen Zwecken diente. An diese Expedition heftet sich eine Fülle von Spekulationen. Das Deutsche Reich schickte 1938/39 eine Expedition in die Antarktis, deren Zielsetzung unklar ist. Die deutsche Antarktisexpedition erkundete ein Gebiet, das bis heute Neuschwabenland heißt und in Landigs Büchern und denen seiner Nachfolger als Fluchtort der SS und sogar Hitlers ausgegeben wurde. Landig lässt Neuschwabenland von Flugscheiben, aber auch von alternativ angetriebenen U-Booten anfahren.

Landig war nicht nur für die Flugscheiben, sondern auch für Kriegsspionage verantwortlich. In den besetzten Balkanländern kämpfte er gegen Partisanen, wurde verwundet und lag 1944 im Kriegslazarett in Belgrad.

Von dort kehrte er nach Wien zurück und arbeitete in der Abteilung I (Inland) des SD. Nach der Niederlage des Dritten Reiches war er zwei Monate in britischer Haft. Später gehörte er einigen nationalsozialistischen Organisationen wie dem Verband der Unabhängigen (VdU, eine Vorläuferorganisation von Jörg Haiders FPÖ) und der Demokratisch-Nationalen Arbeiterpartei (DNAP) an und organisierte Kleingruppen wie die Arbeitsgemeinschaft für demokratische Politik (AFP). Die AFP gibt die Monatspostille *Kommentare zum Zeitgeschehen* heraus, die auch von bundesdeutschen Rechtsextremisten gelesen wird. In diesen Zirkeln, nach nationalsozialistischer Terminologie «Freundeskreise» genannt, genießt Landig die Verehrung eines Meisters. Landig starb 1998.

Einer seiner vertrautesten Mitkämpfer war Karl Heinz Priester. Priester, geboren 1912, mischte in vielen Nachfolgeorganisationen der NSDAP mit. Seine Kameraden von der Sozialistischen Reichspartei (SRP) und der National Demokratischen Partei (NDP) waren nicht gut auf ihn zu sprechen. Er sei unglaubwürdig, ein Opportunist, habe die Art eines Winkeladvokaten und liebe taktische Manöver. In seiner Akte beim US-Geheimdienst CIC heißt es: «Subjects [Priesters] services no longer needed. Production and performance poor»[192] (Seine Dienste werden nicht länger benötigt. Seine Ergebnisse und sein Auftreten sind ärmlich»). Ein kleiner Spitzel also. In einem Interview mit den Autoren sagte Landig, Priester sei von US-Geheimagenten an einem 11. um 11 Uhr ermordet worden. Unter Verschwörungstheoretikern gilt die 11 als Zeichen, dass die Freimaurerei am Werk war.

Landig ist, wie wir sehen werden, eine der wichtigsten Quellen Jan van Helsings. Eine ins Gewicht fallende direkte Wirkung geht von seinen Schriften nicht mehr aus. Gelegentlich wird er zitiert, so auf der neuheidnischen homepage *Sonnenwacht*, die noch 2001 Landig-Zitate aufführt.

«Durch meine guten Beziehungen zur Militärregierung habe ich Akteneinblick und weiß, was Sie für ein alter Nazi sind.» (Zwischenruf bei einer Rede Priesters vor der NDP in Wiesbaden).

«Der Opportunist Priester ist hoffentlich für immer aus der Politik verschwunden... Priester hat die nationale Opposition in Hessen verraten.» (Beide Zitate in: Dokumente zur SRP, die die Autoren nach der Freedom of Information Act erhielten. Archiv des Hamburger Instituts für Sozialforschung, Blätter 371, 586)

Wandernde Wikinger

Jacques de Mahieu gehört zu den Theoretikern der Nouvelle Droite. Seine Aufsätze erschienen in *Eléments* und anderen neurechten Publikationen. Sein Hauptwerk ist die 1972 begonnene Sonnengott-Trilogie. Wilfred von Oven[193], bis Kriegsende persönlicher Pressereferent von

Reichspropagandaminister Goebbels, hat sie ins Deutsche übersetzt. Sie ist im Grabert-Verlag erschienen. De Mahieu wurde 1915 in Paris geboren. Er war Rassetheoretiker und Mitglied der SS. Nach Kriegsende setzte er sich nach Argentinien ab. Er schrieb zwanzig Bücher, von denen einige in andere Sprachen übersetzt wurden. Zehn deutsche Titel de Mahieus sind im Grabert-Verlag erschienen. Er starb 1991 in Buenos Aires[194].

De Mahieus Sonnengott-Trilogie (*Des Sonnengottes große Reise, Des Sonnengottes Todeskampf* und *Des Sonnengottes heilige Steine*) handelt vom Aufstieg und Fall eines Wikingerreiches im präkolumbianischen Lateinamerika. Sie beginnt mit der Landung eines Wikingers – de Mahieu nennt ihn Ullmann und lässt ihn aus Schleswig kommen – im Golf von Mexiko im Jahre 967 n.Chr. Ullmann wurde von den Indianern für einen Sonnengott gehalten. Er bezwang das Reich der Tolteken im heutigen Mexiko und regierte es zwanzig Jahre lang. Dann unternahm er eine Expedition nach Yucatán, wo er, wie zuvor in Mexiko, erst einmal höhere Kultur einführte. Nach seiner Rückkehr stellte er verbittert fest, dass seine zurückgebliebenen weißen Krieger «sich eingeborene Frauen genommen hatten.»[195] Die «Früchte dieser Verbindungen mit Indianerinnen waren in Gestalt zahlreicher kleiner Mestizen unverkennbar. [...] Betrübt, aber ohnmächtig, etwas daran zu ändern, verließ der asketische Ullmann Mexiko»[196]. Er zog «mit den ihm treu Gebliebenen» quer durch Zentralamerika an die Atlantikküste. «Der Grund seines Verschwindens war rassischer Art: Er konnte die Vermischung eines Teils seiner Gefährten mit Indianerinnen nicht ertragen und überließ sie ihrem Schicksal, um die Reinheit des Blutes derjenigen zu retten, die ihrer Sippe treu geblieben waren»[197].

Ullmann und seine Mannen durchzogen Venezuela, Guatemala und Kolumbien und hinterließen gleichsam im Vorbeigehen herrschende, kulturbringende Eliten, darunter einen Ritterorden der weißen Rasse und Runeninschriften. Dann kamen sie nach Peru. Dort gründeten sie ein Großreich. Der Wikingerhaufen, den de Mahieu auf ursprünglich «500 Personen im fortpflanzungsfähigen Alter» schätzt, hatten sich bis 1290 auf 80.000 Wikingern in Lateinamerika vermehrt[198]. 250 Jahre lang herrschten sie über die unterjochten Völker.

Im «verhängnisvollen Jahr» 1290 drangen die kriegerischen Araukaner nach Norden in dieses Großreich vor und besiegten zusammen mit anderen aufbegehrenden Völkern die herrschende Elite in mehreren Schlachten. Die Wikinger waren auf militärischen Posten über das ganze Großreich verstreut, so dass das Zentrum der Macht in Peru nur schwach geschützt war. Die letzte Schlacht wurde auf der Sonneninsel im Titicacasee gefochten. Hier führt de Mahieu einen seiner typischen etymologischen Beweise: Die beiden Buchstaben «t» und «i» können nur altgermanisch sein. Die Doppelung in «Titicaca» darf nicht Wunder nehmen: «Gibt es nicht im Schwarzwald einen See, der noch heute Titisee heißt?»[199] Solche Argumente sind durchaus wissenschaftlich gemeint, sosehr die Bücher als historische Schinken daherkommen. Mahieu war in Buenos Aires Professor.

Überlebende des Massakers auf der Sonneninsel vermehrten sich wiederum und bildeten die Herrscherschicht des Inkareiches. Auch diesmal stifteten sie Kultur, und «als die Konquistadoren in Mexiko und Peru landeinwärts vordrangen, war es für sie die größte Überraschung, hier nicht Menschenfresser wie auf den Inseln der karibischen See anzutreffen, sondern zivilisierte Völker»[200].

Die Außenposten des Wikingerreiches, die «weißen Wachen», lebten zerstreut weiter und ließen überall weiße Hautfarbe, blonde Haare, blaue Augen, Runeninschriften und gelegentlich ein Hakenkreuz zurück. Witwen der auf der Sonneninsel gefallenen Wikinger zogen sich in den amazonischen Urwald zurück und herrschten als Amazonen über die dortigen Indianervölker. «Sie hatten sich schon zu sehr an das selbständige Leben und vielleicht auch an die Praxis der lesbischen Liebe gewöhnt»[201], als dass sie sich den männlichen Überlebenden des Wikingerreiches angeschlossen hätten, weiß de Mahieu zu berichten, als sei er dabeigewesen. Gleichzeitig hatte sich eine Wikingergarnison «in voller Ordnung in den Urwald des Amazonas» zurückgezogen, wo sie «den männerlosen Amazonen gewisse Kavaliersdienste erwiesen»[202]. Einmal im Jahr nämlich erlaubten die Amazonen Männern den Zutritt zu ihren Siedlungen, um sich schwängern zu lassen, damit die Rasse erhalten bleibe. De Mahieu macht die Amazonen zu einem endlosen Lebensborn. Die Wikingergarnison vermischte sich mit der Zeit mit der einheimischen Bevölkerung. So entstand ein weißhäutiger Stamm, dessen Männer einmal im Jahr von den Amazonen zum Liebesdienst gezwungen wurden. Die Amazonen schickten die männlichen Kinder den Vätern zurück und behielten die Mädchen. Als die weißen Indianer immer seltener kamen, mussten die Amazonen sich «mit irgendwelchen Indianern zufrieden geben [...], die Rasse veränderte sich daraufhin schnell, und die männerlosen Frauen wurden innerhalb weniger Generationen zu Indianerinnen. Vergebens versuchten sie, in den Kindern den Kult der Vergangenheit zu erhalten, indem sie sie der Obhut einer weißen Frau übergaben. Gene sind nun einmal nicht durch Symbole zu ersetzen». De Mahieu befürchtet, dass die degenerierten Amazonen Mitte des 20. Jahrhunderts von «umherstreifenden Negern» überfallen und vernichtet wurden[203]. «Umherstreifende Neger» müssen für einen Rassisten der Inbegriff südlicher Verderbtheit sein. Wieder ist ein Volk untergegangen, weil es sein nordisches Rassenideal verriet.

«Gene sind nun einmal nicht durch Symbole zu ersetzen.»

Die Gegenüberstellung von männlichen Weißen, die den Indianerfrauen kleine Mestizen machen, wenn sie gerade in der Gegend sind, und den krampfhaft um Rassenreinheit bemühten Amazonen ist ein weiteres Stereotyp völkischer Texte, das de Mahieu im Reisegepäck mit nach Argentinien gebracht hatte. Es schadet der arischen Rasse nicht, wenn deren Männer fremdgehen und dabei die unterworfenen Völker etwas «aufnorden», aber die Frau ist die Hüterin des Blutes.

«[...] wo es keine ständige weiße Bevölkerung gab, wo aber die Pilger, die ihre Frauen zu Hause gelassen hatten, sich trotzdem fortpflanzten, und keine Bedenken hatten, massenweise kleine Mestizen in die Welt zu setzen.» (Mahieu 1975, S. 181)

Andere «Weiße Wachen» schlossen sich Indianerstämmen an, sodass diese «in ihre Erbmasse einen gewissen Anteil arischer Gene aufnehmen» konnten[204]. Auf einer Expedition in Paraguay fand de Mahieu eine Ethnie, die Guayakis, die er nach Art nationalsozialistischer Rassenforscher erkundet. Sie haben einen «Mund arischen Typs» und teilweise helle Haut, kurzum: Sie sind Nachkommen der Wikinger. Die Penisse der Männer sind ungewöhnlich lang. De Mahieu zitiert ein Dokument aus dem 18. Jahrhundert, nach dem sich der Penis «einmal um die Taille des schmächtigen Körpers schlingen läßt». Diese Guayakis sind «ein entartetes Volk». Sie leben «wie ein Rudel Wölfe». Aus den Wikingern waren «wenig mehr als wilde Tiere» geworden. Sie hatten sich mit «besonders dunkelhäutigen» Indianern und später mit gefangenen

Frauen von «fremdem Blut» eingelassen, und waren, von der vordingenden iberoamerikanischen Zivilisation ihrer Jagdgründe beraubt, zu nackten Menschenfressern geworden. Vielmännerei führte zum «äußersten Verfall der Sitten»[205].

De Mahieu durchwirkt seine Texte mit solchen Sexualphantasien. Es ist die Liaison von Sexismus und Rassismus, die schon bei Lanz von Liebenfels ins Auge fällt[206]. Sein Wikingerreich ist an der Lüsternheit des Südens gescheitert. In gewundenen Formulierungen unterstellt de Mahieu den gegen die Wikinger aufbegehrenden Völkern Sexualneid: «Der erigierte Penis der weißen Gefangenen [auf einer Abbildung] macht einen der Gründe hinreichend offensichtlich, den die Eingeborenen für ihre Klagen gegen die Wikinger hatten.»[207] Die Wikinger – de Mahieu nennt sie stolz seine Vorfahren – waren zu potent! Sie vermehrten sich zu sehr und nahmen den Einheimischen die Frauen weg. Mögen die Penisse der Eingeborenen noch so lange sein, die Nordmänner sind potenter. Für de Mahieu, den weißen Nordeuropäer in rassisch minderer Umgebung, werden diese Allmachtsphantasien zum Vehikel seiner Neuverortung in Lateinamerika. Er ist nicht ohnmächtiger Flüchtling, sondern Pilger im Land seiner Vorfahren. Was die können, kann er schon lange.

«Mit Odins Hilfe […] entdeckt» de Mahieu in einem Tourismuspark im brasilianischen Amazonasgebiet die zentrale Kultstätte der Wikinger. Es sind bizarre Felsen in sete cidades (dt.: Sieben Städte). Vier dieser Felsen sehen aus wie «riesige Phalli», bei einem davon ist «die Eichel deutlich ausgebildet». (Mahieu 1998, S. 214)

Miguel Serranos esoterischer Hitlerismus[208]

Der Chilene Miguel Serrano ist einer der wichtigsten neurechten Mythengründer. Seine Schriften werden von europäischen Nazis und Neonazis gelesen. Auf Deutsch ist zuletzt 1987 im Teut-Verlag *Das Goldene Band* erschienen. Das Buch, das mit Sonnenrädern und Runen im Verlags-Logo ausgeschmückt ist, ist nicht mehr lieferbar. «Man kann nicht sagen, dass *Le Cordon Dorado* [der spanische Titel von *Das goldene Band* ist *El Cordon Dorado*, die Autoren] verboten wäre», schreibt der Neonazi-Pseudonymus Garfield im September 1998 im Thule-Netz, aber der Verlag sei in den Ruin getrieben worden und die einzige Buchhandlung, die Kopien der Druckfahnen vertrieben habe, habe nach einem Besuch des Verfassungsschutzes diesen Vertrieb eingestellt. Deshalb bot das Thule-Netz eine Computerfassung an.

Das Thule-Netz war der erste rechtsextreme Mailbox-Verbund in der BRD. (s. Heller/Maegerle 1998, S. 143)

Serrano wurde 1917 in Santiago geboren, bereiste 1947/48 die Antarktis und war chilenischer Botschafter in Indien (1953-1962) und Jugoslawien (1962-1964). Von 1964 bis zur Wahl des Sozialisten Salvador Allende zum chilenischen Präsidenten 1970 war er Botschafter in Österreich. In Wien hatte Serrano Kontakt mit Wilhelm Landig. In Österreich widmete er sich «der Untersuchung des esoterischen Hitlerismus in Europa». Von Hermann Hesse in dessen Haus in der Schweiz bewirtet, durchstreifte er «mit einem Rucksack auf dem Rücken und einem Buch in der Hand Wälder und Gipfel»[209]. In Madrid traf er den aus Deutschland geflohenen Waffen-SS-Offizier Otto Skorzeny, einen der führenden Köpfe des weltweiten Neonationalsozialismus. Zwei Wochen nach dem Militärputsch am 11. September 1973 kehrte er nach Chile zurück und erreichte eine Audienz bei den vier Generälen der Militärjunta. Auf dem Tisch lag eine Pistole, nach Serranos Eindruck ein deutlicher Hinweis, dass er, der Zivilist, unter den Militärs nichts zu suchen habe. Serrano setzte den Generälen sein Verständnis von Weltpolitik auseinander, stieß aber auf taube Ohren. Er, der «Krieger» für eine höhere Sache, in deren Dienst er seine persönliche Existenz rückhaltlos stellte, konnte mit den Berufssoldaten und ihren trivialen politischen Ansprüchen wenig anfangen. Bis heute ist Serrano auf der Suche nach dem Gral, den er in den Anden vermutet. Bis vor kurzem trat er einmal im Jahr, am 5. September, dem Gedenktag des faschistischen Putschversuchs des Movimiento Nacional Socialista (MNS, dt.: Nationalsozialistische Bewegung) im Jahre 1938 an dem Platz auf, an dem damals 59 jugendliche Putschisten von der chilenischen Militärpolizei erschossen wurden, und verkündet, dass Hitler noch lebt[210]. Am Grab des nach Chile geflohenen und dort im Mai 1984 gestorbenen Judenmörders Walter Rauff entbot er den Hitlergruss. Von solchen sporadischen Auftritten abgesehen, wirkt er als Mittelpunkt geheimer Zirkel. Dieser eremitenhafte Lebenswandel macht ihn interessanter als alle lautstarken Propagandisten.

«...als der Meister mich zu sich rufen ließ und mir folgendes Geheimnis offenbarte: ‹ Hitler lebt. Er starb nicht in Berlin. Ich habe ihn unter der Erde gesehen. Er hat sich verändert – sein Schnurrbart ist jetzt lang. Wir haben uns Auge in Auge gegenübergestanden. Dann drehte sich Hitler um und entfernte sich schnell. Ich nannte ihn beim Namen, er aber verschwand im Halbdunkel nach unten... ›» (Serrano 1987, S. 37)

Serrano hat die Universalisierung der nationalsozialistischen Mythologie entscheidend weitergetrieben. Landig ist ein romanschreibender Möchtegernhistoriker, de Mahieu ein wissenschaftlich verbrämter Romancier, aber Serrano ist ein sendungsbewusster Draufgänger. Fast alle seine mythologischen Motive finden sich irgendwo in den Schriften Helena Blavatskys, Guido von Lists und Jörg Lanz von Liebenfels'. Serrano baut aus dieser Mythenhalde ein synkretistisches System, das er um die Psychologie C.G. Jungs erweitert und in dem die Zeit der Hitlerdiktatur, der Ahnenkult der SS, der Bruch von 1945 und die Neuorientierungen unbelehrbarer Nazis verarbeitet sind. Bei Serrano findet sich die Leugnung der Judenvernichtung ebenso wie der Glaube, dass Hitler 1945 fliehen konnte und – eine Besonderheit Serranos, die seinen langen Antarktisaufenthalt erklärt – irgendwo am Südpol im Kälteschlaf liegt, von dem er wieder auferstehen wird. All das schmilzt Serrano zusammen. Seine Pioniertat ist der entschlossene Griff nach dem Universum. Er ist Prophet ohne Wenn und Aber. De Mahieu projiziert seine Rassenlehre in die Vergangenheit, Landig dehnt die Hitlerzeit mit Hilfe seiner Ufos und anderem Gerät in die Jetzt-Zeit aus und Serrano kündet die Zukunft. Sein Universum dient dem Zweck, die Wiederkunft Hitlers hervorzubringen.

Der Preis, den Serrano für diese Systematisierung entrichtet, ist hoch. Was bei anderen Autoren fragwürdig, aber immerhin um rationale Stützen bemüht ist, wird bei Serrano zu Bestandteilen einer wahnhaften Totalität, die sich um Begründungen nicht schert, da jeder Versuch einer rationalen Annäherung das ganze System zum Einsturz bringt. Das Zusammenschweißen bloßliegender Einzelsektiererei zu einer geschlossenen Ersatzreligion erzwingt den Hermetismus, den Serrano lebt und lehrt. Je größer die innere Logik des Systems, desto weniger darf es sich äußeren Zweifeln aussetzen. Die Leser, die sich durch dieses Wahngebilde hindurchkämpfen, werden durch Serranos Mischung aus Rassismus und Pornografie für ihre Mühen entschädigt. Immer wieder werden die Runen und germanischen Sinnzeichen zu auf den Penis weisenden Pfeilen, wird der Südpol, weihevoller Ort der Auferstehung Hitlers, mit dem Genital gleichgesetzt, recken nackte Helden sich zum Licht oder es schreitet auf einem Foto in einer SS-Ordensburg ein nackter Offizier die Reihen seiner ebenfalls nackten Männer ab.

Abildung aus: Miguel Serrano, Hitlerismo Esoterico

Serranos Schriften erschienen in zehn Ländern und wurden in vier Sprachen übersetzt. Karlheinz Weißmann schrieb 1991, dass Serrano bisher «kaum Verbreitung gefunden habe»[211]. Bis heute sind seine Schriften in Deutschland nur in kleinen Zirkeln bekannt. Die meisten seiner späten Werke sind nicht ins Deutsche übersetzt und wohl nur um den Preis der Blamage in Europa publizierbar. Seine Mythologien sind eher indirekt, über die jeweiligen Jüngerkreise, in die braune Esoterik in Deutschland gelangt.

Serranos Bedeutung liegt darin, dass er, ähnlich wie Savitri Devi in Indien, die nationalsozialistische Mythologie universalisiert hat. Als die Thule-Mythologie in den späten achtziger Jahren nach Europa zurückkam, hatte sie allen deutschtümelnden Provinzialismus abgestreift. Deutschland, Hitler und die SS waren zu Symbolen eines Weltkampfes gegen die Juden geworden. Mit diesem entregionalisierten Dualismus war die nationalsozialistische Mythologie auch für weiße Nordamerikaner und nichtdeutsche Europäer akzeptabel. Wirkung erzielte sie erst etwa zehn Jahre später, als NS-Mythologie und Esoterik sich zu überlappen begannen.

Chiles extreme Rechte

Chile gilt der braunen Esoterik als ein Ort der Wiedergeburt des Nationalsozialismus. Nirgendwo sonst sind einheimischer Mystizismus und eine manifeste rechte Ideologie so eng miteinander verbunden. Historisch sind Nationalsozialismus und Faschismus in Chile auf eine organisierte und politisch artikulierte Resonanz gestoßen. In der Zeit des europäischen Faschismus und Nationalsozialismus gab es in Chile eine politisch bedeutsame nationalsozialistische Bewegung (MNS, Movimiento Nacionál Socialista) und eine aktive Landesgruppe der Auslandsorganisation der NSDAP. Die Pinochet-Diktatur, die sich 1973 an die Macht putschte, hat bestehende rechtsextreme Gruppierungen wie Patria y Liberdad (dt.: Vaterland und Freiheit) zu einer gefestigten gesellschaftlichen Strömung werden lassen. Der Neoliberalismus der Diktatur und der kontrollierte Übergang zur Demokratie ab 1990 haben die chilenische Rechte unter dauerndem Modernisierungsdruck gehalten.

Die NSDAP/AO (Nationalsozialistische Arbeiterpartei/Auslandsorganisation) war eine Untergliederung (Gau) der NSDAP, die vor allem die außerhalb des Reichsgebietes lebenden Deutschen und Deutschstämmigen organisierte. Die heutige NSDAP/AO in den USA hat damit nur den Namen gemeinsam.

Die weltweit bedeutendste Feier zu Hitlers 100. Geburtstag am 20. April 1989 fand auf einem Hügel in der Nähe der chilenischen Hauptstadt Santiago statt. Etwa hundert Hitleranhänger aus verschiedenen Ländern hörten Wagners Walkürenmarsch und riefen «Heil Hitler». Ein spanischer Delegierter sagte in seinem Grußwort, von Chile gehe die Überlebensstrategie der Hitlernachfolger aus[212]. Der Esoteriker und Hitlerbewunderer Miguel Serrano hielt die Festrede. Die heiligen Anden seien, so Serrano, die «Wirbelsäule des südlichsten Teils der Erde, des Südpols, der einmal der Nordpol» gewesen sei (eine Metapher dafür, dass der «Mitternachtsberg», der magische Ort der Arier, nach Süden versetzt wurde).

«Von hier aus beginnt die Rückkehr unseres Führers, Kameraden, von diesem magischen und mystischen Land, von diesem geheimnisvollen Gebiet, das Chile heißt.» (Miguel Serrano bei Hitlers hundertstem Geburtstag in Chile, mit einem verzückten Blick zum Himmel[213])

In Südchile sind die Deutschstämmigen eine kulturell bedeutende Minderheit. Dort gibt es Zirkel und Landgüter, in denen eine exotische Variante der Thule-Mythologie gepflegt wird[214]. Auch die Colonia Dignidad, auf die wir im Kapitel über Jan van Helsing zurückkommen werden, hängt einer gnostischen, mit esoterischen Elementen durchsetzten Religiosität an. Diese 1961 in Südchile gegründete deutsche Siedlung ist als Sektenlager bekannt geworden. Sie war und ist weit mehr als das. Die Colonia Dignidad war ein Vernichtungslager. Sie war der Ort, an dem die Abteilung des damaligen chilenischen Geheimdienstes DINA, die für die spurlose Ermordung politischer Gefangener zuständig war, die meisten Menschen «verschwinden» ließ. Die Colonia Dignidad war ein Arbeitslager für «verschwundene» politische Gefangene. Sie war die Folterschule der DINA. Sie war ein Zentrum der Auslandsspionage der DINA. Sie war einer von fünf geheimen chilenischen Militärstützpunkten, die nach dem chilenischen Militärputsch mit Hilfe des deutschen Obersts Hans-Ulrich Rudel eingerichtet worden waren, um einen militärischen Gegenschlag gegen Argentinien führen zu können. Rudel, ein aktiver Neonazi, den Hitler hoch geschätzt hat, war persönlich in der Colonia Dignidad. Damals wurde die Siedlung mit unterirdischen Bunkern, Kommandozentralen, einem umfassenden geheimen Warn- und Überwachungssystem und einem unterirdischen Flugplatz, wie zur Hitlerzeit in Peenemünde, ausgestattet. Das Stützpunktsystem gehörte zu einem «Projekt Andrea», in dessen Rahmen in großen Mengen Giftgas eingesetzt werden sollte. Die damalige Ehefrau eines beteiligten Agenten schrieb, das Gas sei zuerst an politischen Gefangenen ausprobiert worden. Offenbar war die Colonia Dignidad am

***Colonia Dignidad**: deutsches Landgut in Chile, das dem chilenischen Geheimdienst als Folter- und Vernichtungslager diente (s. Friedrich Paul Heller:* Colonia Dignidad: von der Psychosekte zum Folterlager. *Stuttgart, 1993)*

***Hans-Ulrich Rudel**: 1916-1982, Pilot im Zweiten Weltkrieg, von Hitler mit Orden überhäuft. Floh 1945 nach Argentinien, aktiver Neo-Nationalsozialist.*

Schmuggel von Komponenten für das Gas beteiligt. Die Colonia Dignidad war Anlaufstelle und Zufluchtort für NS-Verbrecher und rechte Terroristen. Sie war ein Schmuggelzentrum für Waffen und andere Güter. Sie war in Geldwäsche verwickelt. Die Colonia Dignidad war und ist eine Erpresserbande. Sie hat umfangreiche Geheimdienstinformationen, weiß von Schmuggel und anderen Machenschaften und erpresst mit Informationen über das Sexualleben von Menschen. Die Colonia Dignidad war ein politisches Scharnier zwischen der CSU, dem Freistaat Bayern, der Hanns-Seidel-Stiftung und der Pinochet-Diktatur. Die Colonia Dignidad ist derjenige Ort auf der Welt, wo am längsten und systematischsten Kinder (durch den Sektengründer Paul Schäfer) vergewaltigt wurden. Diese Mischung aus Verkörperung des Deutschtums, das in Chile in hohem Ansehen steht, aus sexueller und politischer Repression, aus Verbrechen und Sendungsbewusstsein hat die Siedlung lange Zeit zu einem politisch-kulturellen und organisatorischen Bezugspunkt der gesamten chilenischen Rechten werden lassen. Der Kitt, der dieses disparate Gebilde seit vierzig Jahren zusammenhält, ist eine gnostisch-dualistische Variante des Christentums mit antisemitischem Einschlag[215].

Das «Erste ideologische internationale Treffen zu Nationalität und Sozialismus» in Chile

Im April 2000 ging die Nachricht um die Welt, dass die chilenische Polizei das «Erste ideologische internationale Treffen zu Nationalität und Sozialismus» durch ein Verbot, die Verhinderung der Einreise ausländischer Delegierter und schließlich die Aushebung des Tagungsortes verhindert habe.

Aber so leicht ließen sich die chilenischen Nationalsozialisten nicht abwimmeln. Sie rechneten mit einer Polizeiaktion gegen das vom 17. bis 21. April, also zum ersten Geburtstag Hitlers im neuen Jahrtausend, geplante Treffen und organisierten parallel zum offiziellen ein klandestines. Dann lief alles wie am Schnürchen. Die ausländischen Delegierten waren schon eingereist, als die chilenischen Behörden begannen, die Grenzübergänge zu kontrollieren. In der Nacht des 16. April stoppten vier Polizeiautos den Organisator des Treffens, Alexis Lopez, auf einer Straße in Santiago. Die Polizisten sagten etwas von einer Routinekontrolle gegen das Drogenmilieu, nahmen die Personalien von Lopez und seinem Begleiter Jorge Gracia auf und sagten dann, dass gegen Lopez ein Haftbefehl wegen Scheckbetrugs bestehe. Er hatte an die zehn Schecks platzen lassen. Schon im Polizeiauto, verabschiedete sich Lopez von seinen Freunden mit den ausgestreckten Daumen, Zeigefinger und Mittelfinger, also dem Kühnengruss. Neun Tage später durfte Lopez das Gefängnis verlassen. Ein Gericht hatte den Haftbefehl vorläufig aufgehoben. Einer der drei Richter war übrigens Alfredo Pfeiffer, ehemals juristischer Berater der Colonia Dignidad, Sohn des gleichnamigen historischen chilenischen Naziführers und Bruder des zum Netzwerk des Treffens gehörenden Franz Pfeiffer. Kaum wieder draußen, begann Lopez Unterschriften für die Zulassung seiner Gruppierung als Partei bei den Parlamentswahlen 2001 zu sammeln.

Kühnengruß: von dem verstorbenen Neonazi Michael Kühnen aufgebrachte Grußgeste, die dem Hitlergruß ähnelt

Am 18. April entdeckte die Polizei den Tagungsort des Treffens, ein Ferienhaus in dem Ort Concón, fand dort aber nur Jorge Gracia, der an Lopez' Stelle getreten war, und zwei Ausländer vor. Die Führungsfigur verhaftet, das Treffen gesprengt – damit war die chilenische Regierung fein raus. Die Nazis auch. Sie setzten mit Keltenkreuzen, Schärpen und Armbinden ihr Treffen heimlich in Santiago fort. Deutsche Teilnehmer nahmen an einem parallelen Treffen in der südchilenischen Stadt Osorno teil. Schon ein Vorbereitungstreffen im April 1999 hatte offiziell in einem Hotel in Santiago und tatsächlich in der Kleinstadt Quinteros stattgefunden. Auch ein Ritus am 8. Januar 2000 um acht Uhr gehörte zu den Vorbereitungen (Datum und Uhrzeit ergeben 88).

Einer der Teilnehmer des April-Kongresses war Jaime Portugal Bustillo von der falangistischen Jugend Boliviens, die dem ehemaligen bolivianischen Militärdiktator und jetzigen Präsidenten des Landes, Hugo Banzer, nahesteht.

Die Teilnehmer des Treffens nahmen eine Resolution an, die auf einem von dem Argentinier Alejandro Biondini aus Argentinien übermittelten Redebeitrag beruhte. Biondini ist Präsident des Partido Nuevo Triunfo. Biondini verwaltet das Internet-Portal «Libertad de Opinion» (Meinungsfreiheit). Die Resolution wendet sich gegen

Treffen zu Nationalität und Sozialismus in Chile

An der Vorbereitung des April-Treffens 2000 waren weiterhin beteiligt:

- Partido Nuevo Triunfo (Partei des Neuen Sieges, Argentinien)
- Juventud Nacionalista y Socialista (Nationalistische und sozialistische Jugend, Argentinien)
- Frente Nacionalsocialista (Nationalsozialistische Front, Ecuador)
- Proyecto Colombia 88 (Projekt Kolumbien 88)
- Partido Nueva Sociedad Venezolana (Venezolanische Partei neue Gesellschaft)
- Movimiento Nueva Guardia Espanola (Bewegung spanische neue Garde)
- Frente Nacional Socialista (Nationalsozialistische Front, Peru)
- Movimiento Zapatista Chiapateco (Zapatistische Bewegung von Chiapas, Mexiko, nicht identisch mit dem zapatistischen Heer der nationalen Befreiung, EZLN)
- Movimiento Socialista Nacional (Sozialistische Nationale Bewegung, Paraguay)
- Movimiento Integralista Brasileno (fundamentalistische brasilianische Bewegung)

Von den deutschen Teilnehmern an dem Treffen sind weder Namen noch Organisationen bekannt. Nach Angaben des Wiener Innenministeriums haben sieben Österreicher an dem Treffen teilgenommen.[216]

Die meisten dieser Organisationen haben die nationalen Sektionen der World Union of National Socialists (WUNS) oder andere örtliche neonationalsozialistische oder falangistische Gruppen der fünfziger und sechziger Jahre beerbt (das Durchschnittsalter der Teilnehmer liegt nach eigenen Angaben bei 25 Jahren).

---

den «Mythos, dass Nationalismus unvereinbar sei mit der Notwendigkeit einer kontinentalen und globalen Integration», folgte also der Zielsetzung, die nationale Isolation der einzelnen Gruppen zu durchbrechen. Weiterhin empfiehlt die Resolution die Einrichtung eines «Kommunikationsnetzes zur gegenseitigen Koordination und Kooperation». Weiterhin soll in Chile die Zulassung eines Movimiento Socialista Nacional Patria-Nueva Sociedad (Soziale Nationalistische Bewegung Vaterland-Neue Gesellschaft) beantragt werden, was zu Deutsch auf «NS-Partei» herausläuft. Das Kürzel ist PNS, wobei das S eine Sigrune (SS-Rune) ist.

Die Organisationsweise der Kongressveranstalter deutet auf eine Strategie der Gewinnung kultureller Hegemonie in relevanten gesellschaftlichen Bereichen hin. Offenbar hat das Konzept der Metapolitik Modell gestanden. Die Aktivisten setzen auf Langzeitstrategie. Für sie ist der Kongress eine Institution mit zahlreichen Verzweigungen und ein Treffen wie das im April 2000 ein

Metapolitik s. S. 116

Kristallisationspunkt ihrer Daueraktivitäten. Die Organisation besteht aus Zellen und offenen Gruppen, die Sympathisanten auffangen sollen. Je höher die Hierarchieebene, desto ausgeprägter die Esoterik. Der Kongress hält Kontakt zu Nueva Akropolis (Neue Akropolis) und will in die katholische Kirche hineinwirken. Er hat Zellen in den Streitkräften und Kontakt zu den militärischen Geheimdiensten. In Kasernen werden Hakenkreuzfahnen gehisst und Treffen abgehalten. Die Mitglieder treffen sich in Karate-Clubs und organisieren Milizen mit paramilitärischer Ausbildung. Ingesamt sind es etwa 1.100 bis 1.300 Menschen, darunter alte Nazis, Soldaten, vor allem aber viele Jugendliche mit zeitgemäßen Interessen wie Ökologie. Sie verteilen Flugblätter, geben Broschüren heraus und halten Diskussionszirkel ab.

NS-Treffen in Chile April 2000

Ideologisch huldigen die Kongressleute einem positiv gewendeten Rassismus, wie ihn die europäische Neue Rechte vorformuliert hat: Die Verschiedenheit der Rassen wird ohne ausdrückliche Führungsrolle etwa der weißen Europäer, Arier o.ä. anerkannt, aber Rassenmischung wird abgelehnt. Sie leugnen Rassisten zu sein, da die bestehenden menschlichen Rassen alle wertvoll seien, denn sie seien Produkte einer «erfolgreichen Evolution», die allerdings jetzt Gefahr liefen, «in einem einzigen universalen planetarischen Modell» aufzugehen (Lopez).

Auch Antisemiten seien sie nicht, aber Lopez stellt klar, dass die Kampagne gegen das Treffen von Israel ausgegangen sei, das ein Interesse habe, sich als das große Opfer der Geschichte darzustellen, was sich, so Lopez, ja auch noch nach fünfzig Jahren bezahlt mache. «Wir sind grundsätzlich antijüdisch»[217], sagt Hugo Lara, Sprecher der Kongress-Vorbereitungsgruppe, und erläutert dies damit, sie seien deshalb auch antichristlich, da ja Christus Jude gewesen sei. Aus diesem Grunde seien sie heidnisch. Wie bei vielen anderen Autoren der Neuen Rechten schlüpft hier der Antisemitismus in das Gewand des traditionellen religiösen Antijudaismus. Durch solche neurechte Rhetorik schimmert deutlich der alte Antisemitismus hindurch. Lopez sagt es deutlicher, als ein europäischer Rechter es sagen dürfte: «Wir sind keine Nazis, wir sind erneuerte Nazis»[218]. Hitler ist ein historisches Durchgangsstadium, ein nicht konsensfähiger, aber überwundener Teil der eigenen Geschichte: Hitler bedeutet, so die Kongressleute, für den Nationalsozialismus soviel wie die Inquisition für den Katholizismus[219].

Der Kongress überwindet die Einzelnationalismen. Lateinamerika ist die Nation. Chile gilt als der Ort der Wiederbelebung des Hitlerismus. England ist eine Art Gegenpol zu Chile, verräterisch und prinzipienlos wie in der früheren deutschen Propaganda. Pinochets Verhaftung in London im Oktober 1998 hat dieses Vorurteil neu erwachen lassen. Die chilenischen Ureinwohner, die Mapuches, sind ein auserwähltes Volk und sollen sogar mit den antiken Griechen gemeinsame Wurzeln haben. Die Kongressvorbereiter wollten die Mapuches zur Mitarbeit gewinnen, aber die Mapuches haben sie rausgeschmissen. Die kommunistische Jugend wollte die Kongressleute bekämpfen, aber diese haben den Kampf gemieden. Sie halten das rechts-links-Schema für überholt. Der Kongress behandelt interessante Themen wie Drogen, Ökologie und den zu starken Einfluss der USA in Lateinamerika. Er polemisiert gegen Tomkins, einen jüdischen US-Amerikaner, der in Chile ein großes Waldgelände gekauft hat, um es unter Naturschutz zu stellen. Tomkins werfen sie vor, er baue ein zweites Israel. Diese gemeinsame Thematik überwölbt die organisatorischen Unterschiede der Beteiligten.

Das Treffen im April 2000 war Ausdruck eines erstarkten und modernisierten Nationalsozialismus vor allem in Lateinamerika. Es hat die gesellschaftlich gut verankerte extreme Rechte in Chile ein entscheidendes Stück weitergebracht. Wer den Staat so erfolgreich herausfordert und dabei gewinnt, kann auf öffentliche Aufmerksamkeit, die Überwindung der Fraktionierungen innerhalb der Rechten und bessere Zusammenarbeit mit Gleichgesinnten in anderen Ländern rechnen. Die extreme Rechte braucht symbolische Kristallisationspunkte. Das Treffen in Chile war einer.

Von der Fälscherwerkstatt zur Umdeutungsindustrie

Der Rechtsextremismus hat mit seiner Symbolik Raum und Zeit besetzt und sich seine eigene Sprache geschaffen. Nun fehlt noch seine eigene Geschichtsschreibung.

In den Jahren nach 1945 gab es fast keine Auschwitzleugnung. Keiner wollte «von all dem» etwas mitbekommen haben, aber wer die Fakten geleugnet hätte, hätte sich zum Narren gemacht. Dann gab es ein zwischen den Zähnen gezischtes «Ach, das stimmt doch alles gar nicht» ohne Begründung. Der systematische Revisionismus begann 1973 mit Thies Christophersens *Auschwitzlüge* und verbreitete sich in den Jahren darauf. Seine Konturen gewann er zum großen Teil außerhalb Deutschlands. Er blieb auf enge Zirkel beschränkt. Die Autoren und Titel waren dubios[220]. Thematisch kreiste dieser Revisionismus um die Auschwitzleugnung und die Frage der Schuld am Zweiten Weltkrieg.

Motto: «Hat die Partei erst einmal die Macht errungen, wird sie auch die jüngste Geschichte neu schreiben.» (Udo Voigt, Vorsitzender der NPD, zit. nach blick nach rechts, *23, 2000)*

Das änderte sich mit dem Historikerstreit, der mit einem Artikel des Historikers Ernst Nolte 1986 in der *FAZ* begann. Nolte relativierte die deutsche Schuld an der Judenvernichtung mit der These, der Archipel Gulag Stalins sei ursprünglicher als Auschwitz, der «Klassenmord» der Bolschewiki das Vorbild für den Rassenmord der Nazis an den Juden. Der Historikerstreit, auf dessen Gegenseite sich der Philosoph Jürgen Habermas profilierte, wog hin und her. Wer hat ihn gewonnen? Habermas und seine Mitstreiter hatten die besseren Argumente, Nolte und die Seinen die größere Langzeitwirkung. Die bloße Tatsache, dass es den Streit gegeben hatte, verschob die Koordinaten der öffentlichen Debatte. Das Schema ist immer das gleiche: Eine fast durchgängig akzeptierte Wahrheit wird in Frage gestellt, dann setzt die Debatte ein, und die bloße Tatsache, dass es sie gibt, muss dafür herhalten, dass es nun zwei Wahrheiten gibt. Was jemand nur mal so in die Diskussion geworfen hatte, verfestigt sich durch Rede und Gegenrede zu einer alles in allem diskutablen Position. Warum sonst gab es

«Revisionismus» bedeutet in der Geschichtswissenschaft die Veränderung eines Ansatzes. In der Politik steht das Wort für die Umdeutung von Theorien, z.B. für Umdeutungen des Marxismus. Im Rechtsextremismus bedeutet «Revisionismus» meist die Leugnung der Judenvernichtung.

die Debatte? Zu guter Letzt gibt sich der Revisionismus den Anschein des Heroischen. Er hat es geschafft, ein Meinungsmonopol zu durchbrechen.

Mit dem Historikerstreit gewann der Revisionismus deutlich an Einfluss. Unterhalb der Verbotsschwelle darf man nun vieles sagen, was früher verpönt war. Wie wir sehen werden, hat sich auch die Thematik des Revisionismus verbreitert. Personen, Organisationen und Themen, die kompromittiert waren, werden rehabilitiert. Leni Riefenstahl, die Waffen-SS und Episoden der deutschen Kriegsführung werden auch außerhalb des Rechtsextremismus hoffähig. Ein Mittel dazu sind Biografien von bekannten Nationalsozialisten, darunter auch Hitler.

Leni Riefenstahl, geb. 1902, Schauspielerin und Regisseurin, s.u.

Im heutigen Rechtsextremismus ist der Revisionismus politisches Programm: «Deshalb sollten deutsche Rechtsparteien auch programmatisch die Speerspitze des Revisionismus bilden»[221], schreibt *Nation & Europa.* Das Wort «Revisionismus» hat auch außerhalb des rechten Schrifttums nur noch die Bedeutung von «Auschwitzleugnung» und Umdeutung der Hitlerzeit.

All das geschah, unbemerkt von den intellektuellen Streitern, im trivialen Bereich.

«Doch kaum jemand kennt die wahren Beweggründe von damals. Man hört zwar überall von der ‹Arischen Herrenrassenlehre› und der ‹Judenvergasung›, doch nicht einmal ein Prozent weiß, wo diese ihren Ursprung hat. In den Schulbüchern bekommen die Kinder etwas von dem bösen Adolf Hitler erzählt, der anscheinend, unterstützt durch gezielte Propaganda und Massenhypnose, der allein Schuldige dieser Ereignisse war» (Jan van Helsing 1995a, S. 103).

Der Grabert-Verlag, dessen *Euro-Kurier* wir mehrfach zitiert haben, ist eine Zentrale der internationalen Fälscherwerkstatt. Bei Grabert erschienen *Der Auschwitz-Mythos* von Wilhelm Stäglich und *Der erzwungene Krieg: die Ursachen und Urheber des 2. Weltkriegs* des US-Autors David L. Hoggan. Dieses Buch, das laut Verlagsprospekt «Geschichte gemacht» hat, «wimmelt von Falschdarstellungen», so die Historikerin Deborah Lipstadt[223]. Es gehört zu den Pioniertaten der Relativierung der deutschen Kriegsschuld. Ein ähnlicher Titel ist Léon Degrelles *Hitler; geboren in Versailles.* Degrelle, ein belgischer General der Waffen-SS und im spanischen Exil Kopf des Neonationalsozialismus nach 1945, schiebt hier den Siegermächten des Ersten Weltkrieges die Schuld an den deutschen Verbrechen in die Schuhe.

Mit dem 1994 unter dem Pseudonym «Ernst Gauss» herausgegebenen Buch *Grundlagen zur Zeitgeschichte* erhielt der Revisionismus seine eigene Enzyklopädie. «Gauss» ist Germar Rudolf, ein Chemiker und autodidaktischer Historiker. Das Buch fasst die wichtigsten Argumentationsstränge der Auschwitzleugnung zusammen, ohne freilich irgend etwas Neues zu bringen. Mehr als 2000 Exemplare dieses Buches wurden im März 1995 vom baden-württembergischen Landeskriminalamt wegen Volksverhetzung und Beleidigung Verstorbener beschlagnahmt. Rudolf war einige Zeit Mitglied der Jungen Union (CDU) gewesen und dann zum Republikanischen Hochschulverband übergewechselt. Zeitweilig war er Redaktionsmitglied der *Jungen Freiheit*. Rudolf hatte für einen Prozess gegen den Auschwitzleugner Otto Ernst Remer chemische Expertisen angefertigt, aus denen hervorgehen sollte, dass in den Gaskammern von Auschwitz kein systematischer Judenmord stattgefunden habe. Graberts *Euro-Kurier* jammert, es handele sich um ein «sauber recherchiertes, streng wissenschaftliches Buch» und bat um Spenden für ein Gutachten, das dies belegen sollte, denn, so Grabert: «Der Revisionismus steht auf dem Spiel»[224].

Die Umdeutung einer historischen Epoche ist dann vollständig, wenn ein revisionistisches Lexikon dieser Epoche erstellt werden kann. Für die Hitlerzeit gibt es dieses Lexikon. Es ist das im Grabert-Verlag erschienene *Volkslexikon Drittes Reich* von Ludwig Peters. Mit diesem Lexikon, das bereits in 3. Auflage erscheint, hat der Verlag sein Programm enzyklopädisch abgerundet. Es gibt keine Episode oder Figur der Hitlerzeit, die hier nicht auf über 900 Seiten ihre Deutung oder Umdeutung erhielte. Ermutigt durch den Historikerstreit, der auf dem Gebiet der Historisierung des Dritten Reiches eine «längst überfällige Entwicklung in Gang gesetzt» habe, haben Verlag und Autor in diesem Lexikon «jene 12 Jahre» (Vorwort) umgeschrieben. Ausführlich werden einzelne militärische Persönlichkeiten und Operationen behandelt, dazu NS-Filme und untergegangene Schiffe, Dienstgrade und Abkürzungen, Aufmarschstellungen und Landser-Jargon. Unter dem Stichwort «Auschwitz», das nur wenig länger ausfällt als die benachbarten «Ausbürgerung» und «Auslandsdeutsche», ist völlig irreführend von 12.000 Bewachern (!) und 74.000 Häftlingen die Rede (s. Marginalienspalte), die dort zu Tode kamen, und nicht einmal alles Juden. Die Absicht ist klar: Die Zahl ermordeter Juden soll heruntergerechnet werden. Werke wie dieses Lexikon verbreitern die «revisionistische» Thematik derart, dass die Fälscherwerkstatt zur Umdeutungsindustrie geworden ist.

In einem «Hunderttageprogramm» einer zukünftigen deutschen «nationalen Notstandsregierung» fordern Horst Mahler, Reinhold Oberlercher und Uwe Meenen unter Punkt J, 19: «Revision des Geschichtsbildes zu Gunsten Deutschlands und weltweite Durchsetzung mittels auswärtiger Kulturpolitik.»[222]

Weitere Titel, die enzyklopädische Absichten hegen: Caspar von Schrenck-Notzing (Hrsg): Lexikon des Konservatismus
Karlheinz Weißmann: Alles, was recht(s) ist: Ideen, Köpfe und Perspektiven der politischen Rechten

«Daß diese Zahlen [der Auschwitz-Toten] fraglich sind, ergab sich [...] 1990. [...] So erhielt das Internationale Rote Kreuz die erhalten gebliebene Todesliste des Lagers Auschwitz, die rund 86.000 Personen aufweist, wobei aber nicht alle Personen jüdischer Herkunft waren.»
(Ludwig Peters: Volkslexikon Drittes Reich, *Artikel Auschwitz)*

Wir verdanken Wilfred von Oven, der ab 1978 «Hauptschriftleiter» der bei Grabert erscheinenden Reihe *Deutschland in Geschichte und Gegenwart* war, eine ungeschminkte Formulierung der «revisionistischen» Publikationsstrategie. Von Oven, ehemals persönlicher Pressereferent von Propagandaminister Goebbels, war nach 1945 nach Argentinien geflohen und schrieb dort unter anderem für den *Spiegel* und in den neunziger Jahren des 20. Jahrhunderts für die rechtsextreme *Nation*. Von Oven gehört zu denjenigen, die früh erkannten, dass ein schlichter Rückgriff auf den Nationalsozialismus in die politische Sackgasse führt. In der von ihm geleiteten deutschsprachigen Zeitung *La Plata Ruf* finden wir eine Formulierung von seltener Klarheit: «Wir müssen unsere Aussagen so gestalten, daß sie nicht mehr ins Klischee des ‹Ewig-Gestrigen› passen. Eine Werbeagentur muß sich auch nach dem Geschmack des Publikums richten und nicht nach dem eigenen. Und wenn Kariert Mode ist, darf man kein Produkt mit Pünktchen anpreisen. Der Sinn unserer Aussage muß freilich der gleiche bleiben. Hier sind Zugeständnisse an die Mode zwecklos. In der Fremdarbeiter-Frage etwa erntet man mit der Argumentation ‹Die sollen doch heimgehen› nur verständnisloses Grinsen. Aber welcher Linke würde nicht zustimmen, wenn man fordert: ‹Dem Großkapital muß verboten werden, nur um des Profits willen ganze Völkerscharen in Europa zu verschieben. Der Mensch soll nicht zur Arbeit, sondern die Arbeit zum Menschen gebracht werden.› Der Sinn bleibt der gleiche: Fremdarbeiter raus! Die Reaktion der Zuhörer wird aber grundverschieden sein.»[225]

Leseproben aus der Fälscherwerkstatt

Nach dem Zweiten Weltkrieg haben prominente Nationalsozialisten und Hitler-Generäle, aber auch kleine Spitzel und Mittäter ihre Erinnerungen geschrieben und dabei sorgfältig die Klippen umschifft, die sie in Verbindung mit Verbrechen gegen die Menschlichkeit oder mit subversiven Tätigkeiten nach 1945 hätten bringen können. In drei Fällen konnten wir ohne besondere Mühe handfeste Fälschungen beweisen.

Wilhelm Höttl und Friedrich Schwend

Wilhelm Höttls Lebenserinnerungen sind ein Musterstück der Fälscherwerkstatt, und in diesem Fall tatsächlich mit einer Geldfälscheraktion verknüpft. 1943 wurde Höttl stellvertretender Leiter des Amtes IV des Reichssicherheitshauptamtes (RSHA) in Berlin, also der obersten Behörde der SS. Er war für die Spionage der SS verantwortlich. Im März 1944, also zu Beginn der «Endlösung» in Ungarn, verlegte er gleichzeitig mit Eichmann seinen Amtssitz nach Budapest, wo die Deportation der ungarischen Juden anlief. 1944 wurde er SS-Sturmbannführer. Im März 1948 knüpfte er Kontakte mit dem CIC an, für den er bald arbeitete[226]. In den Geheimdienstakten des CIC wird er als «angeblich sowjetischer Agent» und «notorischer Verkäufer von Geheimdienstinformation» geführt[227]. 1953 wurde er in Wien vom amerikanischen Militär im Zusammenhang mit Spionage für die Kommunisten verhaftet. Höttl arbeitete für fünf weitere Länder und den Vatikan (FR 30. 4. 01).

CIC (Counter Intelligence Corps), die Vorgängerorganisation des CIA

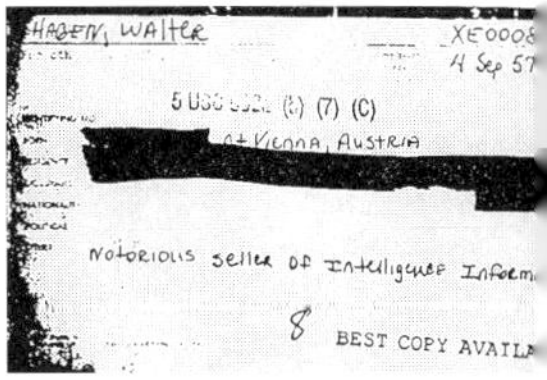

Höttl/Hagens Karteikarte beim CIC

Höttl veröffentlichte 1955 unter dem Pseudonym Walter Hagen das Buch *Unternehmen Bernhard: ein historischer Tatsachenbericht über die größte Geldfälscheraktion aller Zeiten.* Es handelt sich um die Herstellung gefälschter britischer und US-amerikanischer Banknoten im KZ Sachsenhausen und Transaktionen der SS, durch die Kunstschätze und Immobilien meist jüdischer Besitzer in den Besitz der SS gebracht wurden. Höttls Partner bei dieser Aktion war Friedrich Schwend (Pseudonym «Wendig»), der 1945 mit Hilfe der katholischen Kirche nach Lima/Peru floh. Höttl unterschlägt in seinem Buch die Tatsache, dass KZ-Häftlinge die Geldnoten fälschen mussten und später ermordet wurden[228]. Diese Unterschlagung überrascht nicht; fast alle Nationalsozialisten haben ihre Lebenserinnerungen so gründlich frisiert und retuschiert, dass die gesamte Literaturgattung mit größter Vorsicht gelesen werden muss. Ungewöhnlich ist, dass im Falle Höttls der Fälschungsvorgang dokumentiert ist (s. Kasten nächste Seite). Höttl hält die Revision seines Lebensberichts mit steigender Abgeklärtheit bis zu seinem 1998 im Verlag Siegfried Bublies (Koblenz, mittlerweile Schnellbach) erschienenen *Einsatz für das Reich* durch. Er starb 1999.

Höttl schrieb konspirativ an Schwend in Lima, um Material für sein Buch zu bekommen. Schwend war ein Lump, der alle außer seinem Geschäftspartner Klaus Barbie in La Paz übers Ohr haute. Schwend schreibt über Höttl in einem Brief: «Über den Charakterlosen Höttl kann ich nur den Kopf schütteln» und nennt ihn und seine Freunde «Schweinevolk». Aber jetzt wollte Höttl was von Schwend, und der versprach sich einen Gewinn. Schwend gab Tipps: «Erzähle nicht viel von SS, sondern lieber OKW [Oberkommando der Wehrmacht, das als Träger des Unternehmens vorgeschoben werden soll] klingt auch nicht schlecht» (Schwend am 16.6.1955).

Höttl entwickelt Schwend seinen Buchplan: «Ausgangspunkt müssen natürlich Bernhardgeschichten [d.h. Unternehmen Bernhard] sein, die Gaunereien werden nur eingeflochten, sodaß dieses Kapitel etwa so herauskommt – das waren die schwarzen Schafe von Bernhard» (6.6.1955).

Die Gaunereien waren nicht die Arbeiten im KZ, sondern die Umtauschaktionen des Falschgeldes. Höttl bietet Schwend Diskretion an: «Selbstverständlich wird der Bericht so abgefaßt, daß niemals zu vermuten ist, daß auch du zu den Informanten gehörst» (22.5.1955).

Die Herren einigen sich auf die Version, dass Wendig (Schwend) einfach verschwunden ist (1.5.1955, s.a. 19.6.1955).

Am 11.4.1954 bittet Höttl Schwend um Textvorlage, «wobei ein wenig Erfindung nicht schaden kann». Höttl bittet Schwend darum, die Fakten zum Kapitel über diesen beizusteuern, wobei er ihn der Konspiration wegen in der dritten Person mit seinem Pseudonym «Wendig» bezeichnet: «Dann kommt eben das Kapitel, das Dich am meisten interessiert, natürlich auch die Unzulänglichkeit des Verkaufsapparats [d.h. des Verkaufs von Wertgütern, die geplündert oder von Juden erpresst wurden] bis zur Einschaltung von Wendig. Über diesen bringe ich eine ganze Menge persönliche Details, wobei es mir natürlich sehr angenehm wäre, wenn Du auch noch von Dir etwas dazu sagen würdest. Daß dieser Wendig in dem Buch natürlich ganz groß heraussteigt und gewissermaßen zu einer Schlüsselfigur in der deutschen Kriegsführung wird, versteht sich von selbst [...] Wesentlich ist nur, daß die Konzeption Bernhard als solche, Wendig und seine Mitarbeiter gut heraussteigen. Wenn Du also auf diesem Sektor etwas bieten kannst, so wäre ich Dir ganz besonders dankbar [...] Möchte ich über Wendig möglichst viel Personalia bringen. Abstammung, frühere Tätigkeit etc. Natürlich entsprechend aufgemacht. Kannst Du mir da noch etwas schicken?» (25.4.1954).

Am Ende des Schwend-Kapitels spricht Höttl den in Italien wegen Mordes verurteilten Schwend von aller Schuld frei. Die Quelle ist Schwend selbst. Noch 1997 schildert Höttl «Freund Schwend» als loyalen, aber unschuldigen Soldaten[229].

(Quelle: Schwend-Archiv, Akte Lose Blätter I,1 und 2. Dieses Archiv befindet sich im Hamburger Institut für Sozialforschung. Wir zitieren ohne Korrektur der grammatischen und stilistischen Fehler aus dieser Akte nach den Daten der Briefe.)

Giselher Wirsing

Giselher Wirsing war während der Weimarer Republik ein bekannter deutscher Journalist, der zum Kreis um die Zeitschrift *Die Tat* und zu den Gefolgsleuten der Brüder Strasser gehörte. Nach der von neurechtem Interesse geleiteten Interpretation Armin Mohlers gehörte er zur «Konservativen Revolution». Berühmt wurde Wirsing durch sein Buch *Der maßlose Kontinent*, das er nach einem Besuch 1938 in den USA veröffentlichte. *Der maßlose Kontinent* ist «ein Sprungquell antiamerikanischer Propaganda in Deutschland», wie es 1945 in seiner US-Geheimdienstakte (s. a. S. 104) heißt. Horst Mahler schreibt in seiner *Ausrufung des Aufstandes der Anständigen*: «Wir haben mit großen Anstrengungen in Erfahrung gebracht, daß die beiden Weltkriege gegen das Deutsche Reich unter maßgeblicher Beteiligung jüdischer Bankiers und jüdischer Medien organisiert wurden.» Das Reich habe «dem erwachenden Weltmachtstreben der US-Ostküste im Wege» gestanden. Als einen der Beweise, die er mit so viel Mühe besorgt hat, führt Mahler Wirsings *Maßlosen Kontinent* an.

Strasser, Gregor und Otto, frühe Mitglieder der NSDAP. Gregor Strasser wurde 1934 während des Massakers der SS an führenden SA-Leuten («Röhm-Putsch») ermordet.

Nach 1933 machte Wirsing eine zweite deutsche Karriere. Im Auftrag Himmlers wurde Wirsing 1933 einer der Chefs der Münchner *Neuesten Nachrichten*, dessen Auslandskorrespondenten für Agententätigkeiten eingespannt wurden. Wirsing wurde 1938 auf eine Empfehlung Heydrichs SS-Hauptsturmführer und 1940 SS-Sturmbannführer. Er beriet Walter Schellenberg vom RSHA während des deutschen Kriegezuges gegen Frankreich. 1943 war Wirsing Propagandaoffizier in Russland. Er war dem Oberkommando der Wehrmacht zugeordnet und arbeitete für die Propagandazeitschrift *Das Signal*. Nach der Verhaftung des Chefs der Abwehr (Nachrichtendienst der Wehrmacht), Wilhelm Canaris, der am Hitler-Attentat vom 20. Juli 1944 beteiligt gewesen war, wurde Schellenberg Leiter des für Auslandsspionage zuständigen Amtes VI des RSHA und damit der oberste deutsche Spionagechef.

Wirsing beriet Schellenberg und Ernst Kaltenbrunner, den Chef des RSHA. Er schrieb Zusammenfassungen der im RSHA eingehenden Spionageberichte, die er «Egmont-Berichte» nannte. Wirsing war also ein wichtiger, wenn auch kein hoher Funktionär des Hitlerstaates.

Die Geschichte der Egmont-Berichte

Im September 1944 bestellte Schellenberg Wirsing in sein Büro und besprach mit ihm, wie die völlige Niederlage Deutschlands abzuwenden sei. In dem Gespräch waren beide sich einig, dass der Krieg für Deutschland nicht mehr zu gewinnen sei. Nach dem gescheiterten Attentat auf Hitler sei, so Schellenberg, nur noch die SS handlungsfähig.

Die klassischen Lösungen Attentat oder Militärputsch standen nach dem 20. Juli 1944 nicht mehr zu Gebote, und Schellenberg suchte nach einer Alternative. Hierzu brauchte er einen politischen Kopf mit internationalen Kenntnissen. Wirsing erklärte sich bereit, als «ehrenamtlicher Mitarbeiter» des RSHA alle drei Wochen einen Bericht zu liefern. Diese Berichte sollten die Lageberichte des Spionagenetzes, die im Amt VI des RSHA einliefen, zusammenfassen und lesbare Vorlagen daraus machen. Die Zentralauswertungsstelle versorgte Wirsing täglich mit Lageberichten des RSHA-Spionagenetzes, wobei Wirsing die Identität der Quellen nicht erfuhr.

«Each Egmont report carried certain recommendations designed to create a sound basis on which negotiations with the Allies could be launched, foremost among which were a solution of the Jewish question and the Church question.» Wirsing schrieb die Berichte von je 14-16 Seiten in seiner Wohnung, von wo sie ein Kurier ins RSHA brachte. Die Berichte gingen an fünf Personen, darunter Otto Hermann Fegelein, Himmlers Verbindungsmann zum Führerhauptquartier und Schwager der Geliebten Hitlers, Eva Braun. Fegelein sollte die Berichte Hitler geben. Wirsing lieferte vom Oktober 1944 bis zum März 1945 insgesamt 13 Egmont-Berichte.

(FOIA-Dokumente zu Wirsing)

Der Bericht des US-Geheimdienstes CIC kommt zu dem Ergebnis: «Wirsing must be considered an intellectual war criminal of the highest order».

Nach der deutschen Niederlage war Wirsing Kriegsgefangener. Der US-Geheimdienst verhörte ihn und ließ ihn die Egmont-Berichte aus dem Gedächtnis auf Deutsch niederschreiben (s. Kasten).

Die Egmont-Berichte, wie Wirsing sie rekonstruierte, enthalten den Vorschlag, jüdische KZ-Häftlinge in die Schweiz freizulassen, wobei die Gegenleistung offenbar in einem Separatfrieden mit den Westalliierten bestehen sollte. Wirsing zitiert in seinem Bericht eine Reportage des US-Reporters Edgar Snow über die Judenvernichtungen im KZ Majdanek, die «zu realistisch und zu substanziell» seien, um als bloße Propaganda abgetan zu werden. Wirsing sprach Schellenberg auf Snows Reportage an, und Schellenberg soll geantwortet haben, «dass er nichts derartiges wisse», sprach aber von drei Millionen gefangener Juden. In den US-Dokumenten heißt es weiter: «In Übereinstimmung mit den Empfehlungen der Egmont-Berichte legte Schellenberg Himmler nahe, 60.000 der in den KZ befindlichen 300.000 Juden in die Schweiz zu transportieren.» Schellenberg war sich bewusst, dass andernfalls alle Juden in KZ-Haft umgebracht werden würden. An keiner Stelle der Dokumente findet sich ein Hinweis, dass es Schellenberg und Wirsing hauptsächlich um die Rettung der Juden gegangen ist; das knauserig abgezwackte Fünftel der damals noch lebenden Juden war bloßes Tauschobjekt, um Deutschland zu retten. Die Freilassung der Juden hatte kaum begonnen, als Hitlers Veto die Aktion abrupt beendete. Wie wir sehen werden, wollte sich Wirsing während seiner dritten, bundesrepublikanischen Karriere nicht mehr an das erinnern, was er über die KZs wusste.

Die Revision der eigenen Biografie, die dem systematischen Revisionismus vorausgeht, gibt den Blick auf das Psychogramm eines Opportunisten frei. Im April 1946 schrieb Wirsing – immer noch als Kriegsgefangener – nach einem Verhör in deutsch und englisch ein Exposé für ein Buch *Über das Dämonische*. Der «Hitlerismus» war, so das Exposé, wegen der Technik so schrecklich. Wirsing parallelisiert dann Auschwitz mit der Atombombe, ein Argument, das nach Kriegsende rasch zur Hand war, um die deutschen Verbrechen zu relativieren, und das seither in den Kanon der rechten Geschichtsklitterung eingegangen ist. Die Technik, so Wirsing, kann «durch seelische Kräfte allein» überwunden werden. Wirsing schrieb für den ihn verhörenden Offizier eine Zusammenfassung des Exposés in englischer Sprache, die teilweise schärfer formuliert und inhaltlich über die deutsche Fassung hinausgeht. Sie schließt mit dem biblischen Gleichnis vom verlorenen Sohn. Wirsing beendet diesen Text mit dem Bekenntnis: «There can be no flight. We have to come back to the father.»

Aus diesem Exposé wurde ein längerer Abschnitt in Wirsings 1951 erschienenem Buch *Schritt aus dem Nichts*. Von Hitler und Auschwitz ist hier nur noch beiläufig die Rede. Die bußfertigen christlichen Passagen sind weggefallen. Die These von Hitler als Dämon wird abgemildert und ins Literarisch-künstlerische gewendet. 1945 konzipierte Wirsing einen grundsätzlichen, in seinen Worten «seelischen» Neuanfang. 1951 will er davon so wenig wissen, dass er sein eigenes Argument auf den Kopf stellt. Hatte er im Exposé geschrieben, dass die «Drohung der Technik» nur durch «seelische Kräfte» überwunden werden könne, so heißt es in dem Buch an der analogen Stelle: «Abwehrkräfte aber wachsen vor allem aus den Bereichen, die dem Organischen zugeordnet sind» und: «Die Heilmittel liegen niemals in der einfachen Umkehr»[230] – Platitüden der Adenauerzeit statt der Ehrlichkeit, mit der der kriegsgefangene Wirsing sich mit der deutschen Niederlage auseinandergesetzt hatte.

Der Unterschied zwischen Wirsings Exposé und seiner Ausführung ist aufschlussreich. Wirsing konnte nicht wissen, dass sein Exposé je bekannt werden würde, und er hat es mit der Bemerkung versehen, es solle nicht verbreitet werden. Er muss gedacht haben, dass nur ein einziger Mensch, eben der britische Offizier, es lesen würde. Alle Selbstzensur und Anpassung war in sein eigenes Ermessen gestellt. Deshalb echot in dem Text der «Zusammenbruch» von 1945 nach, der immer auch ein Zusammenbruch der einzelnen Täter war. Wirsings Exposé ist der ehrlichere Subtext der veröffentlichten opportunistischen Glättungen, mit denen der Autor seine dritte deutsche Journalistenkarriere begann. Er hatte sich wieder im Griff! Nach dem Krieg hat er für die *Welt* und den *Sender Freies Berlin* gearbeitet, wo er wegen früherer antisemitischer Artikel rausflog. Daraufhin gründete er mit Anderen die konservativ-evangelische Zeitung *Christ und Welt*, später: *Deutsche Zeitung – Christ und Welt*, und wurde ein geschätzter Buch- und Zeitungsautor. Als nach dem Krieg bekannt wurde, dass Wirsing 1937 gleichzeitig mit Adolf Eichmann – beide im Auftrag des SD der SS – in Palästina war, stand in *Christ und Welt*: «[Wirsing] erfuhr über diese Person und ihre verhängnisvolle Tätigkeit, wie die überwältigende Mehrheit aller Deutschen, erst in den letzten Jahren jene entsetzlichen Dinge»[231]. Eine glatte Lüge!

Artur Axmann

Artur Axmanns Memoiren *Das kann doch nicht das Ende sein*, die 1995 in zweiter Auflage im Bublies-Verlag erschienen, sind ein Spätprodukt der Geschichtsklitterung. Axmann war Reichsjugendführer und einer der Letzten, die Hitler lebend gesehen haben. Der *Eurokurier* schreibt in einer Ankündigung des Buches, dass der Autor «die Mär von der Untergrundbewegung der Hitler-Jugend nach dem Zusammenbruch»[232] widerlegt. Axmann widmet dem kaum erforschten nationalsozialistischen Untergrund nach Kriegsende, der immer wieder mit seinem Namen in Zusammenhang gebracht wird, nur einige Zeilen seines dickleibigen Buches. «In Wirklichkeit gab es überhaupt keine Untergrundbewegung», schreibt er[233].

Artur Axmann: 1913-1996, gehörte zur Reichsleitung der NSDAP, wo er für die Jugendarbeit (Hitlerjugend u.a.) zuständig war.

Dann aber schildert Axmann eine Episode, die sich bis ins Detail mit Dokumenten des US-amerikanischen Geheimdienstes CIC deckt, die er aber an keiner Stelle mit der «Untergrundbewegung» in Verbindung bringt. Dokumente des CIC zur Operation Gopher, die über die Freedom of Information Act freigegeben wurden und im Hamburger Institut für Sozialforschung liegen, beweisen, dass Axmann ein konspiratives Treffen schildert, an dem er teilgenommen hat. Axmann schildert ein scheinbar unverfängliches Treffen in der Ansbacher Hütte bei Bad Tölz. Tatsächlich war es, wie der US-Geheimdienst CIC beobachtete, eine Konferenz, bei der ehemalige SS-Leute und HJ-Funktionäre Widerstandsaktionen gegen die Besatzungsmächte besprachen. Derartige Retuschen sind die Regel, aber sie sind selten so spät und für die Zeit nach der deutschen Niederlage vorgenommen worden. Axmann, der 1996 in Berlin starb, hat seine Biografie auf sozial fortschrittlich und ökologisch engagiert getrimmt und eine beschönigende Lesart der Hitlerjugend geliefert.

Die Operation Gopher des US-Geheimdienstes CIC spionierte nach 1945 den NS-Untergrund in den westlichen Besatzungszonen Deutschlands aus. (s. Heller/Maegerle 1998, 83 ff.)

Heute beschleunigt das Internet solchen Privat-Revisionismus. Zwischen Tat und Memoiren liegen keine Lebensabschnitte. Internettexte lassen sich, wenn es opportun ist, von einem auf den anderen Tag ändern, und fast nie bleibt eine Spur zurück. Jan van Helsing ist, wie wir sehen werden, ein Beispiel dafür.

Wunderwaffen und Hakenkreuz-Ufos

Wer einmal die Fakten hinter sich gelassen hat, dem eröffnet sich das Reich der Möglichkeiten. «1945» hätte auch eine andere Bedeutung haben können! *Wenn sie den Krieg gewonnen hätten* in Ralph Giordanos Buchtitel ist eine nachträgliche Warnung. Die heute sich ausbreitenden Fantasien über Hitlers «Wunderwaffen» stehen für Wunschträume. Sie spielen mit der Möglichkeit, dass der Zweite Weltkrieg auch anders hätte ausgehen können. Die retrospektive Hoffnung auf ein Wunder relativiert die deutsche Niederlage. Als sie sich abzeichnete, hatten deutsche Techniker mit neuen Waffentypen experimentiert. Nur wenige kamen in großem Umfang zum Einsatz. Die nationalsozialistische Propaganda kündigte immer wieder eine Wunderwaffe an, um die kriegsmüden Deutschen bei der Stange zu halten. Das Echo auf diese Propaganda ist noch nach mehr als einem halben Jahrhundert zu hören.

Irvings Buch erschien im Arndt-Verlag (Kiel). Zum Arndt-Verlag hält der schleswig-holsteinische Verfassungsschutzbericht 1999 fest: «In einer Gesamtbewertung des rechtsextremistischen Verlagswesens kann der Verlag des Dietmar Munier mit den ihm angeschlossenen Zweigniederlassungen als der zurzeit bedeutendste rechtsextremistische Verlag in Schleswig-Holstein und einer der bekanntesten im Bundesgebiet angesehen werden» (Verfassungsschutzbericht Schleswig-Holstein 1999, S. 24). Als Rechtsberater steht dem Verlag u.a. Horst Mahler zur Seite.

Am halbwegs seriösen Rand des Literaturspektrums steht David Irvings *Die Geheimwaffen des deutschen Reiches*, ein Buch, das 2001 neu aufgelegt wurde. Der Auschwitzleugner und international führende Revisionist Irving beschreibt in diesem Buch, das romanhaft geschrieben ist und, anders als seine früheren, fast ohne Quellenhinweise auskommt, die V-Waffen («Vergeltungswaffen»), Raketen, die vor allem London beschossen. Ohne selbst Position zu beziehen, variiert Irving Wilhelm Landigs Rede, dass «nur noch ein paar Monate gefehlt» hätten (bis die allmächtigen reichsdeutschen Flugscheiben fertig gewesen wären). Die deutsche Raketen- und Flugbombenproduktion hat in Irvings Buch mal ein paar Wochen, mal ein halbes Jahr verloren, dann wieder eineinhalb Jahre gespart, die Raketen stehen «jeden Augenblick» vor dem Abschuss, und am Schluss geht es um Stunden[234]. Gleich zweimal zitiert Irving eine Rede Hitlers, in der dieser verspricht, die Waffen nicht (wie 1918) Viertel vor zwölf, sondern erst fünf nach zwölf zu strecken[235]. Die Unterkünfte der Häftlinge in Peenemünde nennt er «Zwangsarbeiterlager»[236], in den Originaldokumenten der Hitlerzeit hießen sie «Konzentrationslager»[237].

Irving, kein studierter Historiker, hat vor Jahrzehnten eine Reihe gut recherchierter Bücher geschrieben, die auch von seriösen Historikern zitiert werden (etwa von Ian Kershaw). Verglichen mit anderen Arbeiten Irvings ist *Die Geheimwaffen des deutschen Reiches* mit einem Kitzel gewürzt. Wenn Auschwitz nicht war, dann ist die Versuchung, dass auch 1945 nicht war, unüberwindlich. An der deutschen Niederlage von 1945 können selbst Auschwitzleugner nicht zweifeln. Aber im Reich der Möglichkeiten nehmen sie den Kriegsausgang wie einen verpassten Sieg in einem Pferderennen wahr. Irvings These ist, dass Deutschland das Sensationelle (die «Wunderwaffen») dem Strategischen vorgezogen habe, und sein letzter Satz lautet: «Das hat dieses [sic!] Land den Sieg gekostet»[238].

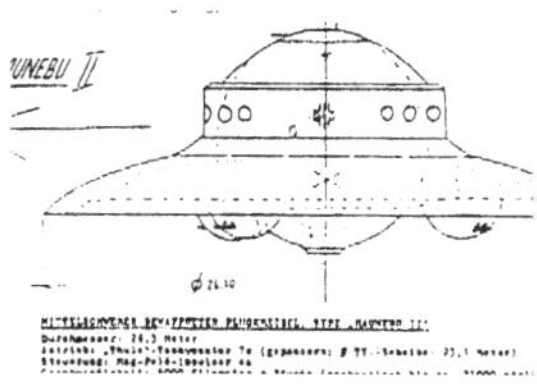

«Risszeichnung» der angeblichen SS-Flugmaschine Haunebu II, als Vorlage diente offensichtlich ein henkelloser Wasserkessel.

Michael Derrichs Buch *Geheimwaffen des Dritten Reiches* behandelt das ganze Sammelsurium, mit dem die deutsche Rüstungsindustrie das Kriegsglück wenden wollte. Dennoch distanziert sich der Autor von «Sektenjüngern» und «Mülltonnenufologen» vom Schlage Helsings[239]. Auch die *Deutsche Militärzeitschrift*, nach eigenem Verständnis «eine Soldatenzeitung für ehemalige Kriegsteilnehmer, aktive Soldaten, Reservisten und Vertriebene», in der die «Erlebnisgeneration» zu Wort kommt[240], berichtet über *Fliegende Untertassen? Sensationelle Entwicklungen bis 1945*[241]. Der Artikel verfällt nicht ins Esoterische, aber er spekuliert auf ein Leserinteresse, das jenseits der Rationalität liegt.

«Foto» des angeblichen SS-UFOs Vril mit der Anmutung von Omas Wohnzimmerlampe, die von der Decke stürzt.

Die «reichsdeutschen UFOs» fliegen durchs Internet, werden von Videos auf den Bildschirm gezaubert[242] und geistern durch die Trivialliteratur. Auch in diesem Fall verstärken sich herbeifantasierte Belege gegenseitig. Sie schaffen das Faktum einer UFO-Debatte, die es – so der Umkehrschluss – wohl kaum gäbe, gäbe es nicht auch die UFOs selbst. Diese UFO-Debatte ist schauderhaft bemüht; man spürt den Selbstzweifel durch und durch. Wir hätten keinen Grund auf sie einzugehen, wäre sie nicht die Blaupause für Leute vom Schlage Jan van Helsings, der sie zu einer Ersatzreligion mit vielen Gläubigen macht. Bis Helsing gab es eine Handvoll UFO-Seher, die UFOs mit Hakenkreuzen gesehen hatten. UFO-Seher gibt es, seit es UFOs gibt, und UFOs gibt es, seit es UFO-Seher gibt. Wir könnten die Sache auf sich beruhen lassen. Aber Helsing hat die Hakenkreuz-UFOs zu einem verbreiteten Phänomen gemacht. Deshalb werden wir auf ihn zurückkommen.

Die Wiederaneignung der nationalsozialistischen Ästhetik

Die Umdeutungsindustrie arbeitet gründlich und lässt kein Marktsegment aus. Ton- und Bildträger rehabilitieren die nationalsozialistische Ästhetik. Filme und Fotos aus der Hitlerzeit bilden, mit einem neutralisierenden Kommentar versehen, den Hintergrund, und oft genug schieben sie sich in den Vordergrund. Der von Hitler geschätzte Bildhauer Arno Breker feiert in Bildbänden und neurechten Broschüren sein Come-back. Fotos von Architekturmodellen, die Albert Speer nach Ideen Hitlers erstellt hat, zieren neurechte Schriften.

Die 1902 geborene Leni Riefenstahl, das Filmidol der Hitlerzeit, verursachte im Jahr 2000 ein letztes Mal mediales Interesse. Vor 400 Journalisten und Schaulustigen stellte sie bei der Frankfurter Buchmesse ihren Bildband *Leni Riefenstahl: fünf Leben* vor. Bei der *Jungen Freiheit* steht sie in hohem Ansehen und hat dort selbst ein paar Zeilen geschrieben. Die *Deutsche Nationalzeitung* vertreibt über den ihr angeschlossenen Versand Riefenstahls Filme. *Criticon* vertreibt Riefenstahl-Plakate für 58 DM das Stück. Der rechtsextreme VAWS bietet eine Doppel-CD *Riefenstahl* an. Ihre Filme aus den dreißiger und vierziger Jahren des vergangenen Jahrhunderts werden bei Dark-Wave-Veranstaltungen gezeigt. Josef Klump (im *Sleipnir* alias J. Korus) spricht voll Verehrung von ihr und blendet riefenstahlsche Filmsequenzen in seine Produkte ein.

Es gibt ein Foto, das ein deutscher Soldat im September 1939 beim Einmarsch in Polen gemacht hatte und das Riefenstahl, umringt von deutschen Soldaten, mit verzerrtem Gesicht zeigt. Worauf die entsetzten Blicke der Gruppe auf dem Foto gerichtet sind, erklärt ein Bericht, den der Wehrmachtssoldat Max Striese am 1.4.1947 gegenüber der Ordnungspolizei in Leipzig abgab. Diesem Dokument zufolge war Riefenstahl Augenzeugin des ersten Wehrmachtsmassakers an polnischen Juden. Eben diesen Striese führt Riefenstahl in ihren *Memoiren* als Zeugen dafür an, dass sie das Massaker <u>nicht</u> gesehen hat (Riefenstahl 1987, S.510). Riefenstahl hat die Passagen ihrer *Memoiren*, die von dem Massaker handeln, nach Kräften retuschiert. Sie hat wieder und wieder beteuert, von «all den schrecklichen Dingen» nichts gewusst zu haben. Diese Schönrednerei ihrer eigenen Biografie ist Bedingung für ihr heutiges Come-back.

Die Umdeutungsindustrie dringt auf den Markt vor

Die Zeit, als die handwerkelnde Fälscherwerkstatt ein überschaubares Marktsegment bediente, ist vorbei. Den Produkten der Umdeutungsindustrie kann man überall begegnen. Einen Film wollte Russell McCloud machen, aber die möglichen Produzenten haben «entsetzt abgewunken», denn es ging um einen SS-Mann, der Neuheidnisches über die Wewelsburg und Tibet zu berichten hatte (vergl. F.P. Heller / A. Maegerle: *Thule*, Stuttgart 1998). Das Klima in Deutschland sei «inzwischen so hysterisch und vergiftet», dass es dem Autor richtig Angst wurde. Im Jahre 2000 konnte man einige Monate lang einen solchen Film als Videoband bei dem seriösen Medien-Versand Rhenania bestellen. Dieser Versand vertreibt sonst vorwiegend politisch neutrale Titel und auch Werke, die sich wissenschaftlich-kritisch mit dem Nationalsozialismus auseinander setzen. Der Titel des Films: *Heinrich Himmlers Burg: Die Wewelsburg: das weltanschauliche Zentrum der SS* wurde 1996 von Mundus TV produziert und wird von der Polar-Film Medien GMBH (48712 Gescher) vertrieben. Als Autoren werden Stuart Russell und Karl Höffkes genannt. Ein gleichnamiges Buch, an dessen Text der Film sich entlanghangelt, nennt als Autoren denselben Russell und Jost W. Schneider (1989 bei RVG Verlags- und Vertriebs GMBH, Landshut). Ob es einen Zusammenhang zwischen Stewart Russell und Russell McCloud gibt, konnten wir nicht feststellen.

Der Film zeigt ausgiebig die Schwarze Sonne, die in den Boden des Obergruppenführersaales der Wewelsburg eingelassen ist und, wie wir gesehen haben, zum Kultsymbol der neuen völkischen Bewegung avancierte. Unbedarfte Zuschauer können mit dieser Stelle im Film nichts anfangen. Dann zeigt der Film die nahegelegenen Externsteine, dem einschlägigen Publikum als neuheidnische Kultstätte vertraut. (Die Polar-Film Medien GMBH bietet ein Video *Die Externsteine – Mythos und*

Reichsführer SS Himmler wird auf der Wewelsburg von der SS begrüßt.

Schwarze Sonne und Wewelsburg s. S. 15. 42

Wahrheit an, das Rhenania ebenfalls vertrieb.) Unter dem Deckmantel einer historischen Dokumentation zeigt das Wewelsburg-Video Runen über Runen. Die Kamera streift durch ein heute als Gasthof genutztes SS-Gebäude und bleibt wie von ungefähr an SS-Runen hängen. Der Text dazu handelt von Möbeln. Das Auseinanderklaffen von eindeutigem Symbol und nichtssagendem Text gehört zur Trickkiste solcher Produzenten. Es soll vor Strafverfolgung schützen.

Die verfallene Burgruine wurde von einem Außenkommando eines KZs zur SS-Ordensburg ausgebaut. Der Film setzt dies irgendwie voraus, sagt es aber nicht ausdrücklich. Die Filmmacher interviewen einen der damaligen Häftlinge und lassen ihn in einem etwas abrupten Schnitt sagen, dass die KZ-SS und die Burg-SS nichts miteinander zu tun hatten. Die KZ-Häftlinge heißen wie damals bei der SS beschönigend «Schutzhäftlinge», als seien sie zu ihrem eigenen Schutz verhaftet worden. Die SS, ohne die die Burg eine unbekannte Ruine geblieben wäre, schrumpft hier zu einer historischen Episode zusammen, die geforscht und vielleicht gesponnen hat, aber – was die Burg betrifft – harmlos war.

Das Buch von Russell/Schneider kommt im Gewand der vergangenheitsfixierten, aber irgendwie objektiven Barfusshistoriker daher. Der Film zum Buch geht ein Stück weiter. Sein Text entlastet deutlicher die SS-Burgherren («ritterlich»...) und versucht, das auf den Ordensburgen der SS betriebene Neuheidentum mit den heutigen neuheidnischen Mythologisierungen zu verbinden. Betrachterinnen und Betrachter, die die Zusammenhänge nicht kennen, werden hier allenfalls ein paar Verdachtsmomente finden. Im Kontext gesehen ist das Video Teil des Versuchs, neurechtes Denken neutral zu verpacken und über herkömmliche Vertriebswege unter die Leute zu bringen.

Als wir den Rhenania-Versand darauf ansprachen, zog er den Film sofort aus seinem Angebot zurück und entschuldigte sich, er sei ihm «durchgerutscht». Das ist glaubhaft. Versandbuchhandlungen, Internet-Auktionäre, Buchläden und Bibliotheken sind überfordert, wenn sie alle neurechten, revisionistischen und der braunen Esoterik entstammenden Titel erkennen sollen. Auf diese Weise sind dem Versand einige weitere proble-

Weitere stark rechte oder rechtsextreme Titel bei Rhenania

- Karlheinz Weißmann: *Der Weg in den Abgrund.*
- Artur Axmann: *Hitlerjugend.*
- Franz Kurowski (Grabert-Autor): *Der Deutsche Orden.*
- Joachim Hoffmann: *Stalins Vernichtungskrieg* (auch im Versand der *Jungen Freiheit*).
- Deutsche Spezialdivisionen, erschienen im der Waffen-SS huldigenden Verlag Podzun Pallas.
- Die Lebenserinnerungen von Hitlers Generälen Manstein (*Verlorene Siege*), Kesselring (*Soldat bis zum letzten Tag*), Karl Dönitz (*Zehn Jahre und zwanzig Tage*) und Guderian (*Erinnerungen eines Soldaten*).
- Wolfsschanze (Hitlers Hauptquartier) und *Hitlers Frauen* von Erich Schaake, ein Buch, das auch der Grabert-Verlag anbietet.
- Der Sammelband überwiegend rechter Autoren *Die Soldaten der Wehrmacht* (Hrsg. von H. Poeppel, ein Buch, das auch Grabert und die *Junge Freiheit* vertreiben).
- Dirk Bavendamms *Roosevelts Krieg*, das auch die *Junge Freiheit* vertreibt und das die *Frankfurter Allgemeine Zeitung* im geschichtsrevisionistischen Kontext ordnet («Bavendamm will Roosevelt für den Zweiten Weltkrieg verantwortlich machen.» (*FAZ* 16. März 1994).
- Der geplante Tod des kanadischen Revionisten James Bacque.
- Franz Uhle-Wettler *Höhe- und Wendepunkte deutscher Militärgeschichte.*
- Weiterhin Titel wie Axmann und W. Maser: *Adolf Hitler: so führte und regierte er.* Helmut Schröcke *Germanen – Slawen*, bei Rhenania in Lizenz einer Nordfriesischen Verlagsanstalt angeboten. Video-Filme wie Ga*uleiter des Dritten Reiches*, die die einschlägige Firma Polarfilm vertreibt und herstellt.

matische Titel «durchgerutscht» (s. Kasten). Die Liste ließe auf einen insgeheim rechtslastigen Versand schließen, wären nicht auch kritische Angebote vertreten. Kubizeks Erinnerungen an seine Jugendfreundschaft mit Hitler sind eine wichtige Quelle der Zeitgeschichte; hier stellt sich allerdings die Frage, ob es angeht, die Gewinne des Stocker-Verlags, der Kubizeks *Erinnerungen* verlegt, zu erhöhen. Wenn der Rhenania-Versand als Illustration zu einem unverfänglichen Buch über Hitler eben diesen Hitler in sympathischer Pose als Tierfreund zeigt, fischt er im Trüben. Die Gesamtheit der hier aufgezählten Beispiele zeigt, in welchem Umfang es der Umdeutungsindustrie gelungen ist, auf den Markt zu kommen.

Andere Versandbuchhandlungen fallen ebenfalls darauf rein. So gar nicht ins Programm des alternativen Verlags 2001 passen *Die fantastischen Entdeckungen* von Schauberger.

Die Homepage des Mitteldeutschen Rundfunks (MDR) empfahl 2000/2001 einige Monate lang die Titel:
Ludwig Peters: Das Schicksal der deutschen Kriegsgefangenen *(Grabert)*
James Bacque: Der geplante Tod
Paul Carell: Die gefangenen deutschen Soldaten hinter Stacheldraht
(blick nach rechts 7/2001)

Die Neue Rechte

Was heißt «Neue Rechte»?[243]

«Wir können nicht einfach Formen aus vergangenen Zeiten übernehmen, sondern müssen nach neuen Formen suchen» (Schreiben der Sozialistischen Reichspartei/Frauenbund von 1950[244]). Diese schlichte Formulierung in einem internen Rundbrief der größten Nachfolgepartei der NSDAP macht keinen Hehl daraus, dass die Inhalte die alten geblieben sind. Erst die in den siebziger Jahren des 20. Jahrhunderts entstandene Neue Rechte hat Anfang der achtziger Jahre den deutschen Rechtsextremismus inhaltlich weitergebracht .

Der Begriff «Neue Rechte» wird häufig überdehnt. Im allgemeinen Sprachgebrauch bedeutet er alles, was nicht «ewiggestrig» ist. Aber auch genauere Begriffsdefinitionen sind problematisch. Gehört die *Junge Freiheit* zur Neuen Rechten? Zeitweise war sie der Neuen Rechten sehr nahe, aber ihr Pluralismus innerhalb des rechten Spektrums grenzt sie wiederum davon ab und hat zu einer Polemik mit dem Thule-Seminar geführt. Gehören Mahler und Oberlercher dazu? Mindestens bei Mahler sind Zweifel angesagt, und dies nicht nur wegen dessen NPD-Mitgliedschaft. In der *Kanonischen Erklärung zur Bewegung von 1968*, mit der Horst Mahler, Günter Maschke und Reinhold Oberlercher ihren Schulterschluss vollzogen, ist die Neue Rechte ein «nationalrevolutionärer Flügel der 68-Bewegung». Der andere ist die Neue Linke, und beide haben sich «nach dem Sturz des Sowjetismus» wiedervereint. Abgesehen von der Geschichtsklitterung, die hier waltet, ist die Neue Rechte in dieser Formulierung nicht mehr erkennbar.

Wir definieren die Neue Rechte nach folgenden Kennzeichen:

- Metapolitik (s. S. 116)
- Überwindung der Einzelnationalismen und zentrale Stellung des Europagedankens
- Ethnopluralismus, positiv gewendeter Rassismus (s. S. 117 f.

- Bezug auf die Konservative Revolution
- Ablehnung von Menschenrechten, Liberalismus, Demokratie und politischem Pluralismus
- akademische Ausrichtung ihrer Organisationen und Publikationen
- Neuheidentum, Kritik am Christentum

Nicht alle Merkmale müssen zusammenkommen. Metapolitik ist ein notwendiges Merkmal, das Neuheidentum ist nicht überall sichtbar, obwohl es mal als Begründung, mal als der private Teil von Veranstaltungen oder Privatreligion der Protagonisten immer mitschwingt.

Die alte Neue Rechte: Das Thule-Seminar

Das Kasseler Thule-Seminar wurde im Juli 1980 gegründet. Als «20jährige junge Frau mit dem hellen Blick Athenas» sei es «in den Strudel dieser niederträchtigen Zeit eingetreten»[245], resümiert etwas verkitscht der Gründer Pierre Krebs zum 20. Jubiläum. Krebs wurde in Algerien geboren und pflegt einen französischen Akzent, der seine Bekenntnisse zum Germanentum ins Licht einer europäischen Unschuld taucht. Weitere Gründungsmitglieder waren u.a. Wigbert Grabert, der Leiter des Tübinger Grabert-Verlags, und seine Frau Marielouise. Das Thule-Seminar sollte «eine Partei des Geistes – eine Schule der Metapolitik» sein. Aufgabe dieser neuen weltanschaulichen Schule war es, die «bevorstehenden kulturellen Entscheidungen zu untermauern, aus denen die politischen Ziele hervorgehen werden. In diesem Sinne gründete in Kassel eine Gruppe von jungen Schriftstellern, Journalisten und Akademikern das ‹Thule-Seminar›»[246].

Das Thule-Seminar besteht Eigenangaben zufolge in einem «aus unterschiedlichen Kreisen aufgebauten Konvent (Hugin-, Munin- und Gunkirkreis)» und Teilnehmern an «grundlegenden Forschungsprojekten zu Fragen der indoeuropäischen Kultur»[247]. Es steht «in enger Zusammenarbeit mit allen Denkzirkeln in Europa, die sich für die ‹neue Kultur› einsetzen»[248]. Krebs nannte sie «europäische Synergien», «eng verbundene Denkzirkel» und «Zellen geistigen Widerstands»[249]. Das Thule-Seminar nennt sich selbst einen «neuen Orden», der im kleinsten Kreis Weihestunden hält und einen eigenen

Ehrenkodex hat, auf dem «künftig eine eigene Gerichtsbarkeit aufbauen [soll], die ganz klar zu trennen weiß, wer zu uns gehört und wer es noch nicht verdient, den Wodansknoten des ‹Thule-Seminars› zu tragen».[250]

Wigbert Grabert publizierte einige Jahre lang die Bücher des Thule-Seminars. Etwa 1983 kommt es zu einem Bruch zwischen dem Grabert-Verlag und dem Thule-Seminar. Pierre Krebs veröffentlicht seit 1990 in der Thule-Bibliothek des Burkhart-Weecke-Verlags (Horn, Kassel, Wien). Weecke ist seit der Erstausgabe 1987 Chefredakteur der Thule-Zeitschrift *Elemente*. Der Ariadne Kunst- und Buchversand, über den Kassetten mit Reden von Pierre Krebs bezogen werden können, blieb beim Thule-Seminar.

Metapolitik

Die Neue Rechte hat keine unmittelbaren Machtambitionen, sondern will den Kampf um die Zukunft Europas intellektuell vorbereiten: «Das ‹Thule-Seminar› ist ein Verein für intellektuelle Kommunikation und Synthese, dessen Zielsetzung der Neubestimmung der europäischen Werte gilt, und zwar auf einer metapolitischen Ebene des Denkens. Ein etwaiges politisches Verhalten unsererseits oder eine Beziehung zu einer politischen Vereinigung jeglicher Art ist demzufolge ausgeschlossen. Unser Handeln ist lediglich eine Strategie der kulturellen Auseinandersetzung, eine Anwendung des Denkens und eine Aktualisierung der Idee»[251]. Nicht die Anzahl der Mitglieder, sondern deren intellektuelle und kommunikative Fähigkeit entscheidet. Auch die Zuhörer der eher seltenen und öffentlich nicht angekündigten Veranstaltungen des Thule-Seminar sind handverlesen und werden persönlich angeschrieben.

Antonio Gramsci

Dieser metapolitische Ansatz beleiht den 1891 geborenen italienischen Marxisten Antonio Gramsci. Nach Gramsci muss das Proletariat erst die kulturelle Hegemonie erreichen, bevor es im Kampf um die Macht Erfolg haben könne. Krebs nennt die Metapolitik einmal «esoterisch», dann wiederum fasst er sie militant-funktional als «echte Kriegsschule des kulturellen Angriffs»[252]. Damit verfehlt Krebs – wahrscheinlich mit Absicht – die analytischen Beweggründe, die Gramsci sein Konzept der Metapolitik haben formulieren lassen.

Die Metapolitik führt, wie wir in *Thule: vom völkischen Okkultismus bis zur Neuen Rechten* gezeigt haben, beim Thule-Seminar zur überparteilichen Unverbindlichkeit. Die Neue Rechte bezieht sich auf keine gesellschaftliche Klasse oder Partei, denen sie einen Maßstab des Handelns vorgeben könnte. Mit der «alten, reaktionären jammernden Rechten»[253] will sie am allerwenigsten zu tun haben. Die Unverbindlichkeit, zu der die Metapolitik das Thule-Seminar getrieben hat, hat zum Streit und schließlich zur inneren Spaltung geführt. Immerhin ist die Metapolitik als Kurzformel im rechtsextremen Alltag angekommen: «Wir meinen, daß eine Revolution immer in den Köpfen und im Bewusstsein beginnt», sagt eine nationale Musikband in *Nation & Europa* (Januar 2001), um eines von vielen Beispielen zu zitieren.

Neuheidentum

Das Neuheidentum wird beim Thule-Seminar zur Begründungsfigur. Es will einen Rückgriff auf das vorchristliche Europa. Das neurechte Europakonzept ist nur verständlich, wenn die europäische Geschichte als bis heute untergründig nicht-christlich verstanden wird. Europäische Identität ist nach der neurechten Logik durch den Rückbezug auf diese heidnische Tradition erklärt, die geschichtlich in bestimmten Phasen und Personen durchbricht, um von neuem durch das «Judäochristentum» überdeckt zu werden. Da selbst die wüstesten Rassenbiologen nicht von einer über tausend Jahre alten europäischen Erbsubstanz ausgehen, wird das Heidentum zum Gründungsmythos der Neuen Rechten. Was genetisch nicht begründbar ist, wird mythologisch begründet. Krebs' ständige Rede von der europäischen Wiedergeburt und einem «ursprünglichen Neuanfang»[254] wären ohne seine Wiederbelebungsversuche an den vorchristlichen europäischen Religionen inhaltslos. Solche Rhetorik ist kaum zu vermitteln. Rassismus, Antikommunismus und Antiamerikanismus sind teilweise konsensfähig. Zur Vielgötterei aber wird sich kein einziger Stammtisch überreden lassen. Die militante Rechte ziert sich zwar mit Wotanssymbolen, will aber mit einem entpolitisierten Götterglauben nichts zu tun haben. Mit seinem beharrlich vorgetragenen Neuheidentum hat das Thule-Seminar seine Anziehungskraft für rechte Strömungen weitgehend verspielt.

...weil Amerika ohnehin schon lange tot ist [...] Schlimm ist nur, dass dieser Völkerbrei seinen süßlichen Verwesungsgeruch über die Erde verbreitet und auch hier alles dafür getan wird, Europa auf die gleiche Weise zugrunde zu richten.» (Metapo *1, 1999)*

Das Thule-Seminar operiert mit einem positiv gewendeten Rassismus, den es «Ethnopluralismus» nennt.

Ethnopluralismus

Gemeint ist das Recht auf die eigene Identität eines jeden Volkes, dies freilich im jeweiligen «Lebensraum». Diese Identität ist durch Migration bedroht. Das Argument, dass jedes Volk das Recht auf Identität habe und Migration auf Völkermord hinauslaufe, hat sich wie kein anderer Gedanke der Neuen Rechten bis in bürgerlich-konservative Kreise vorgearbeitet. Mit dem Heidelberger Manifest, in dem 1981 deutsche Professoren vor «Überfremdung unserer Sprache, unserer Kultur und unseres Volkstums» und der «Unterwanderung des deutschen Volkes» durch Zuwanderer warnten, hat die Neue Rechte ihr entscheidendes Stichwort gegeben.

Antisemitismus

Der Antisemitismus versteckt sich immer noch hinter Metaphern, die aber immer deutlicher werden: «Wir entstammen den Völkern der Ilias und der Edda, nicht denen der Bibel»[255] – die Völker der Bibel sind die semitischen.

Krebs bemüht die Gegenüberstellung von antikem Griechentum und «Jerusalem»[256]. Hellas ist in der Interpretation Alfred Rosenbergs eine Schöpfung des «nordischen Menschentums»[257]. Das Gegenstück dazu sind «merkantile Strategien», «Börsenmakler», «totaler Wucher» und die «westliche (jerusalemer) Seuche»[258]. Krebs schimpft gegen das «völkische Identitäten vernichtende System [...] und in erster Linie gegen jenes biblische Wort, wonach sämtliche Nationen gegenüber dem allgegenwärtigen, einzigartigen, totalitären Gott der Bibel angeblich nichts bedeuten»[259].

Politische Ereignisse, von denen man erwarten sollte, dass sie der Rechten Auftrieb geben würden, haben einige von deren Vordenkern kalt erwischt. Der Fall der Berliner Mauer 1989, der Burschenschaftler und Neonazis in Scharen in die Noch-DDR trieb, hat die Neue Rechte sprachlos gemacht. Einer ihrer Grundpfeiler, der Antikommunismus, war weggebrochen. Erst 1994 meldete Krebs sich mit der nicht eben gehaltvollen Schrift *Das Thule-Seminar: Geistesgegenwart der Zukunft in der Morgenröte des Ethnos* zurück.

1994 zog Krebs die Bilanz, dass «die erste metapolitische Wirkung unserer Ideen nicht mehr zu übersehen ist»[260], ohne dafür ein plausibles Beispiel zu nennen. Mittlerweile hat Krebs einige «metapolitische Zellen» und die Zeitschrift *Metapo* gegründet. Ein politisches Gewicht kommt ihnen bislang nicht zu. Nach Einschätzung des nordrhein-westfälischen Landesamtes für Verfassungsschutz «verharrt» das Thule-Seminar «weiterhin in politischer Bedeutungslosigkeit».[261] Inwieweit die Revitalisierung des Thule-Seminars (Referententätigkeit von Krebs) gelingt, ist fraglich. Dennoch zählt das Bundesamt für Verfassungsschutz das Thule-Seminar im Jahr 2000 zu den «wenigen eigenständigen rechtsextremistischen Intellektuellenorganisationen»[262].

Die neue Neue Rechte: das Deutsche Synergo

Im Herbst 1995 wurde am Rande der Frankfurter Buchmesse ein Deutsches Synergon gegründet. Gründer waren der Belgier Robert Steuckers und einige neurechte Dissidenten, denen die europäische Neue Rechte um GRECE (Groupement de Recherche et d'Etudes pour la Civilisation Européenne) zu verknöchert und zerstritten war. Mit den Europäischen Synergien trat eine zweite Generation der europäischen Neuen Rechten auf den Plan.

Das Deutsche Synergon ist eine Sektion der Europäischen Synergien. Es hat seinen Sitz in Hamburg und trifft sich im Haus der dortigen Burschenschaft Germania. Im April 1997 beschlossen die Europäischen Synergien und die Deutsch-Europäische Studiengesellschaft (DESG) eine enge Zusammenarbeit. Das Deutsche Synergon wurde dadurch zu einer Arbeitsgemeinschaft der DESG. Die DESG wurde 1972 als Nachfolgeorganisation der Sababurgrunden gegründet. Die Sababurgrunden, genannt nach der Sababurg im Reinhardswald nördlich von Kassel, waren Diskussionsrunden, die Ende der sechziger Jahre nach dem damaligen Abstieg der Altherrenpartei NPD neue Themen für die deutsche Rechte suchte. DESG publiziert *DESG-inform* und das *Junge Forum*. Seit März 2001 ist die Zeitschrift *Hagal* (Herausgeber: Verlag Zeitenwende in Dresden) das offizielle Organ des Deutschen Synergons. DESG bezieht sich historisch auf die «Konservative Revolution» und ist vom Solidarismus, der Ökologie und einer am Reichsgedanken ausgerichteten Europakonzeption inspiriert. Die Organisation veranstaltete regelmäßige Seminare mit dem Titel *Denkfabrik Europa der Völker*.

Synergon und DESG frönen einem intellektuellen Elitarismus. Einer «kleinen Schar kühner Ideologen», verdanke man es, dass der Rechten in den siebziger Jahren eine Modernisierung gelungen sei, so Marc Lüdders[263]. Auch heute setzt Lüdders auf eine «sehr kleine Gruppe kämpferischer und noch immer nonkonformer Intellektueller»[264].

Im November 1997 veranstalteten Synergon und DESG auf der Sababurg ihr erstes gemeinsames Seminar unter dem Motto «Ein System siegt sich zu Tode oder Aufbruch zu neuen Ufern». Robert Steuckers führte dort seine Vorstellungen von «Kulturstaaten» aus, die sich «in Kulturkreisen, bzw. kulturell geprägten Großräumen freiwillig und friedlich versammeln, um sich für einen eventuellen künftigen ‹Clash of Civilisations› [!] (s. Huntington) vorzubereiten (was wir aber nicht hoffen!)». Um eine solche Gliederung ohne Gleichschaltung vorzubereiten, brauche man pflichtbewußte Eliten, keine «planlosen Eliten».[265]

Die Referate dieses Seminars sind unter dem Titel *Aufbruch zu neuen Ufern* veröffentlicht. Jean-Paul Allard (Präsident des französischen Synergons) befasst sich hier mit dem Sinn der Geschichte, den er von seinen jüdisch-christlichen Ursprüngen bis zu Hegel und Marx behandelt, um dann in einem Kapitel «Die Nachfahren» den Bogen weiterzuspannen bis zur Kritischen Theorie der Frankfurter Schule, die er umstandslos mit Ernst Bloch gleichsetzt. Nun hatten die wichtigsten Exponenten der Kritischen Theorie ein sehr polemisches Verhältnis zu Bloch. Aber durch seinen Schlenker über Bloch gelangt der Autor besser zum Schluss seines Textes: «Wir» müssen uns von der «Zwangsvorstellung» eines vom «Gott Abrahams, Isaaks und Jakobs» verbürgten Sinnes der Geschichte befreien. Robert Steuckers trägt mit «Anmerkungen für eine Rückkehr des Politischen» das gewichtigste Referat bei. Er betont die Notwendigkeit neuer sozialer Bewegungen, die sich von den verkalkten Parteien losmachen. Unter der Überschrift «brauchbare Wege» verknüpft Steuckers den US-amerikanischen Kommunitarismus mit Carl Schmitts Staatslehre, um so den historisch gewachsenen Rechtsstaat gegen den bloß normativen Gesetzesstaat zu verteidigen. Dieser Staat, den er sich als wertebestimmten «Kulturstaat» wünscht, soll von «verantwortungsvollen Eliten» geführt werden. Manches an diesem und anderen Beiträgen Steuckers ist diskutabel und nicht einfach mit dem Etikett «Neue Rechte» abzutun. Steuckers wendet sich mit dem Hinweis auf «zivilisatorische Errungenschaften» wie «Arbeitsrecht, Arbeitssicherheitsgesetze, Regeln über den Interessenausgleich, Recht zur gewerkschaftlichen Organisation...» gegen die Globalisierung. Die Gretchenfrage, wie er es mit der verfassten Demokratie hält, beantwortet er nicht.

Gunnar Thümen (Hrsg): Aufbruch zu neuen Ufern. *(Hamburg, Verlag Deutsch-Europäische Studiengesellschaft 1998)*

Gerhoch Reisegger (Wien, der in der *Aula* und in den rechtsintellektuellen *Staatsbriefen*, den *Fakten*, der *Jungen Freiheit* und dem *Eckartboten* schreibt) polemisiert, auf allerhand Zeitungsartikel gestützt und mit einem Seitenhieb auf die FPÖ, die ihm nicht radikal genug ist, gegen den Euro. Seine Alternative ist Fichtes Schrift zum *Geschlossnen Handelsstaat*. In dieser Schrift entwirft Fichte ein statisches Modell eines vom Zinswucher freien Gemeinwesens. Reiseggers «unausweichlicher Schluss» ist, dass nicht die globalisierende Entgrenzung, sondern die Schließung des Handelsstaats «das Recht der Bürger auf Arbeit - d.i. Existenzsicherung - gewähren kann». Nun war Fichte ein konsequenter Denker und wusste, dass sein Modellstaat nur bei «gänzlicher Trennung von der übrigen Erde» funktionieren könnte. Jeder unkontrollierte Warentausch kann den Staat zum Kippen bringen. Wie etwas, das schon zu Fichtes Zeiten nur zwischen zwei Buchdeckeln funktionierte, heute klappen soll, sagt uns Reisegger nicht.

Statt dessen riskiert Reisegger einen weiteren Sprung zu dem jüdischen Autor Y. Dror, der eine Rede gehalten hat, von der er sich Notizen gemacht hat. Er hat rausgehört, dass nach Dror «Juden die Weltherrschaft antreten sollten» und mokiert sich darüber, dass Dror der EU empfiehlt, die Türken aufzunehmen. Reisegger hat als einziger Autor des Bändchens einen annehmbaren Fußnotenapparat von sieben Seiten, wenn auch die Fußnotenzahlen im Text verschluckt worden sind. In diesen Fußnoten findet sich die offenbar der «Türken»-Passage entsprechende Stelle: «Im Symposion selbst - einem eher geschlossenen Kreis - wurde darüber in völlig anderer Weise gesprochen.» Gegen Schluss rühmt Reisegger die «analytische Schärfe nicht nur Prof. Drors, sondern darüber hinaus jene der Führer Israels – und unausgesprochen – der Welt». Kurzum, die Juden regieren die Welt. Statt zu neuen Ufern aufzubrechen, versackt das Bändchen im alten Sumpf des Rassismus und Antisemitismus.

Auch zwei weitere Autoren lassen eher an Altvertrautes als an neue Ufer denken. Hanno Borchert ist Redaktionsmitglied von *Wir Selbst* und Autor der *Jungen Freiheit*, Aktivist der Unabhängigen Ökologen Deutschlands (ÜOD), Ex-Regionalbeauftrager der Deutschland-Bewegung von Alfred Mechtersheimer und Verbindungsstudent. Borchert wird namentlich im VS-Bericht des Landesamtes für Verfassungsschutz Hamburg 1996 (S. 115) erwähnt. Heiko Möhring, ebenfalls Autor des Bändchens, schreibt auch in *Nation & Europa* und *Deutschland in Geschichte und Gegenwart*. Er ist ehemaliger Oberst der Bundeswehr im Generalstab, der aus Protest gegen den Kurs der Militärpolitik der Bundesrepublik und der NATO aus dem aktiven Dienst ausgeschieden ist. Er referierte 1992 bei der Burschenschaft Germania. 1988 wurde er Mitherausgeber der geschichtsrevisionistischen *Askania-Studiensammlung für Zeitgeschichte und Jugendforschung* im Askania-Verlag des ehemaligen HJ-Bannführers Herbert Taege.

Der Schlussbeitrag beklagt, dass «bewahrens- und wiederbelebenswerte Eigenschaften und Ideale» dadurch ins falsches Licht gerückt würden, dass sie mit Personen und Organisationen assoziiert würden, die «im öffentlichen Bewußtsein» der «Inbegriff alles Bösen und Verwerflichen» seien. Das Kapitel ist mit «synergistische Alternative» überschrieben. Besteht diese Alternative in einem Antisemitismus ohne Hitler?

Alain de Benoist, der intellektuelle Kopf der französischen Neuen Rechten, segelt ebenfalls mit alten Konzepten ins neue Jahrhundert. Die Edition Junge Freiheit brachte zur Frankfurter Buchmesse 1999 sein Buch *Aufstand der Kulturen – europäisches Manifest für das 21. Jahrhundert* auf den Markt. Benoist präsentierte sein Werk persönlich auf dem Verlagsstand. Verlag und Autor wollten das Buch als Antwort auf Samuel Huntingtons *Clash of Civilizations* verstanden wissen. Der in Titel und Verlagswerbung erhobene Anspruch wird allerdings nur an wenigen Stellen im Buch und insgesamt auf nur einer Druckseite eingelöst. Auch die in Benoists Vorwort angekündigte Auseinandersetzung mit der Globalisierung verliert sich in Wiederholungen von bereits Bekanntem. Bei Benoists schauderhaft undifferenziertem Globalisierungsbegriff («Dampfwalze der Globalisierung») ist das auch nicht anders zu erwarten. Das Buch enthält Texte des Autors aus den neunziger Jahren mit all den Wiederholungen, die solchen Kompilationen eigen sind. Es ist ein Aufmacher. Wahrscheinlich ist nur der erste Beitrag *Manifest – die Nouvelle Droite des Jahres 2000* eigens für diese Veröffentlichung geschrieben (Quellennachweise fehlen). Neu an diesem Zukunftsmanifest sind einige feine Nuancierungen. Es ist ein Manifest einer alt gewordenen Neuen Rechten. Benoist distanziert sich vorsichtig von der deutschen Neuen Rechten und polemisiert gegen «manche neuheidnische Parodien»[266]. Ist das eine Absage an Pierre Krebs und sein Thule-Seminar? Benoists demonstrative Parteinahme für die *Junge Freiheit* spricht für diese Vermutung, denn gegen die *Junge Freiheit* hat Krebs Bannflüche losgelassen, als sie sein metapolitisches Konzept kritisierte.

Benoist hat sich in Frankreich durch zugespitzte Positionen einen Namen gemacht. Seine *Nouvelle Ecole* hatte noch den scharfen Geruch des Rassismus. Sie sprach von «biologischem Abfall» und wollte bestimmte Bevölkerungsgruppen an der Vermehrung hindern[267]. Prekäre Formulierungen wie die von der «Selbstjudaisierung der christlichen Kirchen» haben provoziert. Sein deutsches Come-back ist viel abgeklärter. Man muss nach Nuancen suchen statt nach Brüchen mit der politischen Konvention.

Das Neuheidentum ist bei den Europäischen Synergien feiner dosiert als bei Krebs. Aber fehlen darf es nicht. Der letzte Punkt ihrer Charta lautet: «Anerkennung der herausragenden Stellung des europäischen Geistes, die dieser seit den Zeiten unserer heidnischen Vorfahren bis zu den heutigen Tagen besitzt»[268]. Die neue Neue Rechte praktiziert auch. Bei ihren Treffen, vor allem bei den Sommeruniversitäten in der Lombardei, fehlt nie ein heidnischer Kult. Der Litauer Jonas Trinkunas, einer der rührigsten Aktivisten der neurechten Heidenszene in Europa, arbeitet mit den Europäischen Synergien zusammen.

Dem Deutschen Synergon hat die stets etwas abstrakte, mythologisierende Anthropologie, der sich Krebs verschrieben hat, durch politischere Themen wie Ökologie, Bioregionalismus und einer «volksfreiheitlichen», auf der Macht der vielfältigen Regionen begründeten Alternative zum EU-Europa ersetzt. Die neue Neue Rechte schwafelt nicht von Metapolitik, sie praktiziert sie. Sie schult Kader, stellt im Internet Thesen zur Diskussion und hält regelmäßige, meist gut besuchte Veranstaltungen ab. Ihre Publikationen sind substanzieller als die der alten Neuen Rechten. Sie ist international organisiert und hat sogar direkte Verbindungen zu italienischen Skins[269]. Welche Wirkung die neue Neue Rechte in Zukunft haben wird, ist schlecht abzuschätzen. Etwas von der Aufbruchstimmung, mit der das Thule-Seminar angetreten war, ist auch bei Synergon zu spüren. Seinem Selbstverständnis nach steht Synergon über den Parteien und Fraktionen. Aber Denkanstöße, die über ihren engen Kreis hinausgewirkt hätten, hat es bisher nicht gegeben. Damit aber ist es, wie das Thule-Seminar, eine Fraktion unter anderen, und könnte, wie dieses, in die Bedeutungslosigkeit versinken[270].

Jan van Helsings braune Esoterik

Der Rechtsextremismus hat, wie wir gesehen haben, Raum und Zeit mit seiner Symbolik ausstaffiert, hat sich seine eigene Sprache geschaffen und die Geschichte umgeschrieben. Fehlen die Tiefen der Seele und die Unendlichkeit des Universums. Und jetzt gibt es kein Halten mehr; nachdem Programme durch Symbole ersetzt wurden und Fakten durch Revisionismus, sind der Pseudoreligion Tür und Tor geöffnet. Die liefert Jan van Helsing. Seine braune Esoterik hat die Neue Rechte als Stichwortgeber abgelöst.

«Seien Sie kritisch und schlucken Sie nichts von dem, was ich geschrieben habe, ungekaut herunter!» Jan van Helsing in Geheimgesellschaften *1, S. 299*

Wer ist Jan van Helsing?

Nennen wir ihn einfach Helsing, wie ihn seine Leserinnen und Leser kennen. Jan van Helsing ist der bekannteste Esoteriker der Gegenwart im deutschen Sprachraum. Sein Erfolgsrezept ist Griffigkeit und Vereinfachung. Andere Esoteriker mühen sich mit Quellen ab, basteln mit historischen Bezügen, bügeln Unstimmiges aus, konstruieren logische Verbindungen, verbiegen den historischen Stoff in einem irgendwie noch plausiblen Verhältnis zur Grenze seiner Belastbarkeit. Helsings Vater Hannes Holey ist so ein Tüftler. Der junge Helsing löst solche Probleme stilistisch. Er sendet «einfache, klare Botschaften»[271], er fasst zusammen und popularisiert. Die *ZeitenSchrift* lobt ihn, weil er das «leichtverständlichste und aufschlussreichste Buch dieses Genres» geschrieben habe[272]. Statt waghalsiger Theorien produziert er mit der Unbekümmertheit eines Enkels Drehbücher mit Steigerungen gegen Ende. Immer wieder schwebt ein UFO über ihm, und im letzten Kapitel landet es endlich. Das ist Esoterik als Action mit einer Beigabe Sex – wir kommen noch drauf. Esoteriker sind der Gefahr der Abstrusität ausgesetzt wie die Maus dem Speck in der Falle. Wenn sich ihre Spekulationen im

Unsinnigen zu verlieren drohen, setzen sie eine neue Weltraumdimension oder Wahrsagung drauf, nur um sich alsbald in noch größerer Erklärungsnot zu finden. Auch Helsing kann dem nicht entgehen, wenn er etwa sein Weltraumvolk der Aldebaraner um weitere freundliche oder feindliche Völker erweitert, damit die dualistische Logik wieder stimmt. Aber Helsing behält das Universum fest im Griff; überall stellt sich Altvertrautes ein wie Hakenkreuze oder Hierarchien, die wir aus jedem Büro kennen. Platitüden wie «Gebt den Menschen den Glauben an das Gute zurück»[273] und «Liebe Kids, wendet Euch lieber den positiven Kräften zu»[274] wird man bei Helsing lange suchen müssen. Nichts von Mahlers bemühtem Westentaschenhegelianismus! Helsing geht ohne Umschweife aufs Ganze. Welcher andere Esoteriker hätte je so rückhaltlos übertrieben wie er? Wer sonst hätte die Unverfrorenheit, das Erdinnere und ferne Planetensysteme in einem Atemzug mit Millionen von Übermenschen zu besiedeln und sie gleich noch Hakenkreuze tragen zu lassen? Denn Helsing ist ein politischer Autor. Er nennt sich selbst einen «Schreiberling politisch-okkulter Werke»[275], bündelt alle wesentlichen Motive neurechter Esoterik, steigert sie waghalsig und schlägt gelegentlich große Bögen in die Tagespolitik – etwa, wenn er Helmut Kohl eine jüdische Abstammung andichtet[276]. Dieser Stil hat ihn berühmt gemacht, und deshalb lohnt es sich auf ihn einzugehen.

Helsings Biografie

Helsing heißt in Wahrheit Jan Udo Holey. Er wurde am 22.3.1967 in Dinkelsbühl geboren. Da er in der Schule versagte, wurde er Raumausstatter. Er bezeichnet sich als Heilpraktiker[277]. Mit 14 Jahren las er Bram Stokers *Dracula* und besorgte sich aus der Dorfkirche Weihwasser für die Vampirjagd[278]. 1985 besuchte er ein College in Cambridge (England). Seine Eltern nennen ihn ein «von Anfang an schwieriges Kind»[279]. Seine Mutter ist Seherin. Sein Vater Hannes Holey beschäftigt sich mit esoterischen und religiösen Themen und ist, wie wir noch sehen werden, traditioneller Gnostiker. Er hat zwei Bücher geschrieben. Die Familie lebt «vegetarisch, biologisch, ökologisch». Im Hause Holey verkehren «medial Veranlagte und auch Geistheiler (Christusgeist)». Es herrscht eine «heile Welt». «Ein UFO ist leider noch keines in unserem Garten gelandet. Allerdings wurde in der Nacht vom 26. auf den 27. Dezember 1998 in unserer

Nähe eine Flotte von sieben Flugscheiben gesehen», schreiben die Eltern. Die größte davon habe «jenes ‹verfassungsfeindliche› Symbol» getragen. Wir werden später sehen, dass dieses Symbol eines der Hakenkreuze ist, die durch Helsings Leben und Bücher spuken. Rassist ist er keiner, schreiben die Eltern, «auch wenn er weiterhin ein verlorengegangenes natürliches germanisch-deutsches Defizit reklamiert». Ein verlorengegangenes Defizit? Also kein Defizit. Aber dann wäre ja alles in Butter. Papa Holey meint aber das Gegenteil von dem, was er schreibt. Wer über der Alltagslogik schwebt, schreibt verquere Sätze. Auf jeden Fall bedauert Helsing den Verlust des germanischen Erbes.

Als sein erstes Buch politisch kritisiert wurde, brachte er eine Rechtfertigung, in der er aus seinem Leben plaudert: Er habe viele Jahre in der Punk-Szene gelebt, sich durch die Verstrickungen der Antifa, der Anarchos und der Autonomen durchgeschlagen und sei bis an RAF-Sympathisantenkreise herangekommen; von einem süddeutschen Gericht sei er wegen verfassungsfeindlicher linksextremistischer Vergehen verurteilt worden. «Meine Nase ist mir von einer Glatze (Skinhead) gebrochen worden. Weiterhin ist zum Leid meiner ‹Gegner› meine Ex-Freundin ‹vollblütige Rassenjüdin› mit einem solchen Namen und auch einer solchen Nase!!!»[280].

«Meine ganze Jugend über war ich Punk-Rocker und habe alles, was man nicht tun ‹darf›, bis zum Exzess ausgelebt. Und das zu einer Zeit, als es noch nicht ‹Mode› war, die Haare bunt zu färben [...]», schreibt Helsing über sich. Er hat also in sehr jungen Jahren die Seite gewechselt. Während aber späte Renegaten wie Mahler Verbissenheit und politischen Schliff vereinen, paart sich bei Helsing die Verbissenheit mit wilder Phantasie.

Bei den Punkern wurde kräftig gekifft. Durch Drogen erzwang Helsing Astralreisen: «Ich habe mich beispielsweise durch ‹Lösungsmittel› aus meinem Körper herausgedrückt, heraus‹gelöst›, habe mich mit meinem Astralkörper an verschiedene Orte begeben und habe zum Teil Menschen oder geheime Treffen irgendwelcher Regierungsleute beschattet.»[281]

In einer Schilderung seines spirituellen Werdegangs berichtet Helsing, dass er einige Male durch Unfälle, Krankheiten oder Raufereien beinahe gestorben wäre und sich dabei außerhalb seines Körpers wahrgenommen habe[282] – eine Halluzination, von der viele Unfallopfer berichten können[283]. Helsing hatte mehrere fast tödliche Autounfälle[284]. Er reiste durch bisher fünf Kontinente» (auf die restlichen kommen wir weiter unten). «Schwarz gekleidet und mit Pferdeschwanz»[285] lief er in fremden Ländern herum. Um die *Geheimgesellschaften* zu schreiben, hat er in vier Jahren 20 Länder bereist[286]. In Mexiko sichtete er ein UFO mit Hakenkreuzen. In Neuseeland hatte Helsing etwas wie ein politisches Bekehrungserlebnis, das er selbst und die Eltern erwähnen. Jemand haute dem «jungen, stolzen Jan um die Ohren: [...] euch Deutsche hat man aber ganz schön hirngewaschen». Will sagen, die Unwahrheit über den Nationalsozialismus erzählt. Seitdem verkündet er, wie wir sehen werden, was er für die «politische Wahrheit» hält. Später, während einer Autobahnfahrt mit seinem Porsche 911, führte Helsing einen «selbstgeführten Dialog mit seinem Höheren Selbst». Das Höhere Selbst befiehlt ihm: «Jan, Du schreibst ein Buch.» Sein verstorbener Großvater Alois erschien ihm bald darauf im Traum und bot ihm Hilfe beim Schreiben an. Während einer spiritistischen Sitzung gab Opa Alois dann die entsprechenden Tipps.

Sollte Opa Alois dem Enkel die Verlage genannt haben, in denen die Bücher erschienen, dann hat er es an Fingerspitzengefühl fehlen lassen. Helsings erste Bücher erschienen im Ewert-Verlag (Gran Canaria und Lathen/Westfalen). Dieser Verlag betreibt einen schwunghaften Handel mit Verschwörungstheorien und Obskurem. Für den Vertrieb von Helsings Büchern sorgten lange der Michaels-Verlag von Ulrich Heerd, einem Ex-Maoisten und späteren Funktionsträger der Grünen, der nur knapp dem Parteiausschluss entging, und der rechte Nürnberger Andromeda-Verlag[287], dessen Besitzer Peter Herrmann ebenfalls Verschwörungstheoretisches und Rechtslastiges vertreibt.

Klaus Dieter Ewert, der Besitzer des Ewert-Verlags, kann aber keine Verantwortung dafür übernehmen, dass er die *Geheimgesellschaften* veröffentlicht hat, denn ein Unbekannter hat ihn angerufen und ihm eine anonyme Diskette zugeschickt, schreibt er im Vorwort. Auf jeden Fall wurde der Titel ein Erfolg. Von den beiden *Geheimgesellschaften* sollen mehr als 100.000 Exemplare vertrieben worden sein, und Helsing selbst gibt die Zahl seiner Leserinnen und Leser mit fast zwei Millionen an[288]. Wie auch immer, Helsings Wirkung ist groß und Grund genug, sich mit ihm zu befassen.

Wo immer der reichliche Gewinn an Helsings Publikationen geblieben sein mag, die Familie hat ohnehin keine finanziellen Probleme. Papa Holey hat in Deutschlands größtes Brautmodegeschäft eingeheiratet, «Brautmacher Weiß» mit etwa 200 Mitarbeitern, und mittlerweile seinen Firmenanteil verkauft. Helsing hatte schon zur Zeit der *Geheimgesellschaften* eigene Unternehmen und «genug Geld für die Butter aufs Brot»[289]. Ist ihm der Erfolg zu Kopf gestiegen? Er ist ein sympathischer, etwas unsicher wirkender und nicht übermäßig intelligenter junger Mann, der sich in Theorien hineingesteigert hat, die er womöglich selbst glaubt, die er aber mit vielen wackeligen Stützargumenten versehen musste, um sie unter die Leute zu bringen.

Geheimgesellschaften: die Weltverschwörung

Die beiden ersten Bücher Helsings sind die *Geheimgesellschaften und ihre Macht im 20. Jahrhundert* (1993) und, als «zusätzlicher Schwung an Informationen»[290] die *Geheimgesellschaften 2*. Dieser Schwung war nach den «bereits sehr heftig verlaufenen»[291] Reaktionen auf den ersten Band nötig, behauptet Helsing. Das Doppelwerk macht sich die Theorie von der jüdischen Weltverschwörung durch «Illuminati» (die Erleuchteten) zu eigen. Die Illuminati sind nach Helsing eine jüdisch-freimaurerische Elite, die über Banken und Wirtschaftskonzerne fast die gesamte Weltwirtschaft kontrolliert. Sie gehören zu den «jüdischen Monopolträgern»[292]. Als Drahtzieher erwähnt Helsing immer wieder die jüdische Familie Rothschild. Die Illuminati dirigieren im Hintergrund eine geheime Weltregierung, zu der gleichermaßen die US-Regierung und bis zu ihrem Fall die Regierung der UdSSR gehören. Als Hauptstadt ist Jerusalem geplant[293]. Ein Schuft, wer bei Jerusalem an die Juden denkt! Deutschland hat zu parieren. «Falls Deutschland aus den Klauen der Illuminati auszubrechen versucht, könnte man ihm leicht mit einem Angriff der Serben

Illuminati

Einhalt gebieten.»[294] Richtig gelesen: Die Serben greifen Deutschland an, und auch noch «leicht». Die Serben könnten ja «morgen Stuttgart oder München beschießen»[295]. Vier Jahre später kam es umgekehrt. Deutsche Flugzeuge beschossen Belgrad. Was Helsing mit dem serbischen Angriff auf Deutschland gemeint haben könnte, deutet er an, wenn er schreibt, dass ein Belgrader Bankier sich nach Israel abgesetzt hat und ein anderer in Tel Aviv wohnt[296].

Die Illuminati wollen die Menschheit versklaven und haben zu diesem Zweck schon zwei Weltkriege angezettelt. Dass die Juden am Zweiten Weltkrieg schuld gewesen sein sollen, ist nicht eben neu. Nach der deutschen Niederlage in Stalingrad war dies das Hauptthema von Hitlers Reden. Auch nach Helsing beginnt den Krieg nicht der Angreifer: «Ein Großteil der Menschheit glaubt doch tatsächlich, wenn heutzutage ein Krieg ausbricht, sei die entsprechende Nation auch dessen Urheber»[297] (Helsing scheut das böse Wort «Angreifer» und schreibt lieber «entsprechende Nation»).

Schuld am Zweiten Weltkrieg

Nach Helsing haben die USA den Zweiten Weltkrieg begonnen. Und hinter den USA stand ein Jude, der die Fäden zog: Bernard Baruch. Nach Helsing hat Baruch die US-Präsidenten Wilson und Roosevelt in ihre Präsidentenposten gehievt und den britischen Premier Churchill am langen Arm geführt[298]. Baruch, ein Wirtschafts- und Börsenfachmann, der einige US-Präsidenten beriet, war schon früher Zielscheibe antisemitischer Angriffe. Ein Flugblatt der Sozialistischen Reichspartei (SRP, eine Nachfolgeorganisation der NSDAP) zeigt sein Foto mit Namen und enthält Sätze wie: «Anti-Judaisten (Nationalisten) aller Länder, vereinigt Euch» und «Für das Vaterland – gegen das Judentum»[299]. Helsing schreibt, dass sich die USA 1941 in Pearl Harbor von den japanischen Streitkräften haben angreifen lassen, obwohl sie Informationen über den geplanten Angriff hatten – also sind sie am Krieg schuld (dass US-Präsident Roosevelt von dem Angriff wusste und ihn nicht verhindert hat, ist eine in der neurechten Literatur verbreitete These, die Helsing nur aufgreift). Zwar begann der Weltkrieg in Europa mit dem Überfall Deutschlands (Helsings «entsprechende Nation») auf Polen 1939, und die USA erklärten Deutschland nach langem Zögern erst im Dezember 1941 den Krieg, aber Helsing argumentiert, dass die von den Illuminati gelenkten USA am Krieg verdient haben, der Sowjetunion Waffen geliefert haben und im Frühjahr 1943 ein Kapitulationsangebot des deutschen Generals Canaris ausgeschlagen haben. Das Kapitel ist überschrieben mit: Deutschland will kapitulieren[300]. Canaris gleich Deutschland? Canaris war ein Gegner Hitlers, und Hitler ließ ihn nach dem Attentat am 20. Juli 1944 grausam an einem Fleischerhaken aufhängen, bis er starb. Aber auch sonst biegt Helsing die Geschichte zurecht. Die Alliierten haben bereits im Januar 1943 gemeinsam erklärt, dass das Deutsche Reich bedingungslos kapitulieren müsse. Ein Separatfrieden und die Fortsetzung des Krieges gegen die Sowjetunion kam nicht in Frage.

Helsing biegt die Fakten sogar noch weiter zurecht. Er nimmt die 1944 hinter Hitlers Rücken von deutschen Diplomaten und SS-Vertretern unternommenen Sondierungen nach einem Separatfrieden Deutschlands mit den Westalliierten als Beweis für die Verschwörung gegen Deutschland. Der Gesprächspartner war der US-Diplomat Allen Dulles. Was 1943 eine Intrige der von den Illuminati gelenkten USA war, ist 1944 eine Intrige auf beiden Seiten der Front: «Die Illuminati unterstützen [...] beide Seiten in Kriege verwickelter Nationen. Dies wurde Ende des Zweiten Weltkrieges immer klarer. Allen Dulles (CIA-Chef), hatte z.B. ein Geheimtreffen mit SS-Führer Gehlen.»[301] Am letzten Satz ist alles falsch. Reinhard Gehlen war Leiter der Wehrmachtsabteilung «Fremde Heere/Ost», die für Spionage zuständig war[302]. Der CIA wurde erst 1948 gegründet und Dulles wurde erst 1953 CIA-Direktor.

Die Protokolle der Weisen von Zion

Als Beweis für die Weltverschwörung führt Helsing die *Protokolle der Weisen von Zion* an. Die «Weisen von Zion» sollen eine ins 17. Jahrhundert zurückreichende Gruppe «reicher jüdischer Rabbiner» sein, die aus dem Hintergrund Revolutionen und Kriege anstiften[303]. Jüdische Rabbiner? Alle Rabbiner sind jüdisch. Bei der Doppelung schwingt eine Betonung, vielleicht ein Vorwurf mit. Diese Weisen von Zion sollen sich in der Schweiz getroffen haben, um die russische Revolution zu planen und eine geheime Weltregierung einzusetzen. Die von Helsing zitierten Protokolle dieses Treffens sind, wie vielfach nachgewiesen wurde, eine Fälschung der zaristischen Geheimpolizei, die den Juden die Schuld an revolutionären Umtrieben zuschreiben sollte[304]. Auf den Einwand, die Protokolle seien gefälscht, antwortet Helsing mit einer Formulierung, die er aus *Mein Kampf* entnommen haben könnte. Hitler: «Sie [die Protokolle] sollen auf einer Fälschung beruhen, stöhnt immer wieder die ‹Frankfurter Zeitung› [die Hitler zur ‹jüdischen Presse› zählt] in die Welt hinaus: der beste Beweis dafür, daß sie echt sind. Was viele Juden unbewußt tun mögen, ist hier bewußt klargelegt. Darauf aber kommt es an. Es ist mir ganz gleich, aus wessen Judenkopf diese Enthüllungen stammen, maßgebend aber ist, daß sie mit nahezu grauenerregender Sicherheit das Wesen und die Tätigkeit des Judenvolkes aufdecken»[305]. Helsing: «Auch ist mir die Frage nach der Echtheit unverständlich. Das würde der Aussage entsprechen, daß die zehn Gebote nicht echt seien. Es ist vollkommen gleichgültig, ob die zehn Gebote von Gott, einem Außerirdischen oder von Herrn Müller sind [...] Der Ursprung ist völlig irrelevant. So ist es auch mit den ‹Protokollen›. Die Dinge, die darin beschrieben sind, werden angewendet».[306]

«Henry Ford: ‹ Das Dokument selbst ist verhältnismäßig unwichtig; die ganze Sachlage und die Umstände, auf die es die Aufmerksamkeit lenkt, sind von höchstgradiger Wichtigkeit.› » (Der internationale Jude, *zitiert nach Mahler:* Ausrufung des Aufstands der Anständigen*)*

Tatsächlich waren es Hitler und Goebbels, die die Protokolle anwandten. Propagandaminister Goebbels hat sie mehrfach gelesen. Als die deutsche Propaganda nach der Niederlage von Stalingrad unglaubwürdig geworden war, schlug Goebbels Hitler vor, die Protokolle propagandistisch zu verwenden. Hitler billigte den Vorschlag[307] und erklärte die Protokolle bei dieser Gelegenheit für absolut echt. Auch Horst Mahler kommt bei mehreren Gelegenheiten auf die Protokolle zu sprechen. In einem wüsten Vergleich, den er ins Gewand eines dialektischen Widerspruchs kleidet, nennt er sie eine «unübertroffene Beschreibung» des Jahwekults; sie seien dessen subjektives Moment, seine objektive Seite habe «der Jude Karl Marx» herausgearbeitet[308].

Die *Protokolle* dürfen in Deutschland nicht vertrieben werden. Dieses Verbot ist leicht zu umgehen. Der rechtsextreme Verlag Tim Schatowitz bietet eine «Buchsensation» *Die Protokolle der Weisen von Zion* an, die die «wesentlichen Aussagen der Protokolle»» enthält[309]. Bei Online-Buchhandlungen kann man per Mausklick Theodor Fritschs *Die zionistischen Protokolle* bestellen. Ominös heißt es auf den Internetseiten, die Protokolle seien zwar «nicht erhältlich, aber sie sind auch hier enthalten».

Mit der Datierung der Protokolle tut sich Helsing schwer. Der Text wurde zum ersten Mal 1903 in der Zeitung der rechtsextremen Terrororganisation «Schwarze Hundertschaften» und 1905 als Buch veröffentlicht (also zur Zeit der ersten Russischen Revolution, um diese zu diffamieren), Teile davon tauchen laut Helsing aber schon 1850 auf[310], und Helsing konnte, darauf angesprochen, hastig nach seinem Buch *Die Akte Jan van Helsing* greifen und auf irgendeine Stelle deuten, wo dasselbe viel früher auch schon gestanden habe. Die Frage, was denn nun stimme, beantwortet er mit einer Geste, die besagt, dass es die Protokolle ohnehin immer schon gegeben habe. Wie auch immer, die unzähligen Details der *Geheimgesellschaften* sollen beweisen, dass die «Protokolle sich erfüllen».

Helsing vertieft seine Verschwörungstheorie durch ein Kaleidoskop von Beobachtungen geheimster Konferenzen, an denen er mit seinem Astralleib teilgenommen hat, mit unbelegten historischen Bezügen, Schilderungen geheimnisvoller Projekte, AIDS und UFOs, Attacken auf den Vatikan, den Internationalen Währungsfonds und die Aufzählung von Geheimbünden. Zu diesem Zweck hat er die *Geheimgesellschaften 2* nachgeschoben, die «bezüglich der Schwere und Kraft der Enthüllungen eindeutig eine Steigerung zum ersten Buch» seien[311]. Helsing bemüht in seinen beiden Geheimgesellschaften eine neurechte Mythologie, die wir die «Thule-Mythologie»[312] nennen können. Diese Mythologie, die wir bei Wilhelm Landig kennengelernt haben, gibt vor, dass es vor vielen Tausend Jahren im Norden (Thule liegt in Grönland) eine hochstehende Rasse gab, die mit Thule (oder Atlantis) unterging. Versprengte Reste dieser Rasse haben sich über die Erde verbreitet und überall Eliten gebildet. Vor allem aber sind auf diese Weise die Germanen (oder die weißen Europäer) entstanden. Es gibt kaum ein Motiv der Thule-Mythologie, das Helsing nicht verwandt hätte. Er bemüht Sebottendorff, den Gründer der Münchner Thule-Gesellschaft, in der 1918 Hitler aus und einging (er schreibt ihn mit einem F). Helsing beruft sich auf den chilenischen Hitlerbewunderer Miguel Serrano, den er mit Q schreibt. Er verbreitet sich über Karl Haushofer und Rudolf Heß, dessen Namen er mit «ss» schreibt[313], aber wir wollen nicht lange auf seinen Schreib- und Zitatfehlern herumreiten. Wer dem Übersinnlichen so nahe ist, kann sich nicht

Thule-Mythologie

«Unzählige junge Männer wurden während des Dritten Reiches von der ‹Schwarzen Sonne› ausgebildet, in der Wewelburg geweiht und nach Tibet gesandt, m dort zu überleben und sich auf den großen Endkampf dieses [des 20.] Jahrhunderts. vorzubereiten» (Helsing 1995a, S. 116)

dauernd mit irdischen Trivialitäten abplagen. Helsing hat aber offenkundig nie eine Zeile Haushofers oder eine seriöse Studie über ihn gelesen[314]. Er greift unbedenklich die in der esoterischen Literatur verbreitete Legende auf, Haushofer sei in Tibet gewesen und habe Kontakt mit einem Mönchsorden gehabt. Als Steigerung der Legende, die sich mit einem Tibetaufenthalt Haushofers bescheidet, lässt Helsing ihn (allerdings «angeblich») etliche Male dort gewesen sein[315] und gibt ihm gleich noch Sebottendorff als ebenso «erfahrenen Indien- und Tibetreisenden» mit.

Andere esoterische Autoren versuchen den Nachweis, dass die Thule-Gesellschaft einen gewissen Einfluss auf den Nationalsozialismus hatte. Helsing geht aufs Ganze: «Der gesamte theoretische und praktische Aufbau des Dritten Reiches [...] wurde durch die THULE-GESELLSCHAFT initiiert und gesteuert.»[316] Hitler, so Helsing, war «ein Werkzeug» der Thulegesellschaft[317], und deshalb musste er gegen die Juden vorgehen: «Nach der Ansicht der THULE-GESELLSCHAFT [...] war das jüdische Volk, das von dem alttestamentarischen Gott ‹JAHWE› beauftragt wurde, die ‹Hölle auf Erden› zu stiften, die Ursache, warum die Welt immer und immer wieder in Kriege und Zwiespalt verwickelt ist.»[318] Jahwe ist, wie Helsing in diesem Zusammenhang schreibt, der Satan.

Karl Haushofer

Der Verfassungsschutzbericht von Baden-Württemberg 1996 ordnet Helsing wegen seiner beiden *Geheimgesellschaften* dem Bereich «rechtsextremistische Einflussnahme auf die Esoterik-Szene» zu. Peter Frisch, ehemaliger Präsident des Bundesamtes für Verfassungsschutz, rechnet ihn den «neugermanisch-heidnischen» Gruppen zu. Im Mai 1996 hat das Amtsgericht Mannheim die Beschlagnahmung der ersten beiden Helsing-Bände angeordnet. Sie dürfen bis heute nicht vertrieben werden. Am 17. September erhob die Staatsanwaltschaft Mannheim Anklage wegen Volksverhetzung. Über die Anklage hat Helsing ein eigenes Buch geschrieben, auf das wir noch kommen werden.

Mittlerweile ist *Geheimgesellschaften und ihre Macht im 20. Jahrhundert* ins Französische (1995, bei Ewert), Englische (1995, bei Ewert) und Rumänische (1997) übersetzt. Statt Helsing wird ein «Autorenkollektiv» genannt. Der französische Titel ist «livre jaune, No. 5». Die Autorenrechte des französischen Titels beansprucht eine Aktiengesellschaft in Mauritius. Das Buch wird in der französischsprachigen Schweiz von Aldo Ferraglia vertrieben, der bereits von einem schweizerischen Gericht wegen des Vertriebs eines holocaustleugnenden Buches von Roger Garaudy zu zwanzig Tagen Gefängnis verurteilt wurde.

Nachdem die beiden Bände der *Geheimgesellschaften* nicht mehr vertrieben werden durften, nahm sich eine Edition JH.M. der Sache an. Ein Jonathan May brachte (offenbar im Eigenverlag) *Die Macht: Geheimgesellschaften I* und *Die Macht: Geheimgesellschaften II* heraus. Das Titelbild spielt mit den Elementen des Titelbildes von Helsings erstem Band: der Pyramide auf der Ein-Dollar-Note, die als freimaurerisch gedeutet wird[319], und den Schriftzug «novus ordo seclorum» enthält (dt.: Neue Weltordnung), nach Helsing der Plan der Iluminati, die Welt in drei Weltkriegen so umzumodeln, dass sie der geheimen Weltregierung untersteht[320]. Die beiden Bände Mays hangeln sich am Inhalt von Helsings beiden Bänden entlang. Der rechtsextreme Verlag Tim Schatowitz bietet die beiden Bücher auf derselben Seite seines Verlagsprospektes an, auf dem er über das Verbot der helsingschen *Geheimgesellschaften* schreibt.

Die Internetversionen der *Geheimgesellschaften*, die jeder überall auf seinen Bildschirm laden kann, sind vom Gröbsten gesäubert. Die anfangs zitierte «Rassejüdin» mit der jüdischen Nase wird einfach zur «Jüdin». Die Diskriminierung ist übertüncht. Übergriffe von Polen an in Polen lebenden Deutschen («Bromberger Blutsonntag») zu Beginn des deutschen Überfalls auf Polen, die es tatsächlich gab, stellt Helsing in den *Geheimgesellschaften* mit stark überhöhten Zahlen als Tatsache dar. Im Internettext wird daraus eine Vermutung. Im Buch wird als Faktum geschildert, dass Polen die ersten Kriegshandlungen gegen Deutschland begangen hat, was zu Hitlers Rede passt, dass die Deutsche Wehrmacht nur «zurückgeschossen» hat. Im Internet wird daraus: «Wenn man den Berichten dieser Augenzeugen Glauben schenken kann [...].» Es kann vorkommen, dass Helsing seinen Kritikern vorhält, er habe das alles ja gar nicht geschrieben. Der in Großbritannien untergetauchte deutsche Auschwitzleugner Germar Rudolf hat im Herbst 2000 Helsings *Geheimgesellschaften* ins Internet gestellt – «nicht wegen Identifikation mit dem Inhalt, sondern weil es in Deutschland verboten ist». Auch bei der Ostara-Homepage in Österreich konnten Anfang 2001 die *Geheimgesellschaften* im Volltext gelesen werden.

Im Sommer 1999 brachten *Der Spiegel*, *Focus* und die *Süddeutsche Zeitung* eine Anzeige der Internet-Buchhandlung Buecher.de, auf der der Fußballer Thomas Berthold in einem Prominenten-Steckbrief sein Lieblings-Fachbuch angab: Helsings *Geheimgesellschaften*. Anfang 2001 ermittelten drei deutsche Staatsanwaltschaften wegen Verbreitung der *Geheimgesellschaften*. Anfang 2001 beschlagnahmte die Polizei beim Ewert-Verlag 160 Exemplare der *Geheimgesellschaften 1*.

Die Akte Jan van Helsing: Sein Kampf

Als Antwort auf das faktische Verbot seiner beiden ersten Bücher *Geheimgesellschaften und ihre Macht im 20. Jahrhundert* und *Geheimgesellschaften II* veröffentlichte Jan van Helsing unter seinem richtigen Namen Jan Udo Holey 1999 *Die Akte Jan van Helsing – Eine Dokumentation über das Verbot zweier Bücher im «freiesten Land deutscher Geschichte»*. Helsing sieht das Verbot seiner Bücher als Teil einer Tradition bundesrepublikanischer Bücherverbote, von denen tabubrechende Auschwitzleugner, aber auch Autoren wie Hitler, der erwähnte Sebottendorff, Gorsleben (ein sektiererischer SS-Autor) und ein Eckardt (wahrscheinlich Hitlers Mentor Dietrich Eckart) betroffen seien[321]. Wann die drei letztgenannten Autoren verboten worden sein sollen und welcher Verlag sie überhaupt hätte neu auflegen wollen, verrät Helsing nicht.

Die *Akte Jan van Helsing* haben Autoren und Verlag mit Hunderten von geschwärzten Stellen versehen, bei denen auch der Dümmste noch erkennt, dass es fast ausschließlich Wörter wie «Jude», «jüdisch» und die entsprechenden Synonyme sind. Diese «vielleicht durchaus provozierend»[322] gemeinten Schwärzungen durchziehen das Buch mit schwarzen Balken und ab und zu auch Feldern. Autoren und Leser verständigen sich hinter dem Rücken der Staatsanwaltschaft. *Die Akte Jan van Helsing* erinnert an ein Fachwerkhaus. Dieses helsingsche Fachwerkhaus sendet symbolische Botschaften, nach denen es sein braun-esoterisches Publikum dürstet. Mit dieser Balkenbauerei kann der Autor den antisemitischen Gehalt seiner beiden ersten Bücher noch

Ausschnitte aus Helsings Fachwerkhaus: «Zentralrat der [redacted] in Deutschland»[325] Marx Schrift «zur [redacted] frage». Was sollte anderes gemeint sein als Die Judenfrage? «Ich traf auf Menschen, die von [redacted] Organisationen gejagt wurden»[326]. «Ein Mann [redacted] Glaubens» hat Helsing angezeigt[327].

einmal ausbreiten, ohne ein neuerliches Verbot fürchten zu müssen. Ist Helsing ein Antisemit? Nein, das wehrt er heftig ab. Er liebt alle Menschen und kann ja nichts dafür, das die Weltverschwörer Juden sind[323]. «Verbrecher sind Verbrecher», und er muss sie ungeachtet auf «ein Geschehen in der Vergangenheit»[324] (die Judenvernichtung durch Deutschland) beim Namen nennen (nur das «Geschehen», den Holocaust, nennt er nicht beim Namen). Wenn Helsing aber kein Antisemit ist, warum kommentiert er dann in einem Gespräch den Tod des Vorsitzenden des Zentralrats der Juden in Deutschland, Ignatz Bubis, 1999 mit den Worten: «Gott sei seiner beschnittenen Seele gnädig»?

Na, ist das nicht ...
Es folgten Berichte in vor allem [redacted] Zeitungen in d
Schweiz, deren Autor unter anderem ein Herr [redacted] w
Dieser Journalist scheint einen engeren Kontakt zu Sigi Feigel, d
Ehrenmitglied der [redacted] Kultusgemeinde in der Schweiz,
haben. Mit diesem Journalist hatte ich dann ein Telefonat gefü
nachdem er zuvor Herrn Ulrich Heerd vom Michaels-Vertrieb a
rufen und um ein Gespräch mit mir gebeten hatte. Herr Heerd ist
Besitzer des Michaels-Vertriebes und verkaufte bis dahin noch
ne beiden Bände. Gutgläubig, wie ich zu diesem Zeitpunkt
war, rief ich diesen Journalist also an und sprach eine Weile mit
Er wollte wissen, in welcher Beziehung ich zu Herrn Heerd st

Helsings Balkentechnik treibt seltsame Stilblüten. Helsing zitiert einen Text des Schweizer Autors Werner Leuzinger, der gegen die Kritische Theorie wettert. Leuzinger spricht von der «geistigen Führung der Frankfurter Schule mit ihren [redacted] Chefdenkern wie Marcuse, Adorno und Habermas»[328]. Was immer die drei gemeinsam haben mögen, Habermas ist kein Jude. Helsing wärmt auch Helmut Kohls angebliche jüdische Abstammung wieder auf[329]. Was bisher noch niemandem gelungen ist, Helsing löst es mit einem Balken: Er setzt Habermas und Kohl, die nun gewiss nichts gemeinsam haben, ins selbe Boot.

Frankfurter Schule: *Die Philosophie und Soziologie des Frankfurter Instituts für Sozialforschung, die auf die Studentenbewegung der späten sechziger Jahre prägenden Einfluss hatte.*

Wenn es nach Helsing ginge, hätte das Mannheimer Gericht, das die *Geheimgesellschaften* aus dem Verkehr gezogen hat, erst beweisen müssen, dass es keine jüdische Weltverschwörung und keine UFOs gibt. Erst dann hätte es den Vertrieb seiner Bücher verbieten dürfen. Niemand kann aber beweisen, dass es etwas nicht gibt. Helsing sieht sich dadurch bestätigt, dass das Gericht inhaltlich nicht zu seinen Behauptungen über die Echtheit der antisemitischen *Protokolle der Weisen von Zion*, über die jüdisch-freimaurerische Weltverschwörung der Illuminati und UFOs mit Kennzeichen des Deutschen Reiches diskutieren wollte. Er gibt sich als der Zensierte und Verfolgte. Er stützt sich mit all seinen Schriftsätzen und Anklagekommentaren auf ein ganz und gar unjuristisches Keiner-liebt-mich-Argument: Da führt er doch nur den von seinem «höheren Selbst» und seinem verstorbenen Großvater Alois spiritistisch erteilten Auftrag aus und schreibt die Bücher, und das Gericht will nicht über UFOs diskutieren!

Beiläufig erfahren Leserinnen und Leser der Akte, dass «hochrangige Mitglieder» der UNO Helsings Bücher «zu hunderten» gekauft und sie «unter der Hand an viele Interessenten» weitergegeben haben[330]. Wer mag gemeint sein? 53 Seiten später berichtet Helsing, dass ihn die iranische Botschaft in Bonn eingeladen und ihn stundenlang befragt habe. «Man wollte von mir wissen, wie es sein könne, daß die Bundesregierung den Iran verurteilt, weil man Salman Rushdie verfolgt, es in Deutschland aber nicht besser sei.»[331] Im Verlagsprospekt heißt es: «Ähnlich wie Salman Rushdie wurde auch Jan van Helsing bedroht und davor gewarnt, weitere Bücher dieser Art zu veröffentlichen – ja es wurde sogar sein Tod gefordert.» Helsing und Rushdie! Beide sind prominente Opfer, haben die halbe Welt gegen sich und müssen sich verstecken.

Esoterik und Antisemitismus

Wie kommt es, dass ein sanftmütiger Esoteriker antisemitisches Fachwerk baut? In den neunziger Jahren des 20. Jahrhunderts schafften es zwei Überlieferungsstränge, die bis dahin ein Randdasein gefristet hatten, öffentlich wahrgenommen zu werden: Der esoterische Nationalsozialismus und die Auschwitzleugnung. Seitdem sind sie eine stabile Verbindung eingegangen. Jo Conrad, ein Esoteriker aus Helsings Stall (Es geht «weder Helsing noch mir um Schuldzuweisungen [...]»[332]) und auf den Werbeseiten von dessen Büchern erwähnt, schreibt: «Die Frage ist [...], warum man sich als spirituell Suchender überhaupt mit diesen extrem belasteten Themen [der Judenvernichtung] befasst, da das Ziel doch eher sein sollte, sich dem Licht zuzuwenden und alles Trennende abzulegen. Dies ist auch mein Wunsch, allerdings sind wir nun mal auch verknüpft mit unseren Wurzeln. Man kann es ableugnen, doch gerade, wenn wir uns mit der Bearbeitung unserer Konflikte und Blockaden befassen, müssen auch die spirituell suchenden Menschen erkennen, daß sie ebenso verflochten sind mit ihrer Herkunft, Familie, ihrem Land»[333].

Jo Conrad

Nach diesem vagen «nun mal auch» und «man kann» erteilt uns Conrad ein paar Seiten später «ein bisschen Geschichtsunterricht». Wir lernen, dass die russische Zarenfamilie 1917 ermordet wurde[334] (tatsächlich war es 1918) und Hitler ein friedliebender Politiker gewesen sei. Zwar sei Hitler für «Verbrechen» verantwortlich gewesen[335], Conrad nennt als einziges Beispiel aber nur das

Massaker der SS an Röhm und der SA-Führung. Conrad zählt seitenlang jüdische Missetaten auf. Dann macht er eine Art Vermittlungsvorschlag zwischen Deutschen und Juden, denn aus «Fehlleistungen»[336] (dem Holocaust?) soll man lernen: Die Deutschen haben Reue gezeigt, Milliarden an Israel gezahlt und «Holocaust-Denkmäler» aufgestellt, also sollen die Juden ihnen jetzt mal verzeihen[337]. Damit «kritische Auseinandersetzungen» wieder möglich sind und «bestimmte Fragen» wieder gestellt werden dürfen, formuliert er in seiner sehr sprunghaften Logik folgende Voraussetzung: «Gehen wir zunächst davon aus, dass es Gruppen gibt, die von dem Bestreben gelenkt werden, die Menschheit zu kontrollieren. Ob nun die von Jehova zum auserwählten Volk erkorenen Hebräer zu jenen gehören, die über die Jahrtausende an der Machtübernahme der Menschheit arbeiteten, sei dahingestellt. Ihnen waren jedoch schon frühzeitig Prophezeiungen bekannt, wonach ein Volk sie dereinst als ‹auserwähltes Volk› ablösen sollte, und dass dieses aus der Gegend des Mitternachtsberges käme. Es gibt Vermutungen, dass hiermit der deutschsprachige Raum gemeint ist»[338]. Nach diesem Abstecher in die Thule-Mythologie deutet Conrad an, dass «die Zionisten ihren Beitrag zum Ausbruch des 2. Weltkrieges geleistet» hätten[339]. Aber lassen wir Conrad, der einen «Freimaurer Verdy» zitiert, der die Oper *Der Maskenball* geschrieben habe[340], und kehren wir zu Helsing zurück, dem trotz seiner vielen Schreib- und Zitatfehler dieser Patzer wohl nicht passiert wäre.

Mitternachtsberg: mythologischer Ort der Arier, s. S. 9

Helsings Verknüpfung von neurechter Mythologie und Esoterik hat Methode. Beide stehen sich in ihrer heutigen Ausformung in einer Weise nahe[341], die weit über ihre spärlichen historischen Gemeinsamkeiten[342] hinausgeht. Sie unterscheiden zwischen einer Elite – der höheren Rasse oder den Erleuchteten – und dem unerleuchteten Rest der Menschheit. Beide sind auf Führer angewiesen – was die Esoterik betrifft, bildet sich im autoritär strukturierten Umfeld bei unterschiedlichen Graden der Erleuchtung zwangsläufig der Sektenführer heraus. Der Glaube an die Wiedergeburt relativiert alle Verbrechen des Nationalsozialismus. Als Jude ins KZ eingeliefert worden zu sein, kann als gerechte Strafe für die Untaten während einer früheren Inkarnation gedeutet werden. Diese Vorstellung hat im August 2000 sogar ihren Weg in die skandalöse Predigt eines israelischen Rabbiners gefunden, für die sich Horst Mahler unter der Überschrift *Der Judaismus ist eine tödliche Gefahr für die Völker* ausdrücklich bedankt[343]. Die SS musste grausam sein, denn sie war nur ein irdischer Trupp im Kampf kosmischer Mächte, so der «metaphysische Antisemitismus» Savitri Devis[344]. Auch Mahler betont in seiner *Flugschrift an die Deutschen* diesen «religiösen Bezug des Holocaust». Der Tod wiederum ist keine endgültige Vernichtung, denn die Seele lebt im Karma weiter. Die esoterische Rechtfertigung von Auschwitz findet sich bereits in einigen Veröffentlichungen. Trutz Hardo (Klarname: Tom Hockemeyer) hat ein Buch *Jedem das Seine* geschrieben, in dem er Auschwitz als das «vorherbestimmte Schicksal der Juden» und als «gerechte Sühne für begangene Untaten im früheren Leben» interpretiert. Das Buch wurde 1998 wegen Volksverhetzung beschlagnahmt. «Jedem das Seine» war das Motto der SS.

Das esoterische Denken relativiert moralische Urteile. Es rechtfertigt alles Böse als Gegenseite des Guten. Die Rechtfertigung von Auschwitz ist also eine mögliche, wenn auch nicht notwendige Folge des esoterischen Ansatzes. Wenn Helsing den Juden die Schuld am Zweiten Weltkrieg und an ihrer eigenen Vernichtung zuschreibt[345], folgt er dieser Logik. Nicht nur, dass jeder im jeweiligen Leben ausbaden muss, was er in einem früheren angerichtet hat; man kann sein Schicksal dadurch abwenden, dass man ein besserer Mensch wird[346]. Daraus schlussfolgern braune Esoteriker: Wer das nicht tut, ist selbst dran schuld, wenn er im nächsten Leben vergast wird. Aber die Esoterik kann nicht alles deuten. Sie mag sich mit Feuersbrünsten, Kriegen, Unfällen und Individualverbrechen abplagen. An Auschwitz scheitert sie. Auschwitz ist ein historisch einmaliges Ereignis, das absolut Böse ohne Gegenpol. Die Lehre von der ewigen Wiederkehr ist mit Auschwitz unvereinbar.

Helsing bemüht keines der hier vorgetragenen Argumente. Sie könnten aber eine Erklärung für das Nebeneinander von antisemitischer Aggressivität und esoterischer Sanftmut sein.

Buch 3: der Weltuntergang und wie es mit ihm weiterging

Helsings drittes Buch, das im Vertrauen auf die Zugkraft seines Namens nur noch *Buch 3 – der Dritte Weltkrieg* betitelt ist[347], ist ein Abschied von der Politik. «Bisher», so schreibt er mit der Geste eines bereits eingeführten Autors, habe er Artikel und Bücher über das «Wesen geheimer Politikmachenschaften»[348] geschrieben. Jetzt befasst er sich mit dem Weltuntergang, den er kurz vor der mittlerweile vergangenen Jahrtausendwende kommen sieht. Ganz präzis will er sich auf den Zeitpunkt nicht festlegen, und er veröffentlichte nach *Buch 3* noch drei weitere Bücher, was wenig sinnvoll gewesen wäre, wenn er selbst mit dem Weltuntergang gerechnet hätte. Der Weltuntergang ist eine Mischung aus Polsprung und Drittem Weltkrieg[349]. Aus dem Osten marschieren drei Heeressäulen ein. Wer es nicht glaubt, kann es auf S. 145 gezeichnet sehen. Hie und da explodieren Atombomben. Dann werden die östlichen Angreifer in blutiger Schlacht geschlagen und ziehen sich zurück. Helsing gelangt durch die Aneinanderreihung Hunderter von Seherberichten zu diesen Einsichten. Einen davon behandelt er besonders ausführlich, das dritte Geheimnis von Fatima. Nach Helsing ist es so unglaublich, dass noch kein Papst es gewagt hat, «die Menschheit offiziell über den Inhalt zu informieren»[350]. Mittlerweile hat ein Papst das Unglaubliche gewagt, und es kam ein viel harmloseres Geheimnis zum Vorschein, als Helsing uns glauben machen will.

1999, im Jahr des angekündigten Weltuntergangs, schrieb er über *Buch 3* eher neutral: «Die Prophezeiungen bestätigen die Existenz und das Wirken der Illuminati»[351]. Prophezeiungen machen keine Aussagen über Tatsachen, sonst wären es keine. Wie sollen sie dann die Existenz von etwas bestätigen? Dazu müssten es Beweise sein, keine Prophezeiungen. Schon wieder scheitert unsere Alltagslogik an Helsing (oder umgekehrt?). Wie auch immer: Die etwas farblose, eher unaggressive Aneinanderreihung von Sehervisionen, bei denen ein Computerspezialist Helsing zur Hand ging, war für die Katz.

Nun legt sich auch ein Helsing nicht ganz präzis auf den Weltuntergang fest. Wenn alle Menschen ihre Frequenzen erhöhen, können sie ihn abwenden. Um das zu

Schauplatz Deutschland – Phase I

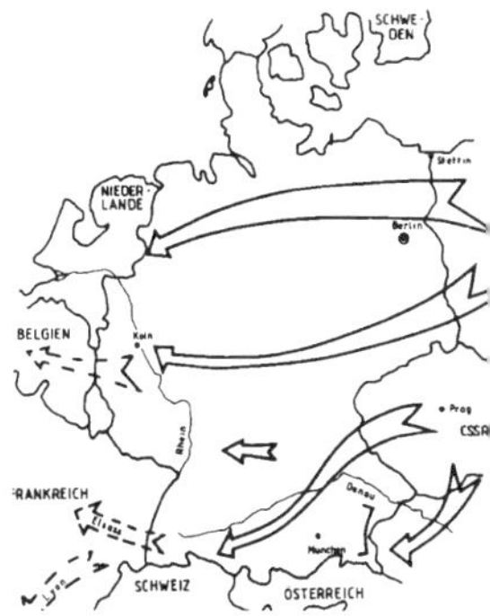

Der Feind will den Kölner Dom sprengen...

Schauplatz Deutschland – Phase II

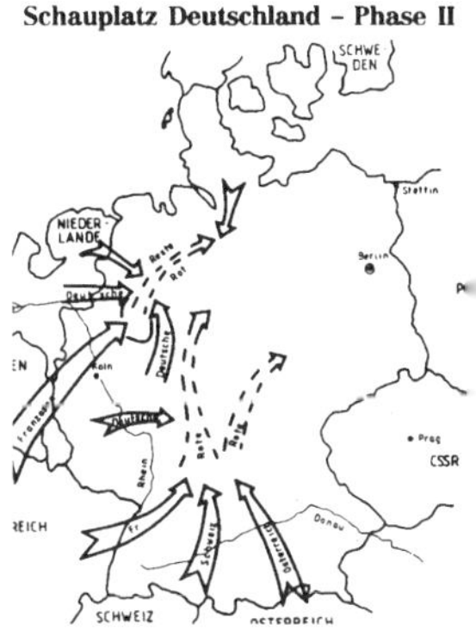

...aber die Guten drängen ihn zurück.
Aus: Die Akte Helsing

erläutern, macht Helsing einen theologischen Exkurs, der an die Gnosis seines Vaters erinnert (s. das Kapitel *Die Selbsterlösung des Menschen*, S. 147). In einem Kapitel *Was lernen wir daraus?* setzt Helsing Gott und Schöpfung gleich. Jeder Mensch ist ein Wassertropfen, und der Ozean ist die Schöpfung. Mensch und Gott verhalten sich also zueinander wie ein Teil und das Ganze. Selbsterkenntnis ist demnach Gotteserkenntnis. Wir kommen auf dieses Thema zurück.

Buch 3 ist Helsings schlechtestes Buch. Es ist ein Abstieg ins unpolitische Sektierertum.

Unternehmen Aldebaran: Durch Rassenzucht zum göttlichen Sein

In seinem nächsten Buch *Unternehmen Aldebaran – Kontakte mit Menschen aus einem anderen Sonnensystem* ist Helsing wieder der «Schreiberling politisch-okkulter Werke», als der er angetreten war. Helsing ist nun ein Autor, der auf drei eigene Werke zurückgreifen kann. Sollte diese Leistung nicht auch dem größten Zweifler zu denken geben?

Helsings Stil wird nun flüssiger (oder sind Ghostwriter am Werk?). Bürokratische Formulierungen werden jetzt aufgelockert, und dies sogar bei übernommenen Textbausteinen (s. S. 163). Die aus purem Unvermögen gesetzten Anführungsstriche werden weniger. Der hölzerne Sachbuchstil muss einem romanhaften Erzählstil weichen. In den *Geheimgesellschaften* hat er sich noch mit Beweisführungen abgemüht wie: «Oder paaren sich zwei Hunde, so wird keine Kuh draus hervorgehen, sondern logischerweise wieder ein Hund»[352] oder: «Stellen wir uns in unserer Fantasie einen Vereinigungsakt vor, so erregt sich unser ganzes Wesen»[353]. Solche Sätze erspart uns Helsing nun. Dinge wie Reinkarnation und Vorherbestimmung sind jetzt einfach als bewiesen vorausgesetzt. Wir können also trotz der kurzen Zeitspanne, die zwischen den mit 26 Jahren geschriebenen *Geheimgesellschaften* und dem in seinem 30. Lebensjahr veröffentlichten *Unternehmen Aldebaran* liegt, von nun ab, wie bei Goethe und Schiller, vom mittleren Helsing sprechen. Unser Autor ist nun zu sich selbst gekommen.

In seinem ersten Buch hatte er mehrfach das «WIR SELBST» betont, das der Mittelpunkt alles Werden und Vergehens ist[354]. In seinem zweiten Buch schreibt er bereits über das erste: «Der Inhalt dieses Buches BIN ICH»[355]. In *Aldebaran* ist er der wissende Romanheld.

Auch in *Aldebaran* arbeitet Helsing gleichsam empirisch: Er gibt Träume und Visionen wieder, um daraus seine Schlüsse zu ziehen. Eine Familie Feistle aus Fichtenau wird von nächtlichen Ängsten heimgesucht und beginnt, sich für Esoterik zu interessieren. Sie eröffnet einen esoterischen Buchladen. Der «absolute Renner» werden Helsings Bücher[356]. Die Feistles haben Traumvisionen von Untergang und Erlösung. Dann begegnen sie mal guten, mal bösen Ufonauten. Sie lassen sich in Trance versetzen und treten Reisen ins Unterbewusste an, von denen sie allerlei Ängste und sexuelle Phantasien mitbringen. Was sie in Trance erleben, ist so intensiv, dass die Feistles es für real halten, und ihnen klar wird, dass ihre Träume gar keine Träume waren, sondern Wirklichkeit[357]. Die Feistles, so stellt sich nun heraus, sind nächtens von Außerirdischen in ein Raumschiff entführt worden. Dort wurden ihre Körper von Umweltgiften gereinigt oder «in höhere Frequenzen versetzt» oder es wurde ihnen Samen entnommen. Ein deutschsprechender Außerirdischer sagt, dass er sein, Feistles, Sperma bräuchte. «Jetzt spüre ich, wie er etwas über meinen Penis stülpt und eine Maschine läuft. Ich bin sogar erregt, ich spüre wie etwas an meinem Penis reibt und bekomme einen Orgasmus»[358]. Das Sperma wird für eine Embryozuchtanlage gebraucht, mit der «eine neue Rasse herangezüchtet wird»[359].

Die Feistles beginnen eine «regressive Hypnose»[360], bei der sie Reisen ins eigene Innere und in ihre Vergangenheit antreten. Die Hypnose bringt ans Licht, dass sie nächtens von Außerirdischen entführt wurden. Das erklärt auch die Geister, die sich letzthin bei ihnen eingestellt hatten und nachts Türen schließen, Licht an- und ausknipsen und durch den Flur schlurfen[361]. In einer Art Selbsthilfegruppe treffen sie andere «Entführte» und bei dieser Gelegenheit Jan van Helsing[362]. Helsing weiß zu deuten, was die Feistles aus ihrem Inneren hervorholen und was – für sich genommen – eher wie ein Mischmasch aus Fantasie und Bruchstücken von Science-Fiction-Filmen wirkt.

Helsing klärt die Feistles auf, dass es zu Ende des Ersten Weltkriegs eine Thule-Gesellschaft und eine VRIL-Gesellschaft gab[363]. Beide Gruppen hatten medialen Kontakt zu einem Weltraumvolk, den Aldebaranern. «Das Sonnensystem Aldebaran soll demnach 68 Lichtjahre von der Erde entfernt […] sein. Die Menschheit des Sonnensystems Aldebaran soll sich in ein Volk von hochgewachsenen und spirituell weit fortgeschrittenen Menschen, die die eigentliche und regierende Bevölkerung Aldebarans darstellen, und verschiedene andere menschliche Rassen unterteilt haben, die sich durch negative Mutationen der hochgewachsenen Aldebaraner infolge der klimatischen Veränderungen auf den einzelnen Planeten entwickelt haben soll. Diese farbigen ‹mutierten› Rassen sollen eine geringere geistige Entwicklungsstufe gehabt haben. Je mehr es zur Rassenvermischung kam, desto mehr soll auch die geistige Entwicklung dieser Völker herabgesunken sein[…].»[364] Die Aldebaraner fliegen die Erde mit UFOs an und unterhalten unter dem Ozean Stützpunkte. Eine Reihe von Aldebaranern lebt bereits unerkannt unter uns.

1945, als die deutsche Kriegsniederlage absehbar war, habe nun Deutschland einen Flug nach Aldebaran unternommen, um «Hilfe für die Erde» zu holen, denn ein einziges der aldebaranischen «Schlachtschiffe könne die ganze Erde erobern», so Helsing[365]. Hilfe für die Erde? In dem vorhelsingschen Video *UFO: Das Dritte Reich schlägt zurück* sollte derselbe Weltraumflug noch unumwunden Hilfe für das ausgeblutete Deutschland herbeischaffen! Wir haben es hier mit einer späten Blüte von Hitlers Wunderwaffen-Rhetorik zu tun. Als die deutschen Fronten bröckelten und die Bevölkerung kriegsmüde wurde, begann die NS-Propaganda von der Wunderwaffe zu sprechen, und deutsche Ingenieure bauten hastig neue Waffentypen, darunter auch tellerförmige Senkrechtstarter, denn die deutschen Flughäfen waren zerbombt. In Prag ist eine dieser «Flugscheiben» bei einem Versuch einige hundert Meter geflogen oder eher gehüpft, bis sie zerbeult liegen blieb[366]. Die beteiligten Ingenieure wurden nach 1945, soweit sie nicht von den USA oder der UdSSR unter Vertrag genommen wurden, zu gescheiterten Existenzen. Andreas Epp, einer der Erfinder der Flugscheiben, wurde von den Ufologen geschnitten, weil er der lebende Beweis dafür war, dass diese Erfindungen eine Weiterentwicklung des Hubschraubers mit einem Stahlmantel waren, der die Rotorblätter schützte[367].

Aus dieser Zeit gibt es offenbar Zeichnungen, Zeugen, die seltsame Gerätschaften gesehen haben und viele Hinweise auf Geheimnistuereien. Um von diesen dünn belegten Fakten zu seinem Geisterreich zu gelangen, beträgt sich Helsing wie ein Organist, der ein paar biedere Klänge zur Sphärenmusik ummoduliert. Helsings Übergänge lauten etwa: «Es stellt sich hier die Frage...», wobei der Antwortsatz mit einem «vielleicht» beginnt, aber dann in Tatsachenbehauptungen ausschwingt. Ein «angebliches» deutsches Weltraumunternehmen» im April 1945 schildert Helsing seitenlang mit so viel Einzelheiten, als sei er dabei gewesen. Dass es sein Aldebaran gibt, sei «nach jüngsten Erkenntnissen der Wissenschaft nicht völlig auszuschließen», sagt Helsing, um uns ein paar Seiten später die Verzierungen im aldebaranischen Raumschiff zu schildern – sie sind germanisch[368]. «Daß es zur Produktion einer Kleinstserie des (VRIL-Raumschiffes) Haunebu II kam, kann nicht ganz ausgeschlossen werden», munkelt Helsing auf S. 137[369], während er auf Seite 133 weiß, dass «sieben Exemplare» gebaut wurden, die bei ca. 6.000 km/h insgesamt 106 Flüge zurücklegten. Was ist nun richtig, Seite 133 oder Seite 137 oder gar Seite 146 der *Geheimgesellschaften I*, auf der die Haunebus II häufig gesichtet wurden?

Spielen wir mit! Das deutsche Raumschiff Odin, das Hilfe «für die Erde» auftreiben soll, durchfliegt einen «Dimensionskanal» und landet im Bauch eines aldebaranischen Raumschiffs[370]. Den Gruß, den die Aldebaraner erbieten, hat Helsing wie in seiner *Akte* eingeschwärzt – in seinem nächsten Buch *Die innere Welt* ist es ohne Balken der Deutsche Gruß[371], also die ausgestreckte rechte Hand und ein «Heil Hitler». «Die Aldebaraner», so merken die Deutschen, «könnte man durchaus für einen unmittelbaren Zweig der germanischen Rasse halten.» Das Leben in Aldebaran ist «völlig schwierigkeitslos». Helsing schildert Gottheiten, Tempel, die Schädelform eines Mädchens. Kein Zweifel: «Odins Flug war erfolgreich!» «Es erscheint also als kein ‹Zufall mehr›, was der Familie Feistle an Träumen und Geistersehereien widerfahren ist. Auch hier verwandeln sich im Schwung der Erzählung Vermutungen zu Fakten, und

Helsing schnurrt auf Seite 190 die technischen Daten des nur durch transmediale Protokolle der VRIL-Gesellschaft gesicherten Raumschiffs Odin herunter als wäre es ein Staubsauger.

Nun stellt Helsing «die berechtigte Frage», wann die Raumflotte der Aldebaraner zur Erde kommt. Vermutlich noch vor der Jahrtausendwende (das Buch ist aus dem Jahr 1997). Es fehlt ja nicht an Anzeichen für diese Invasion aus dem All: Die Deutsche Wiedervereinigung, Erdbeben in Ägypten und anderes mehr (in den *Geheimgesellschaften* waren Erdbeben noch Anzeichen eines globalen Reinigungsprozesses)[372]. Helsing erläutert nun «nach unserem derzeitigen Forschungsstand» das «Unternehmen Aldebaran»[373]: Die Außerirdischen sind auf Abwege geraten und haben Kriege geführt. Dann haben sie erkannt, dass Kriege auf Emotionen zurückgehen. Daraufhin haben sie «durch genetische Veränderungen» die Emotionen aus sich «herausgezüchtet». Dadurch hörten die Kriege auf, aber auch die Gefühle, denn sie hatten keine «Emotionalkörper» mehr. Diese Gefühle züchten sie jetzt durch menschliches Genmaterial auf höherer Ebene wieder herbei, denn sie brauchen Liebe, um die «Sternentore» zu anderen Dimensionen durchschreiten zu können. «Sie erhoffen sich aus den Kreuzungen Wesen mit ihrem Wissen und veredelt mit dem Emotionalkörper eines Erdlings, um so fähig zu werden, die Entwicklung in höhere Dimensionen mitzumachen», sonst würde ihre «Rasse komplett aussterben».

Deshalb also die nächtlichen Entführungen und Samenentnahmen. Der irdische Orgasmus verbreite sich über das ganze All. Tausende oder Millionen von Erdlingen werden entführt, was so viel Arbeit ist, dass kleine graue «Bioroboter» mit blecherner Stimme sie tun müssen. Umgekehrt kreuzen sich die Sendboten des Alls, bei denen es sich «um besonders schöne Exemplare der Spezies ‹Arier› handelte, blond und blauäugig», die Deutsch sprechen und ein Hakenkreuz auf der Schuhsohle haben[374], mit den Menschen, denn auch diese sind degeneriert, weil durch unterschiedliche Kolonisatoren von außerirdischen Völkern mehrere irdische Rassen entstanden sind. So was tut nicht gut, denn das Ideal ist, dass es pro Planet nur eine Rasse gibt[375]. «Aldebaranische Samen» werden «in irdische Menschenfrauen eingebracht», nach drei Monaten «die Föten wieder entnommen und dann in die Zuchtanlagen auf den Raumschiffen verlegt», wo sie als «Superkinder», «schöne Kinder mit großen Augen, sehr hoher Stirn und langen Haaren», einmal mit dem im Kindesalter entführten Reiner Feistle gespielt haben.

Das Buch «Unternehmen Aldebaran» schließt mit einer «kleinen Zusammenfassung», in der alles, was Helsing mit viel Wenn und Aber eingeführt hat, als Tatsache vorgetragen wird, und einem «Schlußgedanken», in dem der Zweck des Unternehmens verraten wird: «langsam aber sicher auf dem Weg dahinzuschreiten, der uns zu dem macht, das wir ‹Gott› nennen». Werden wie Gott, das ist der Grundgedanke der Gnostik. Helsings Vater ist bekennender Gnostiker, und Helsings «Schlußgedanken» dürften von ihm inspiriert sein.

Die Selbsterlösung des Menschen[376] – alte und neue Gnostiker – Helsings Vater

Die Gnosis ist die Erkenntnis Gottes durch den Menschen. Die Gnostiker sehen in Gott das Licht. Sein Gegenteil, der Teufel, ist die Finsternis. Dieser Dualismus von Licht und Finsternis, gut und böse, durchzieht die gesamte Gnosis. Die christliche Gnosis, die in Ansätzen schon im Johannesevangelium zu finden ist, grenzt sich gegen das Alte Testament und das Judentum ab. Im Alten Testament ist Gott unerkennbar. Die Juden dürfen sich kein Bild von ihm machen. Was sie und später die Christen von ihm wissen, hat er ihnen offenbart. Die Bibel ist der verbindliche Ausdruck dieser Offenbarung. Der Gott der Bibel ist auch nicht das Gute oder das Licht. Er kann die Menschen lieben und befreien, er kann aber auch zürnen, rächen, sich von den Menschen zurückziehen, sie auf die Probe stellen wie Hiob. Die christliche Gnosis sieht einen scharfen Gegensatz zwischen dem rächenden alttestamentlichen Gott und dem in Jesus von Nazareth Mensch gewordenen liebenden Gott. Da die Bibel diese Unterscheidung nicht hergibt, beziehen sich die Gnostiker auf weitere Offenbarungsquellen wie Träume, Visionen, mediale Botschaften oder heilige Bücher anderer Religionen, oder sie stellen den überlieferten Text der Bibel in Frage.

«Hurra, wir gehen ins Licht»
Hannes Holey in: Bis zum Jahr 2012, *S. 17 und 331*

***Gnosis**:*
Das griechische Wort Gnosis bedeutet «Erkenntnis». Die Gnostiker wollen das ungleiche Paar Glauben und Wissen miteinander in Einklang bringen.

Stein des Anstoßes ist immer wieder der biblische Schöpfungsbericht. Dort heißt es: «Und Gott sah, dass es gut war», was er geschaffen hatte. Nun hat sich aber die Krone der Schöpfung, der Mensch (zu dem Gott allerdings nicht eigens gesagt hat, dass er gut war), als ungut erwiesen. Ein Gott, dessen Ratschluss unerforschlich ist, kann die Welt in ihrer Widersprüchlichkeit geschaffen haben. Wenn Gott aber unserer Logik unterliegt, dann wird die Schöpfung widersprüchlich, gut und böse zugleich, und muss neu gedacht werden.

Die Abspaltung zwischen dem rächenden Gott der Juden und dem liebenden Gott der Christen weist den Juden den Bereich des Finsteren, Bösen zu. Die Gnosis steht dem christlichen Antijudaismus sehr nahe. Reste davon finden sich in einer Rede Hitlers von 1923[377]. Auch die heutige Esoterik wärmt diese Tradition wieder auf. Jo Conrad munkelt von «bestimmten Kulturen», in denen die Beschneidung, die er verabscheut, üblich ist, und wird etwas deutlicher, wo er von einer «zünftigen Beschneidung [...] bei jüdischen Jungen» spricht. Viel klarer ist seine Sprache an einer Stelle, wo er vom Gott JHWH (dem Gott des Alten Testaments, auch Jahwe) spricht, dem «Baumeister des Universums», mit dessen Hilfe die Freimaurer ihre Weltherrschaft errichten wollen und sich Ränke schmiedend nicht um das vergossene Blut der Menschen scheren, «solange wieder ein Schachzug auf dem Weg zur Weltherrschaft nach der Maßgabe JHWHs geschlagen» wird[378].

Hannes Holey, der Vater Helsings, ist Gnostiker. Jahrzehntelang hat er sich mit Fragen der Gotteserkenntnis abgegeben und, als sein Sohn schon Erfolgsautor war, zwei Bücher dazu veröffentlicht. Dabei hat ihm sein verstorbener Vater aus dem Jenseits «mentalen Beistand» geleistet[379] – wahrscheinlich derselbe Opa Alois, der dem Enkel Jan beim Buchschreiben geholfen hat. Hannes Holey ist ein jovialer Mann, sogar etwas besorgt wegen der politisch eingefärbten Ausflüge seines Sohnes ins Universum und Erdinnere. Er schreibt unaggressiv. Alles ist Licht und Harmonie oder könnte es jedenfalls werden. Bösewichter wie die Illuminati kommen nur ganz knapp vor[380].

Gott ist bei Hannes Holey eine «kosmisch-gigantische, zeit- und raumlose und alles Seiende in sich einschließende **Energetische Einheit**», eine «unvorstellbare energetische Schöpferintelligenz», eine «gewaltige Licht- und Schöpferenergie»[381]. Es ist also nicht der unerkennbare Gott der großen Schriftreligionen, der sich nach eigenem Ermessen offenbart oder zurückzieht, sondern ein gedankliches Konstrukt. Er ist nicht Schöpfergott, sondern Schöpferintelligenz, also eine logische Instanz (bei Mahler werden wir einem ähnlichen Konstrukt begegnen). Mit diesem Gott, der auch anders heißen könnte, ist der Mensch «online»[382], und was sollte das anderes heißen, als dass er Zugriff auf ihn hat.

Freilich schwingt auch bei Hannes Holeys «Versuch einer Vorstellung dieses Schöpfungsvorganges etwas Schuldhaftes und Bedauerliches» mit. Dass das Böse ein Teil der Schöpfung ist, ist nun mal nicht zu leugnen. Aber es gibt «Querdenker», die «**Wege zur Selbsterlösung** aufzeigen»[383]. Holey stellt das «Erlöser-Modell» und das «Selbst-Erlösungs-Modell» einander gegenüber und setzt auf Letzteres. «**Durch sich selbst** [...] werden die neuen Menschen die geistigen Reiche der Himmel finden.»[384] Auch hier hat Helsing einfach noch eins draufgesetzt. Vater Holey kennt noch den prinzipiellen Unterschied zwischen Gott und Mensch. Helsing gibt den Menschen, wie wir im «Schlußgedanken» zu *Unternehmen Aldebaran* gesehen haben, das Ziel vor, wie Gott zu werden.

Unter waghalsiger Verdrehung einer Bibelstelle (Joh. 8, 44[385]) nimmt Hannes Holey Jesus als Gewährsmann für die Unterscheidung zwischen einem «lieben Vater-Gott und dem Gott Jahwe», dessen Anhänger – die Juden – den Teufel zum Vater haben[386]. Jesus habe sich «vehement gegen die barbarischen Lehren des israelischen Gottes Jahwe gewandt». Das Alte und das Neue Testament sieht er als «polare religiöse Gegensätze»[387]. Um dies zu begründen, lobt er nicht nur die «große Persönlichkeit des Marcion», sondern er zitiert auch ohne irgendeinen Vorbehalt den Altorientalisten Friedrich Delitzsch[388] (s. Marginalienspalte).

Hannes Holey erwähnt die Theorien seines Sohnes eher nebenbei und mit einem Anflug von Vorbehalt[389]. Die Illuminati kommen ab und an vor. Sein Universum ist nicht von Aldebaranern bevölkert, sondern von «Raumgeschwistern», die mit UFOs umherschwirren, von kosmischen Helfern, die der Menschheit beim Aufstieg zum Licht zur Seite stehen. Gnostiker sind Duali-

Marcion war ein Bischof im 2. Jahrhundert n. Chr., der das Alte Testament als nicht zur Bibel gehörig betrachtete. Die Marcioniten, die es bis heute gibt, sind häufig Antisemiten. Friedrich Delitzsch, Assyrologe und Theologe, deutete das Alte Testament als babylonischen Ursprungs und forderte ein um alle jüdischen Traditionen verkürztes Christentum. Er wurde zum hemmungslosen Antisemiten. Seine häufig nicht mehr wissenschaftlich begründeten Argumente ziehen sich wie ein roter Faden durch die Schriften der Deutschen Christen, die zu Hitler standen, und der heutigen äußersten Rechten.

sten. Ihre Welt besteht aus Licht und Dunkel, Gut und Böse. Da die tatsächliche Welt aber viel verzwickter ist, müssen konsequente Gnostiker ihr einfaches Grundmuster durch ein Füllhorn komplizierter Hilfserklärungen ergänzen. Holeys Schöpfung wird auf diese Weise zu einem für die Leserinnen und Leser recht ermüdenden System von Energiewirbeln, Chakren und Wesenheiten, Licht- und Schwingungsebenen, Grob- und Feinstofflichkeit. All das tüftelt er mit ungezählten Zitaten und einmal auch mit einer vom Erzengel Ariel gechannelten, aber immerhin hier nur zitierten Lichtbotschaft[390] zusammen. Seine Bücher sind fast unlesbar und wären sicher nie gedruckt worden, könnten sie nicht im Windschatten des publikumswirksamen Sohnes segeln.

Helsings Innere Welt und seine Wunschwelt

Helsing, nach vier erfolgreichen Büchern ein fast schon respektabler Autor, ist seiner Lesergemeinde jetzt das Gegenstück zu den Weltraumvölkern schuldig. In seinem Roman *Die innere Welt: das Geheimnis der Schwarzen Sonne* popularisiert er ältere Fantasien über eine Welt innerhalb unserer Welt. Jules Verne hat 1846 mit *Reise nach dem Mittelpunkt der Erde* den Grundstein zu dieser Gattung gelegt. Im 20. Jahrhundert wurden einige Romane über die innere Erde geschrieben[391]. Die SS ließ ihre «Stiftung Ahnenerbe» über Hanns Hörbigers Welteislehre forschen. Die Welteislehre ging davon aus, dass die heutige Welt aus einer kosmischen Urkatastrophe entstanden sei, während Atlantis in den Fluten unterging[392]. Hitler gehörte zu Hörbigers aufmerksamen Zuhörern.

*«Es erscheint als nicht ganz ausgeschlossen, da**ss** an Stellen, über die heute die Wellen des Atlantischen Ozeans rauschen und riesige Eisgebirge herziehen, einst ein blühendes Festland aus den Fluten ragte, auf dem eine schöpferische Rasse eine große, weitausgreifende Kultur erzeugte und ihre Kinder als Seefahrer und Krieger heraussandte in die Welt […].» (Rosenberg, 1936 S. 24)*

Die Bewohner von Atlantis waren, so will es diese Tradition, eine höhere Rasse. Überlebende der Katastrophe gründeten an einigen Orten der Welt Zivilisationen, deren Elite sie wurden. Bis hierhin deckt sich Helsings Version mit Schriften wie z.B. Alfred Rosenbergs *Mythus des 20. Jahrhunderts*[393], einem Standardwerk der NS-Literatur.

Helsing greift nun einen esoterisch-nationalsozialistischen Traditionsstrang auf und lässt Überlebende der Katastrophe (bei ihm ein Atomkrieg vor 13.500 Jahren) ins Erdinnere fliehen. All das hat er aber nicht aus der

Literatur, sondern von einem geheimnisvollen Fremden, der ihm während einer Autofahrt von seinen Forschungen über die «innere Welt» erzählt. Diese Autofahrt bildet die Rahmenhandlung des Romans. Leserinnen und Leser erfahren darüber wenig mehr, als dass Helsing wie eine Sau über die Autobahn rast (das erwähnt er sechsmal) und gerne einen trinkt.

Der Fremde – er heißt John – berichtet, dass die innere Welt seit 30.000 Jahren besiedelt ist, vielleicht aber schon seit Millionen Jahren. Die Völker sind die «Bodländer, die Neu-Atlanter, die sich auch als Atturianer bezeichnen [das Wort kommt von Arier, H/M], die Wikinger, die Alt-Deutschen und die Neu-Deutschen [...] die älteste Rasse der inneren Welt ist germanischen Ursprungs».[395] Die Alt-Deutschen sind Abkömmlinge deutscher Kolonisten in Brasilien, die sich 1572 vor den Giftpfeilen der Indianer in einen Tunnel am Amazonas zurückzogen[396]. Dieser Tunnel führte ins Erdinnere[397]. Die Neu-Deutschen sind Nationalsozialisten, die ins Erdinnere flüchteten, als die deutsche Kriegsniederlage bevorstand[398] (hier greift Helsing einen Traditionsstrang auf, den Wilhelm Landig und Miguel Serrano entwickelt haben. Landig belässt es aber bei einem weiträumigen Tunnelsystem].

Landig s. S. 81 ff.

Serrano: s. S. 87 ff.

Der Weg in die Hohlwelt führt über Löcher in Nord- und Südpol von 200 km Durchmesser[399] oder über geheime Tunnels. Die Weltverschwörung hat es verstanden, die Polöffnungen geheimzuhalten. Auf keiner Karte, keinem Satellitenfoto sind sie zu sehen. Eine der Frauen, die mit bewundernden Augen auf einem Messestand um Helsing herumsitzen, erzählte im Brustton der Überzeugung, sie habe gerade einen Fernsehfilm über die Antarktis gesehen, und wieder seien die Polöffnungen übertüncht gewesen!

Die Hohlweltbewohner fliegen mit UFOs (Helsing nennt sie Flugscheiben, wie sie zur Hitlerzeit hießen) nach außen, die immer mal wieder Hakenkreuze als Hoheitszeichen haben[400]. Auch alternativ betriebene U-Boote, die sogar fliegen können, versorgen die Hohlwelt. Sie kapern komplette Tanker und Frachtschiffe und entführen «Menschenmaterial»[401].

Die Hohlwelt besteht aus Meeren und Landmassen, die an den 1.300 bis 2.000 Kilometer dicken Innenwänden der Erde hängen. Es gibt «einen Wasserfall, gegen

Alfred Speer: 1905-1981, Architekt, in zahlreichen Funktionen für die deutsche Rüstungswirtschaft verantwortlich.

den die Niagarafälle wie ein Bach» aussehen, einen «Geysir, der Millionen von Litern von heißem Wasser und Dampf in die Luft» speit[402], aber auch Idylle wie «Kühe, Pferde und Schafe, die von Hirten gehütet» werden[403]. Die Hauptstadt Neu-Deutschlands ist, wie man einem Straßenschild am Ortseingang entnehmen kann, Neu-Berlin. In Neu-Berlin gibt es Gebäude, die der Architekt Alfred Speer «auf Befehl von Adolf Hitler» entworfen hat[404].

In der Mitte der Hohlwelt hängt eine künstliche Sonne aus unzerstörbaren Kristallen, die «schwarze [unsichtbare] Strahlen» aussendet. Die Schwarze Sonne, die den Untertitel von Helsings Roman liefert, steht, wie wir gesehen haben, in der einschlägigen Literatur und auch in Helsings *Geheimgesellschaften 1* für die SS[405]. Helsings Schwarze Sonne wird atomar betrieben und zweimal im Jahr von der richtigen Sonne aufgeladen. «Eine sich drehende Scheibe [...] sorgt für den Wechsel von Tag und Nacht»[406]. Warum ist die Sonne atomar betrieben? Helsing weiß es nicht. Es ist einfach so, sagt er.

Die innere Welt ist «innen nicht so dicht bevölkert wie außen»[407], aber allein Bodland hat eine Bevölkerung von 36 Millionen Menschen[408]. Insgesamt leben hunderte von Millionen Menschen in der inneren Welt[409]. Die Neu-Atlanter sprechen eine Art Sanskrit. Die Eigennamen haben viele Doppelbuchstaben, z.B. Jerruummous oder Wiinnaabbaago. Der König von Bodland heißt Haakkuuss III., eine oberirdische UFO-Besatzung besucht beim Sightseeing den Ort Mmaccano, ein Mann vom Bauamt heißt Buccaattoo, ein Bürgermeister, der dem UFO-Kommandanten den goldenen Schlüssel der Stadt überreicht, Helleennsttinne.

Krankheiten wie Krebs sind besiegt. Gegen Krebs hilft eine «exakte Mischung aus Gemüsesäften» (Karotten, Tomaten usw., die aber nicht wie das oberirdische Gemüse von schädlichen Strahlen der wirklichen Sonne bestrahlt wurden)[410]. Dass die blasse atombetriebene Sonne gesünder fürs Gemüse sein soll als die gute alte Natursonne, die auf unsere Köpfe scheint, passt nicht recht ins Bild des Sprosses aus biologisch-ökologischem Haus, aus dem Helsing nach Aussage seiner Eltern stammt. Es entspricht eher der Denkweise eines Dunkelmannes.

«Es gibt keine pornographischen Filme oder Zeitschriften oder Werbung mit Sex. Es gibt auch keine

Bordelle», weiß ein Professor Hammaan, «Missionar» der inneren Welt in der äußeren (also unserer), zu berichten. In der Schule findet ein gründlicher Sexualkundeunterricht statt, bei dem auch die Schädlichkeit unnatürlicher Geschlechtspraktiken behandelt wird.»[411] In der inneren Welt herrscht Frieden. Das Verbrechen ist besiegt. Es gibt keine Drogenprobleme.

So kompliziert die Wirtschaft auf der Erdoberfläche ist, so einfach funktioniert sie unten. «Die Liebe zum Geld ist die Wurzel alles Übels.» Also wird das Papiergeld, das vom Goldstandard gedeckt ist, jährlich eingezogen und neu herausgegeben. Geldhorten ist verboten. Auf diese Art sammelt sich kein Privatkapital an und es herrscht Vollbeschäftigung.[412] Die Industrie ist aber im Privatbesitz. Wie das alles im Einzelnen funktionieren soll, verrät Helsing – Verzeihung: der Missionar Mammon – nicht. Das Grundschema ist klar: Banken, Börse und Geldspekulation sind das Böse («raffendes Kapital» bei den Nazis), Produktion das Gute («schaffendes Kapital»). Helsing/Haammaan setzt umstandslos Kapital mit Finanzkapital gleich, und die Industrie muss sehen, wie sie ohne Investitionskapital auskommt. Für das Leben auf der Erdoberfläche gibt Helsing in den *Geheimgesellschaften 1* einen ebenso simplen Tipp: «Daß wir unser Getreide wieder eigenhändig anbauen, einen Brunnen bohren, ein paar Ziegen für Milch und Käse halten, alternative Energieversorgung, etwas Gold für den Notfall im Garten vergraben [...] einfach unabhängig werden.»[413] Steht Helsings Porsche 911 im Ziegenstall? Aber wir dürfen Helsing nicht böse sein, dass er so was schreibt. Er ist damit aufgewachsen. Am Holeyschen Mittagstisch war es ein häufiges Thema, dass man Gold horten und sich eine Quelle buddeln soll.

Die Regierungsform ist eine erbliche Monarchie. «Vor Tausenden von Jahren versuchten wir es mit einer parlamentarischen Demokratie und gewählten Volksvertretern, aber das hat nicht geklappt.»[414] Die sechzig Millionen Neu-Deutschen haben einen «Reichstag»[415]. Auch die Venus ist, wie wir später erfahren, eine Monarchie[416].

Also keine Probleme im Inneren? Doch, eines erwähnt Haammaan: «Wir hier unten sind ein wenig besorgt über illegale Einwanderung unerwünschter Rassen [...] die ‹Bösen›, die einst die Alt-Deutschen angegriffen hatten.»[417]

John und Helsing fahren zu einem Schloss eines reichen Freundes mit Parkanlage und unterirdischem Atombunker. Dort holt Helsing ein Antriebsaggregat für eine deutsche Flugscheibe ab. Auf der Rückfahrt springt Johns Erzählung von den Innerirdischen zu den Außerirdischen. Ein deutsches UFO flog gegen Ende des Zweiten Weltkriegs zur Venus um Verstärkung zu holen, da die deutschen Fronten bröckelten. Auf der Venus (übrigens Hitlers Leitstern) trafen sie auf eine deutschsprachige Zivilisation, die sogar mit dem deutschen Gruß grüßte. Die Venusier waren ebenfalls vor der großen Atlantis-Katastrophe geflohen, bevor sie ihre deutsche Leitkultur auf der Venus installierten. Auch hier herrscht ein Monarch. «Sex – Sexualverbrechen und sexueller Mißbrauch sind kein Problem» und die Autobahnen sind nicht überfüllt[418], was für den Porschefahrer Helsing eine Wohltat sein müsste.

***Deutscher Gruß**: Gruß aus der Hitlerzeit, mit ausgestrecktem rechten Arm und dem Ausruf «Heil Hitler»*

Hohlwelt und Venus haben also gemeinsam, dass sie der Erdoberfläche bis in verblüffende Details ähneln. Selbst der Ost-West-Konflikt spiegelt sich im Unteren wieder. Ein US-amerikanisches Flugzeug wird höflich empfangen, obwohl der Kommandant anfangs losballern ließ, wie es koloniale Stoßtrupps nun mal tun, wenn sie auf etwas Fremdes stoßen, und der Flieger wird sanft zum Hohlweltausgang zurückgeleitet. «Die Russen» werden von den Innerirdischen kurzerhand abgeschossen. Die innere Welt knüpft mit dem Westen diplomatische Beziehungen an, während nach der Russischen Revolution ein Höhlenausgang in Sibirien verschlossen wird. Wie kommt es zu dieser Special relationship zwischen Neu-Deutschland und den USA? Helsing weiß zu berichten, dass ein «großer Teil der SS später in den amerikanischen Geheimdienst OSS aufgenommen wurde, aus dem später die CIA hervorging». (In *Geheimgesellschaften 1* stand noch: «Ein großer Teil der SS wurde nach dem Krieg direkt in den CIA übernommen»[419], was ein noch größerer Unsinn ist, denn der CIA wurde erst 1948 gegründet. Der frühe Helsing formuliert die Übernahme der deutschen Agenten (überwiegend der militärischen Abwehr, nicht der SS) als Vorwurf, der mittlere sieht das positiver: «Für diese Nationalsozialisten in amerikanischer Uniform ist ihre Arbeit immer weitergegangen.» Die Projekte des CIA, die mit Innerirdischen und Außerirdischen zu tun haben, werden «auch von hochrangigen SS-Männern mit deutschem Geist» betrieben[420].

Die «neuen Deutschen», schreibt Helsing, sind eigentlich «die Deutschen von der Oberfläche»[421]. Neu-Deutschland «entwickelte sich [...] ähnlich wie oben die Bundesrepublik Deutschland»[422]. Die Gründung Neu-Deutschlands ist die «Geburt einer neuen Nation»[423]. Sollte hier der Wunsch mitschwingen, dass die Niederlage des Nationalsozialismus von 1945 nicht endgültig war? Hitler jedenfalls hat sie – nach Helsing – überlebt. Er floh über Südamerika ins Erdinnere[424] und starb am 25. Oktober 1974 in Spanien, nachdem er seinem Sohn die Regierungsgeschäfte übergeben hatte.

«Die Neu-Deutschen beginnen in der Hohlwelt das ‹Goldene Zeitalter›», überschreibt Helsing das eben zitierte Kapitel. Das Goldene Zeitalter ist seit der Antike ein Traum der Menschheit, ein Gegenbild zur schlechten Wirklichkeit. «Außer- oder Innerirdische sind [...] mehr oder weniger menschliche» Wesen. Die Zivilisation im Erdinneren sieht «mit größter Wahrscheinlichkeit so aus, wie wir sie auch auf der Oberfläche der Erde nach dem Sturz der Illuminati haben werden»[425]. «Diese [innere] Welt ist rein»[426], wie jeder sich sein Inneres wünscht.

Wie werden diese Wunschwelten verwirklicht? Wie funktioniert z.B. die Verbrechensbekämpfung? «Ein Ersttäter wird automatisch in eine staatliche psychiatrische Anstalt geschickt. Die meisten reagieren positiv auf die Behandlung [...] Ein Ärzteausschuß ist befugt, eine Person nach der dritten Straftat zu einem Gewohnheitsverbrecher zu erklären. In einem solchen Fall wird die Behandlung abgebrochen, und der Täter gilt jetzt als unheilbar kriminell. Ihm werden alle Kleidungsstücke abgenommen, und er muß nackt und in Ketten Zwangsarbeit leisten. Nachts schläft er auf einer Holzpritsche ohne Unterlage. Seine Mahlzeiten sind sehr karg. Sechs Monate einer solchen Strafe genügen meist, um den Verbrecher wieder in einen gesetzestreuen Bürger zu verwandeln [...]. Falls der Gefangene auch auf diese Behandlung nicht reagiert, wird er von den Ärzten und einem Richter auf eine Insel verbannt. Dort muß er wie ein Tier leben. Tags muß er harte Arbeit leisten, nachts wird er in einen Käfig gesperrt. Dieses Verfahren findet die ungeteilte Zustimmung der Bevöl-

«Die Solidarität mit dem Nationalsozialismus im ‹Neuen Reich› wurde während der Hitlerjahre nach 1945 stabilisiert. Später verpflichteten die beiden Häuser des Parlaments [Neu-Deutschlands, H./M.] mit der Ernennung des neuen Staatschefs Adolf Hitler Junior sich und die Millionen Neu-Deutschen, die damals bereits in der Innenwelt lebten, am Nationalsozialismus festzuhalten.» (Holey 1998 , S. 229).

Die Schwarze Sonne ist «das unsichtbare Licht, das in uns scheint – die Kraft des Herzens und der Liebe.» (Holey 1998, S. 331)

kerung. Es gilt als eine wirkliche Abschreckung. Die so von der Gesellschaft ausgestoßenen Menschen gelten rechtlich als tot [...].» Wer dran zweifelt, dass hier Helsings Wunsch der Vater des Gedankens ist, wird zwei Absätze später eines Besseren belehrt. Dort verwandelt Helsings literarische Schöpfung Professor Haammaan die Schilderung der inneren Welt in eine Empfehlung für die äußere. Er kritisiert das ineffektive «oberirdische Polizeisystem» und eine Gesellschaft, die die Verbrecher schützt. «Es gibt so viele juristische Schlupflöcher für die Verbrecher in Ihrer westlichen Gesellschaft.»[427]

Wie funktioniert die helsingsche Wunschwelt?

Kann es Privatwirtschaft ohne Kapitalismus geben? Ein «Antihortungsgesetz» sieht Strafen von dreißig Jahren Gefängnis für das Horten von Geld vor[428].

Eine Monarchie empfiehlt Helsing nicht, aber seinen Begleiter John lässt er darüber sinnieren, ob uns nicht eine Diktatur aufgezwungen werden müsse, um einen Atomkrieg zu verhindern[429].

Warum gibt es keine Probleme mit Sex? «Verheiratete Männer und Frauen auf Neu-Atlantis leben getrennt, haben aber für den Sex spezielle Häuser.»[430] «Neunzig Prozent der Geburten erfolgen durch künstliche Befruchtung.» Auch «körperliche Empfängnis» darf praktiziert werden, aber die «Eltern werden vorher auf ihre geistige und körperliche Gesundheit hin untersucht». Nach einer Bruchlandung von außerirdischen UFOs wurden die Leichen der «Wesen» untersucht. Die einen hatten keine Geschlechtsorgane, bei den anderen befanden sie «sich in Falten unter der Haut, wenn sie nicht in Gebrauch waren».[431] Schlagen hier Helsings Sexualängste durch?[432]

Warum gibt es so wenig Krankheiten? Warum sind alle Menschen so edel? «Lebende Zellen, die Männern und Frauen entnommen wurden, werden in einem Reagenzglas befruchtet. Als Ergebnis dieser Vereinigung von Zellen werden niemals mißgebildete Babys geboren [...]. Ausschließlich Paare ohne unerwünschte Eigenschaften dürfen Kinder bekommen. Negative Charaktereigenschaften werden deshalb nicht weitergegeben. Kriminelle Frauen und Männer dürfen keine Kinder bekommen. Die neu geborenen Retortenbabys bleiben im ersten Jahr im Geburtshaus, wo sie von weiblichem Personal umsorgt werden, und werden dann erst ihren Eltern übergeben [...]. Eltern, die Kinder misshandeln, werden die Kinder weggenommen und sie erhalten öffentlich Schläge mit dem Riemen.»[433]

Helsings Zuchtauswahl könnte dem Lebensborn der SS abgeguckt sein. Seine Trennung der Geschlechter und der Kinder von den Eltern, das Verbot von Geldbesitz und harte körperliche Strafen werden in der deutschen Foltersiedlung Colonia Dignidad in Chile praktiziert, über die Helsing zu berichten weiß, dass sie einer der Eingänge zur inneren Welt ist. Wir kommen weiter unten darauf zurück.

Lebensborn e.V.: *Heime der SS, in denen Frauen arische Kinder gebären*

Drogenprobleme? Hier setzt Helsing nicht auf Strafkolonien und öffentliche Prügel. Konsumenten rauchen ein Gegenkraut, und das Bedürfnis ist weg. Helsing hat sowieso nichts gegen «natürliche Drogen». Ein Joint in einer «natürlichen Idylle» schadet nichts, man muss nur ein «gesundes Maß» einhalten, sagt Helsing in einem Interview mit *grow*, einer Darmstädter Zeitschrift für «HanffreundInnen»[434]. Während des Interviews in Amsterdam blieb er allerdings, ganz im Gegensatz zum angeturnten Interviewer, stocknüchtern.

Warum weiß die oberirdische Menschheit so wenig von der unterirdischen? Die US-Regierung hält ihr Wissen zurück, denn die Bevölkerung soll nicht erfahren, dass die USA Deutschland «letzten Endes doch nicht besiegt» haben[435]. Außerdem könnte die US-Bevölkerung einen Krieg gegen die unbesiegten Nationalsozialisten fordern[436].

Die Rückfahrt Helsings, der John unterwegs abgesetzt hat, führt zu Hitlers legendärer Alpenresidenz Obersalzberg, wo er und ein Freund das Antriebsaggregat in eine deutsche Flugscheibe einbauen wollen. Doch da senkt sich ein UFO herab, dem ein Mann namens Parcival und seine Frau Ariane entsteigen. Ariane ist «eine wahre Augenweide». Die beiden nehmen Helsing das Aggregat weg, weil er noch nicht reif genug für so was ist, und entschwinden wie ein Blitz[437]. Mit ihnen entschwindet der Beweis für Helsings Theorien.

Die Theorie von der Inneren Welt oder Hohlwelt kam zwischen den beiden Weltkriegen in Deutschland auf und wird heute im neurechten Schrifttum wieder verbreitet. Bei Helsing hat es mit dieser Theorie eine konkrete Bewandtnis. In einem Video[438], in dem Helsing monologisiert, sagt er recht unvermittelt, die polizeili-

***Colonia Dignidad**: 1961 gegründete deutsche Sektensiedlung in Chile, die als Folterlager der chilenischen Geheimpolizei diente (s. F.P. Heller:* Colonia Dignidad: von der Psychosekte zum Folterlager. *Stuttgart: Schmetterling Verlag 1993, s. a. S. 91 f.)*

chen Durchsuchungen der deutschen Siedlung Colonia Dignidad in Chile dienten gar nicht der Suche nach «diesem flüchtigen Herrn Schäfer» (dem Sektenführer und Kinderschänder Paul Schäfer). Er sei der Meinung, ja sogar der Überzeugung, dass diese ganze Medienkampagne gegen Schäfer nur ein Vorwand war, um in die Colonia Dignidad hineinzukommen und die mehrstöckigen unterirdischen Anlagen der Siedlung aufzufinden (die chilenische Polizei hatte 1998 in einer Großaktion die Siedlung durchsucht und zahlreiche unterirdische Räume gefunden). Dies habe er, Helsing, schon vor vier Jahren (also 1994) öffentlich gesagt. An anderer Stelle munkelt Helsing davon, dass «Kontaktler» (Menschen, die mit Außerirdischen Kontakt hatten), als «Kinderschänder» diffamiert würden, um einige Zeilen später sich selbst und die Colonia Dignidad in einem Atemzug als Opfer solcher Diffamierungen zu nennen[439]. Dem weiß Helsing hinzuzufügen, dass bei der Polizeirazzia 1998 die Hälfte der Sektenmitglieder auf Nimmerwiedersehen ins Erdinnere abgewandert sei und die chilenischen Sicherheitskräfte sich derart heillos im Erdinneren verirrt hätten, dass sie eilig den Rückzug angetreten hätten. Tatsächlich hat sich ein Teil der deutschen Siedler in unterirdischen Bunkern verkrochen oder wurde heimlich in Landgüter von Freunden gebracht, wo sie nun sitzen und von der Sektenführung Geld für die jahrzehntelange unentgeltliche Arbeit verlangen.

Die Colonia Dignidad verfügt über ein ausgedehntes System getarnter unterirdischer Tunnels und Bunker. Sie wurden nach dem chilenischen Militärputsch 1973 vom deutschen Fliegeroffizier und Neonazi Hans-Ulrich Rudel entworfen, um die Siedlung zu einer geheimen Militärbasis zu machen. Zu den unterirdischen Installationen gehören hydraulische Aufzüge, mit denen offenbar Flugzeuge in Startposition gebracht wurden. Die esoterische Sektenführung hat ihre Freunde zu Reisen ins Innere der Erde eingeladen, ihnen Sonnenbrillen aufgesetzt und sie dann mit diesen Aufzügen fahren lassen. Weiß Helsing etwas davon? Und woher weiß er – falls seine Angaben stimmen – 1994 von den unterirdischen Räumen der Colonia Dignidad, von denen damals nicht einmal die Polizei wusste? Wie auch immer Helsings Beziehungen zur Colonia Dignidad geartet sein mögen, sie beweist nicht, dass die Erde hohl ist, sondern dass Helsing sich in schlechtester Gesellschaft befindet.

Man könnte die *Innere Welt* als Reise ins eigene Ich lesen, als Beschreibung des inneren Weges, der den Kern der Esoterik ausmacht. Aber Helsing meint sein Buch physikalisch. Glaubt er, was er über die innere Erde schreibt? Ganz sicher ist er sich, dass es Höhlensysteme in Tibet und anderswo gibt. Der Rest stützt sich auf «Berichte». Immerhin war er nicht untätig. Er wollte einen Flug zum Pol unternehmen, hatte auch schon einen Piloten und das Geld, aber dann bekamen sie keine Überflugrechte. Auf die Frage, wer denn den Überflug verboten hätte, kommt ein Achselzucken und später ein «ehe wir abgeschossen werden». Wenn's nicht in der Luft geht, dann eben zu Lande. Ein wohlhabender Freund Helsings rüstete eine Expedition von 32 Mann aus, die auch an die angegebene Stelle gelangt. Kein Loch, nichts. Dann habe sich plötzlich Nebel entwickelt, und kurz darauf habe sich die Expedition in einer anderen Welt befunden, mit großgewachsenen Menschen. Waren sie im Erdinneren oder in einer anderen Dimension?

Helsings Quellen[440] und Methoden

Wir haben nun die Weltverschwörung der Illuminati, den Weltuntergang, einen Ausflug ins All und noch einen ins Erdinnere hinter uns gebracht und können uns eine Rückschau auf Helsings Arbeitsweise gönnen.

Häufig gibt Helsing einfach keine Quellen an. «Ich habe ehrlich gesagt so gut wie überhaupt nicht recherchiert», sagt er freimütig[441]. Wenn er Schriften anderer Autoren zitiert, nimmt er alles, was dort steht, für bare Münze. Zwar sagt er, er habe für die *Geheimgesellschaften 1* «alle erreichbaren Bücher» durchgearbeitet[442], aber er stützt sich fast nur auf esoterische Quellen, die ihm in den Kram passen. Er nennt sie «kritische Literatur»[443]. Helsing beutet die Bestseller der vorigen Esoterikergeneration aus[444]. Die Wissenschaft mag er nicht. Es gibt eine Reihe seriöser Publikationen zur Fälschung der *Protokolle der Weisen von Zion*, aber darauf geht Helsing gar nicht erst ein. Schriften, aus denen er Originaldokumente zitierte, die er aber nicht mag, versieht er im Literaturhinweis mit einem «ist aber sonst nicht zu empfehlen»[445].

Die Literaturangaben in *Geheimgesellschaften 1* sind stümperhaft zusammengestellt; in einer steht «der Name des Autors ist mir entfallen»[446]. Mal gibt er Seitenzahlen an, mal nicht. Später umgeht er dieses Problem durch sehr pauschale und kurze Verweise. Eine Literaturnote der *Geheimgesellschaften 1* enthält fünf Quellen auf einmal, darunter Hitlers *Mein Kampf*[447]. Im dazugehörigen Text geht es um riesige Tunnelsysteme, die von Tibet bis Brasilien die Erde durchziehen, also immerhin um den Kern seines späteren Buches zur inneren Welt. Da Hitler zu solchen Theorien nie etwas geschrieben hat, bleibt es den Leserinnen und Lesern überlassen, herauszufinden, wer von den fünf Quellenautoren vielleicht irgendwo irgendwas zu den zwei Seiten davor, in denen es um die Thule-Mythologie geht, gesagt haben könnte. Nachvollziehbar ist nichts.

Wenn er sich einmal zu Gehobenem hochrangelt, geht's schief. Als er einmal Goethe zitiert, wird daraus: «Die Geister, die er rief, wird er nun nicht mehr los»[448]. Viele von Helsings Belegen sind einfach nicht nachvollziehbar. Sie lauten etwa so: «Ein Beobachter meint [...].»[449] oder «mein Freund [...] ist mit großer Sicherheit davon überzeugt»[450]. Selbst wenn wir die unsinnige Formulierung «mit großer Sicherheit überzeugt» Helsings schlechtem Schreibstil zugestehen, taugen solche Hinweise wenig. Der erwähnte Freund ist wiederum der Freund eines Menschen, den der Autor am Vortag kennengelernt hat. Also eine vage Quelle aus zweiter Hand.

Goethes Zauberlehrling: Die ich rief, die Geister, werd ich nun nicht los.

Was soll man anfangen mit: «Ein namhafter Physiker an der ‹Standford University› hat einmal gesagt [...]»[451]? Meint er die Stanford University in Kalifornien? Wer ist der Physiker? Sein Wissen über die VRIL-Gesellschaft bezieht Helsing über «noch lebende Mitglieder der Thule-Gesellschaft», die 1918 schon erwachsen gewesen sein müssten. Die Familie Feistle ist in *Unternehmen Aldebaran* mal zitierte Quelle, mal schreibt sie selbst. In «Trancesitzungen» mit dieser Familie «treten Informationen zutage»[452]. In dem Kapitel über das Unternehmen Aldebaran haben wir den Taschenspielertrick geschildert, mit dem Helsing Träume zu Wirklichkeit werden lässt. Die Übergänge von seinen unüberprüfbaren Quellen zu den Tatsachenbehauptungen sind schauderhaft verschwommene Formulierungen: Einmal ist «der Gedanke gar nicht so weit hergeholt», ein paar Seiten weiter «scheint es nahezuliegen, dass...», bald darauf «hat man festgestellt» und wiederum etwas weiter «könnte man annehmen, dass...»[453], und schon ist bewiesen, was zu beweisen war. Denn beweisen will Helsing und nicht missionieren![454] Eine von Helsings anonymen Quellen schreibt: «Man versuchte damals über den Mond als Relaisstation zum Mars zu kommen. Doch heute wissen wir, dass das nicht geht. Also werden sie vom Mond direkt zur Venus geflogen sein.»[455] Und schon sind geflohene Nationalsozialisten bei den «Venusiern» gelandet.

Auch die von Helsing zitierten schriftlichen Dokumente sind flatterhaft. Ein paar Mal schreibt Helsing «Quelle: SS-Geheimarchiv»[456]. Welches? Dann «untermauern Dokumente des deutschen Militärs»[457](es gibt Millionen davon) die Träume und hypnotischen Visionen in seinem *Unternehmen Aldebaran*. Helsing zitiert «Quellen, die momentan auf dem UFO-Markt kursieren» und bezieht sich auf «Insiderberichte aus den USA»[458].

Eine seiner Quellen ist die Zeitschrift *CODE*[459] (*Conföderation organisch denkender Europäer*), die aus der medizinischen Zeitschrift *Gesunde Medizin* hervorging und später *Das andere deutsche Nachrichtenmagazin* hieß. Die mittlerweile eingestellte Zeitschrift *CODE* hatte sich auf Auschwitzleugnung und Verschwörungstheoretisches kapriziert[460].

Eine weitere Quelle ist *ZeitenSchrift*[461]. Diese Schweizer Publikation bietet eine Mischung aus Verschwörungstheorie, Auschwitzleugnung und Antisemitismus. Die Mitherausgeberin Ursula Seiler-Spielmann hatte 1988 den Weltuntergang angekündigt, vor dem dank einer von Jesus geschickten Raumschiffflottille die guten Menschen gerettet würden. Helsing bezieht sich mehrfach auf die *Universale Kirche*, eine 1981 entstandene theosophische Sekte, deren europäischer Hauptsitz in der Schweiz ist. Ihr quasioffizielles Organ ist die *ZeitenSchrift*. Auch die Universale Kirche verbreitet hemmungslos Antisemitismus und Verschwörungstheorien.

Eine von Helsings Hauptquellen dürfte Wilhelm Landig sein. Wahrscheinlich ist Landig der «Mr. X», den Helsing in *Unternehmen Aldebaran* als Quelle nennt[462]. Landig ist der Schöpfer der esoterischen NS-Mythologie, die Helsing ausschlachtet und als eigene Erfahrung ausgibt. Helsing nennt diese Quelle nur selten. Landigs

Original ist näher an der Realität als Helsings Kopien. Landig war tatsächlich bei der SS, und wir sehen keinen Grund daran zu zweifeln, dass er an der Entwicklung von Flugscheiben und anderen «Wunderwaffen» beteiligt war, mit denen Hitlerdeutschland zu experimentieren begann, als sich die Kriegsniederlage abzeichnete. Verglichen mit Helsing ist Landig Realist. Für Landig ist Hitler seit 1945 tot. Helsing lässt ihn erst 1974[463] sterben. Landig stationiert seine Flugscheiben und SS-Leute in von Menschen erbauten Tunnelsystemen[464]. Bei Serrano, den Helsing ebenfalls ausschlachtet, erweitern sich diese Tunnels immerhin zu «Astralröhren»[465]. Helsing aber besiedelt – allerdings auch nicht als Erster – das Erdinnere mit Millionenvölkern. Eine Passage des Videos *Ufos – Das Dritte Reich schlägt* zurück[466], in der von den Aldebaranern die Rede ist, kommentiert Landig mit einem «Kinders, bleibts doch auf der Erde». Landigs Flugscheiben kreisen nur um die Erde. Helsing hat seine Völkerscharen im All vermutlich den Wiener Esoterikern Ratthofer und Ettl abgeguckt[467]. Der Interviewer Helsings in dem Video *Geheimgesellschaften* dürfte ebenfalls dieser Wiener Kleingruppe, der Landig kollegialskeptisch gegenüberstand, zuzuordnen sein.

zu Landig s. das Kapitel «Die Universalisierung der Thule-Mythologie», S. 81 ff.

Landigs drei Thule-Bände sind aus einem Guss, ohne wenn und aber, kein «...hier liegt die Vermutung nahe», keine konstruierten Übergänge wie bei Helsing. Landig schreibt mit der Sicherheit eines Mythenstifters. Wirklich Erlebtes und Fantasie sind so ineinander verwoben, dass sie eine einheitliche Textur bilden. Landig hat seinen Büchern die Form von Romanen gegeben, die «mit einer harten Wirklichkeit» beginnen und sich «in das Reich des scheinbar Fantastischen vorarbeiten»[468]. Darauf aufbauend schreibt Helsing einen Roman, dessen «Geschichte frei erfunden» ist, in die aber «wahre Aspekte» eingebaut sind[469]. Romane sind also die Quellen von Romanen.

Als Opa Alois seinem Enkel Jan aus dem Jenseits auftrug ein Buch zu schreiben, hätte er ihn vor dem Abkupfern warnen sollen. Enkel Jan schreibt zu allem Überfluss auch bei sich selbst ab. Zum Beispiel finden sich einige Seiten aus den *Geheimgesellschaften 1* in *Unternehmen Aldebaran*. Das kann man machen, wenn man die frühere Quelle anmerkt und wenn ein bestimmter Sachverhalt so präzis ausgedrückt ist, dass eine

Umformulierung lediglich kosmetische Retusche wäre. Genau diese Retuschen aber nimmt Helsing vor, und er spekuliert darauf, dass niemand das Selbstzitat bemerkt. In einem Absatz einer sonst textgleichen Passage ersetzt er «seltsam» durch «eigenartig», in einem weiteren modelt er ein «es existierten zu dieser Zeit» um in «zu dieser Zeit existierten»[470]. Das mögen seine Leserinnen und Leser ihm noch durchgehen lassen. Man wird ja wohl noch von sich selbst abspicken dürfen! Warum aber unterdrückt der mittlere Helsing (der von Aldebaran) in einem sonst gleichlautenden Absatz des frühen Helsings (*Geheimgesellschaften*) die Behauptung, ein deutsches Rundflugzeug habe New York atomar bombardieren sollen? Ist Helsing vor seiner eigenen Übertreibung zurückgeschreckt? Und warum ergänzt er den darauf folgenden, ebenfalls textgleichen Absatz durch technische Angaben[471]? Wir könnten weitere Belege dieser Art anführen. Frisiert der mit höheren Dimensionen kommunizierende Helsing ganz und gar irdisch seine eigenen Gedanken auf?

Der Verdacht, dass Helsing plump mogelt, verstärkt sich, wenn wir uns die Ausschmückungen einiger knapper Passagen aus den *Geheimgesellschaften 1* beim mittleren Helsing vornehmen. Über die innere Welt munkelt der frühe Helsing: «Es ist nicht zu leugnen, dass die Polarforscher alle sehr seltsame, bisher nicht erklärbare Erlebnisse hatten, was darauf hindeutet, dass dort irgendetwas seltsames vor sich geht.» Kurz darauf ist etwas «nicht ganz aus der Luft gegriffen»[472]. Aus diesem Wenn und Aber werden die schneidigen Steigerungen von ahnendem Wissen zur triumphalen Gewissheit, die wir im Kapitel über *Unternehmen Aldebaran* kennen gelernt haben. Der frühe Helsing deutet sehr vage die Möglichkeit an, dass Hitler 1945 mit Flugscheiben geflohen sein soll («Am wahrscheinlichsten ist jedoch, dass er, wenn er überlebt haben soll...»)[473]. Der mittlere Helsing lässt, wie wir gesehen haben, keine Zweifel aufkommen, dass Hitler «am 25. Oktober 1974 um fünf Uhr früh» starb[474]. Eine rasante Steigerung, wenn man bedenkt, dass zwischen beiden Büchern nur fünf Jahre liegen.

Helsing lässt sich auch von Science-Fiction-Filmen inspirieren. Für ihn enthalten sie Wahrheit, denn «Hollywood bereitet die Menschen langsam auf den offiziellen

Kontakt mit Außerirdischen vor»[475], deren Existenz die Illuminati über kurz oder lang zugeben müssen.

Wie gefährlich ist die rechtsextreme Esoterik?

Die Schriften Helsings und anderer Autoren seines Schlages bedrohen den demokratischen Konsens in der Gesellschaft nicht unmittelbar. Ihre Gefahr liegt darin, dass die rechtsextreme Esoterik in eine Situation hineinwirkt, in der zwei parallele Tendenzen immer stärker werden und sich gegenseitig aufschaukeln können: Die erste Tendenz ist die Abwendung von der herkömmlichen, von Parteien getragenen Politik, die zweite das zunehmende Interesse an Esoterik. Helsing beackert das Feld, in dem diejenigen Wurzeln zu schlagen versuchen, die sich von den dominierenden Institutionen (Parteien, Kirchen) abwenden und ihr Heil in der Esoterik suchen.

Helsing ist nicht der Einzige, der diesen Markt bedient. Seine Eigenheit ist, dass er diejenigen, die sich von der schnöden Welt abwenden, repolitisiert. Er lädt mit seiner rechten Symbolik und der Botschaft von der Errettung des Universums durch Seelenwandlung und Rassenzucht das frustrierte und für Esoterik offene Potenzial politisch-religiös auf. Eine Sprech- und Denkweise, die die Politik in ein Schmuddeleck verbannt hat, findet über den Umweg der Esoterik Eingang in die Naturläden, Esoterikläden und -messen und den Buchversand, und es ist eine Frage der Zeit, wann sie sich in diesem Unschuldsgewand in den Köpfen festgesetzt hat. Der diffuse Hass, den diese Polit-Esoterik erzeugt, kann jederzeit in Gewalt umschlagen.

Welche tatsächliche Verbreitung Helsing und andere rechtsextreme Esoteriker heute haben, ist schwer abzuschätzen. Die hohen Auflagen der helsingschen Werke (s.o.) sind ein Anhaltspunkt.

Die breite Rezeption Helsings setzte 1995 ein. Die *Geheimgesellschaften* wurden zum Bestseller. Eine Stichprobe ergab, dass damals innerhalb von drei Monaten 50 bis 60 weitere esoterisch-weltverschwörerische Titel erschienen[476].

Michael Hesemann, Herausgeber der UFO-Schrift *Magazin 2000* und Kritiker Helsings, schätzt, dass «50% der deutschen UFO-Szene mit dem Helsing-Virus infiziert» seien[477]. Das dürfte nur eine grobe Insider-Schätzung sein, deutet aber auf weite Verbreitung. Zahlreiche Videos verbreiten – meist unabhängig von Helsing – braune Esoterik[478].

Der Herausgeber der oben erwähnten Darmstädter Zeitschrift *grow*, Tobi Blubb (Pseudonym für Tobias Breiner) hat im Grow-Verlag ein Buch *Panokratie* veröffentlicht, das viele Parallelen zu Helsing aufweist (z.B. die Theorie der Illuminati). 1998 war die dritte Auflage verkauft.

«Er kämpfe gegen die Illuminaten, Mitglieder einer geheimen Vereinigung, die den Dritten Weltkrieg entfachen wollten.» (Darmstädter Echo, *25. August 1998, über die Gerichtsaussage eines seelisch kranken Mannes, der in Darmstadt einen ihm unbekannten Mann ermordet hatte.)*

Helsings Esoterik ist schon in die rechtsextreme Dark-Wave-Gothic-Szene eingegangen. Einer ihrer Sänger, Josef Klumb («Jay Kay») popularisiert Helsings Fantasien in seinen Auftritten[479] und CDs[480]. Er singt gegen die Weltverschwörung der Illuminati. Selbst die intellektuelle Neue Rechte lässt sich ungern ein Interview mit Klumb entgehen (so etwa in *Metapo* 2, 2000). Auch der rechtsextreme Verlag und Vertriebsdienst «Verlag und Agentur Werner Symanek» (VAWS) vertreibt eine Mischung aus Völkischem und Esoterik, darunter auch das Video mit Helsing. Klumb und VAWS arbeiteten mehrfach zusammen.

Ein Sänger namens Kadmon, der Verbindungen zur Dark-Wave-Gothic-Szene hat und auf deren jährlichem Fest in Leipzig aufgetreten ist, verbreitet unter seinem richtigen Namen Gerhard Petak von einer Wiener Postfachadresse aus Material, das zur braunen Esoterik gehört. Seine CD *Allerseelen* aus dem Jahre 1995 trägt als Cover die Schwarze Sonne, Kadmons «bevorzugtes Symbol». In Dresden trat Kadmon bei einer Veranstaltung auf, die ein «Kulturkreis Ahnenerbe» organisiert hat. Auf dem Plakat war die Wewelsburg abgebildet.[481] Kadmon rezensiert in der *Jungen Freiheit* (15/1998) Julius Evolas *Cavalcare la tigre / Den Tiger reiten* und schreibt über Runen. Auf die Frage der *Jungen Freiheit* (49 /1999) «Wo möchten Sie jetzt am liebsten sein?» antwortet er: «In Neuschwabenland...»[482] Von Kadmon gibt es CDs zu Neuschwabenland.

Neuschwabenland: *Gebiet in der Antarktis, das in der Thule-Mythologie eine Rolle spielt, s. S. 82*

Die Esoteriker halten immer wieder Veranstaltungen ab, zu denen man sich anmelden muss. Ein anonymer Text in einem Weltverschwörungsforum im Internet berichtet von einem Treffen mit Hannes Holey im Oktober 2000 im Kolpinghaus in Regen. Schon vor Beginn war der Saal mit 150 Leuten gefüllt. Es waren mehr Männer als Frauen, das Durchschnittsalter lag bei 35-40 Jahren. Holey entschuldigte seinen Sohn Jan, der wegen des vierten Geburtstags von Enkel Amadeus nicht kommen konnte. «Da wäre ich also beinahe JvH [Jan van Helsing] begegnet, ich fasse es nicht», schreibt «Nobody».

In zahlreichen rechtsextremen Homepages ist Helsing ein ständiges Thema[483]. Helsing selbst richtete im Herbst 2000 eine eigene Internet-Domain ein, die lange Zeit lediglich aus einem einzigen Symbol bestand und dann im Frühjahr 2001 aus dem Internet verschwand. Die NPD-Zeitung *Deutsche Stimme* hat die *Akte Jan van Helsing* in ihrem Versandkatalog («ein neutraler Einblick in den Fall» des Vertriebsverbots für die *Geheimgesellschaften*). «Reichsdeutsche» UFOs fliegen durch die Ausgabe 1/2000 des NPD-Blattes *Sachsenstimme* und haben das Fährschiff Estonia versenkt, weil Freimaurer drauf tagten. Dort ist auch Helsings freimaurerisch-jüdisches Pyramidensymbol mitsamt der Aufschlüsselung aus den *Geheimgesellschaften 1* (S. 228) wiedergegeben. Die *Sachsenstimme* propagiert die «nationale Esoterik» und nennt Helsing unter «weiterführende Literatur». Kurz: Helsing wirkt weit über seine Interviews, Bücher und Videos hinaus.

Als die intellektuelle Neue Rechte ihre Rolle als Stichwortgeber verloren hatte, waren neue Propheten gefragt. Helsing ist der Profilierteste von ihnen. Wahrscheinlich hat er mit den beiden *Geheimgesellschaften* den Höhepunkt seiner Wirkung erreicht. Danach hat er einen konstanten, immer noch deutlich wahrnehmbaren Einfluss behalten. Helsings Verdienst um eine schlechte Sache besteht darin, dass er die Esoterik für rechtsextreme Positionen weit geöffnet hat.

Horst Mahler

Der neue deutsche Rechtsextremismus hat mit seiner Symbolsprache Raum und Zeit besetzt. Er hat sich eine eigene Sprache und Ästhetik geschaffen. Er hat sein eigenes Geschichtsbild gemalt. Er hat sich eine esoterische Ersatzreligion geschustert. Fehlen Philosophie und Theologie. Die liefert Horst Mahler.

«In jedem von uns steckt der Faschismus, in jedem. Es ist nur die Frage, welches Gewicht er in der inneren Verteilung der seelischen Kräfte gewinnt.» (Spiegel-Interview mit Horst Mahler, Nr.50/1987)

Mahler gehörte zu den frühesten Anfängen der außerparlamentarischen Opposition (APO) in West-Berlin. Als Rechtsanwalt verteidigte er Demonstranten und gehörte bald zu den bekanntesten Persönlichkeiten der bundesdeutschen Protestbewegung. Er war im Sozialistischen Deutschen Studentenbund (SDS) und Gründungsmitglied der «Roten Armee Fraktion» (RAF), die anfangs als «Mahler-Meinhof-Bande» tituliert wurde. Er ging in die Illegalität, wurde bald verhaftet und wegen einiger Straftaten 1970 zu insgesamt 14 Jahren Freiheitsstrafe verurteilt, von denen er dank seines Rechtsanwaltes, dem späteren Bundeskanzler Gerhard Schröder, nur zehn Jahre absitzen musste. Während seiner Haft wurde er Mitglied der «Roten Hilfe e.V.» und der maoistischen KPD. Als 1975 die RAF den Berliner CDU-Vorsitzenden Lorenz entführte und Mahler auf der Liste derer stand, die freigepresst werden sollten, zog dieser es vor, im Knast zu bleiben, da er mit dem Dogmatismus des Marxismus-Leninismus gebrochen hatte. Im Knast von Tegel las er Hegel. Neben den zwanzig Hegelbänden, die sein Anwalt, der spätere Bundesinnenminister Otto Schily herbeigeschleppt hatte, lag die Bibel.

«Sein Strafverteidiger Schily schleppte ihm kistenweise Werke von Hegel in das Gefängnis. Über Hegel und seiner Geschichtsphilosophie begann er sich auch mit unserem Volk und seiner Geschichte anders auseinanderzusetzen, als ihm dies in der 68er Zeit möglich gewesen ist.» (Udo Voigt auf dem Bundesparteitag der NPD im März 2001)

Mahler durchlief im Knast einen Prozess der Selbstaufklärung und Aufklärung, in dem die Haftbedingungen der RAF-Gefangenen eine wichtige Rolle spielten[484]. Er, der selbst nie in Isolationshaft war, bezeichnete 1972 als Erster öffentlich die Isolationshaft als Folter. Das Presseecho auf diesen Vorwurf war groß. Die RAF-Mitglieder, die noch nicht verhaftet waren, und ihre Sympathisantenkreise gründeten Anti-Folter-Komitees und starteten eine Kampagne gegen die «Folterknäste». Sehr bald erhob Mahler die ersten Einwände gegen diese

«15. Jeder seelisch gesunde Mensch fühlt vor dem Kapitalismus, der Herrschaft des Geldes, einen existenziellen Ekel. Dieser Ekel ist unüberwindbar. An ihm wie an dem Wunsch nach dem Heil wird der Kapitalismus scheitern. Wahrscheinlich noch schmählicher als der Kommunismus.
DEUTSCHES KOLLEG
www.deutsches-reich.de

Postfach XXXX
97017 Würzburg
Deutsches Reich
Bankverbindung:...»
(Schluss von Mahler: Die Zukunft der 68er Idee*)*

Kampagne (Mahler: «Indianer weinen nicht»). 1978 bezeichnete er den Foltervorwurf als «Propagandalüge», mit der die RAF ihre brutalisierte Politik rechtfertigte. Diese Kritik hat die innerhalb der bundesdeutschen Linken sehr parteiisch geführte Diskussion über die Haftbedingungen der RAF-Gefangenen versachlicht. Mahler hatte einen Ausweg aus der Solidarisierungsfalle gewiesen, in die die Linke damals geraten war. Die Anti-Folter-Komitees sahen in ihr allerdings ein Ergebnis von Mahlers Gehirnwäsche im Knast.[485] Wir vermögen nicht abzuschätzen, wieweit die Haft und die Aufarbeitung der Politik der RAF zu Mahlers politischem Richtungswechsel beigetragen haben. Auf keinen Fall ist er im Knast einfach umgekippt. Ohne Zweifel aber hat ihn seine einsame Hegellektüre zum hoffnungslosen Autodidakten gemacht. Bei ihm gibt es keine Gegenpositionen, keine kritischen Lesarten, keine kontroversen Diskussionen. Hier sind Mahler und Hegel, dort die «sogenannten Wissenschaftler»[486]. Die Aphorismen, die Mahler nach seiner Entlassung ins Internet setzte, tragen allesamt seine übermäßig individuelle Handschrift.

Ende 1997 hielt Mahler die Laudatio zum 70. Geburtstag des emeritierten stockkonservativen Stuttgarter Philosophieprofessors Günter Rohrmoser (Gründungsinitiator des unionsnahen Studienzentrums Weikersheim). Anwesend war auch der einstige Mentor Rohrmosers, Ministerpräsident a.D. Hans Filbinger (CDU). Da Mahler gewiss nicht aus dem Stand als Festredner eingeladen wurde, muss man seine konservative Wende einige Zeit vor 1997 ansetzen. Es gibt Berichte über ein Treffen mit Gerhard Schröder, Mahler und Rohrmoser zu dieser Zeit[487].

Während der Frankfurter Buchmesse 1998 hielt Mahler einen Vortrag am Stand der *Jungen Freiheit*. Zu dieser Zeit publizierte Mahler immer wieder in der Wochenzeitung *Das Ostpreußenblatt*, dem Sprachrohr der Landsmannschaft Ostpreußen, und in der *Jungen Freiheit*.

Mahler organisierte «Montagsdemonstrationen» in Erinnerung an die Leipziger Montagsdemonstrationen, die zum Ende der DDR führten. Die Montagsdemonstrationen sollten ein «Gradmesser für das steigende Fieber sein, das die Deutschen angesichts der bedrohlichen Entwicklung erfasst». Aber statt immer «wuchtiger»[488] zu werden, sind sie sang- und klanglos gescheitert. Die erste war am 15. Februar 1999. Sie wurde auf dem dritten Arbeitstreffen von «Unser Land» (später: «Bürgerbewegung Unser Land») in der Berliner Szene-Kneipe «Falkos Schwabenstuben» (Berlin-Friedenau) vorbereitet. «Unser Land» ist eine Gründung Mahlers. Das Häufchen mahlertreuer Demonstranten sammelte sich am Askanischen Platz und marschierte dann unter Polizeibegleitung zum Willy-Brandt-Haus der SPD, wo der Spuk nach einer kurzen Betrachtung der dort präsentierten 68er Ausstellung auch schon zu Ende ging. Nach ein paar weiteren Versuchen gab Mahler auf.

«Bürgerbewegung Unser Land»

Offen ins militante Hardcore-Neonazi-Spektrum begab sich Mahler gemeinsam mit dem einstigen Rechtsterroristen Peter Naumann am 20. März 1999. Beide referierten bei einer konspirativ organisierten Saalveranstaltung der «Kameradschaft Karlsruhe» (heute: «Nationaler Widerstand Karlsruhe»), der führenden Neonazi-Kameradschaft im südwestdeutschen Raum, vor ca. 200 Neonazis und Skinheads. Im Juli 1999 referierte Mahler beim Freizeitverein Isar 96 e.V., einer militanten Skinheadgruppe, zum «nationalen Sozialismus»[489].

Gemeinsam mit Reinhold Oberlercher führte Mahler am 9. November 1999 in Leipzig eine konspirativ geplante «Reichsproklamation» durch, auf der sie «Reichsverfassungsentwürfe» zur Diskussion stellten. In Mahlers dort vorgetragenem Grundsatzpapier *Thesen zur Reichsstatthalterschaft* heißt es: «Das Deutsche Reich besteht. Es ist aber handlungsunfähig.» Sobald das «Deutsche Reich» wieder handlungsfähig sei, müsse es die Bundesrepublik «abwickeln». Am 12. August 2000 gab Mahler in Bruchsal eine Erklärung ab (*Was sind die Tatsachen? Wie ist die Lage? Was ist zu tun?*) und trat der NPD bei, deren Aushängeschild er heute ist. Mahler referiert quer durch das rechtsextreme Spektrum oder gibt Interviews.

9. November s. S. 26

«Volk» und «Reich» bei Mahler s. S. 51 ff.

Innerhalb der NPD hält es Mahler mit dem militanten Flügel. Am 13. und 14. Januar 2001 konspirierte er in Thüringen mit der Führungsspitze der «Revolutionären Plattform» (RPF), einem Zusammenschluss von Hardcore-Kadern von NPD/JN. Mobilisiert wurde dafür u.a. über die Homepage der Duisburger Jungen Nationaldemokraten, deren Kader zugleich in den örtlichen Freien Kameradschaften aktiv sind. Redner waren laut Ankündigung Mahler (*Der Verbotsantrag gegen die NPD als*

Waffe in unserem politischen Angriff), Steffen Hupka (*Politischer Kader zwischen Bildungsarbeit und Aktion*), Thomas Wulff (*Partei und freier Widerstand – Aktionseinheit ohne Zukunft?*), Reinhold Oberlercher (*Die Strategie der Wortergreifung*) und Udo Pastörs (*Nationaler Widerstand und Kulturkampf*), Unterzeichner des *Aufrufs an alle Deutschen zur Notwehr gegen die Überfremdung.*

Mahler nennt Begründungen für seinen langen Marsch von ganz links nach ganz rechts. Am wichtigsten ist wohl die Umdeutung der Bewegung von 1968. Für Mahler war 1968 ein nationales Aufbegehren gegen den US-Imperialismus. Mahlers Kampfgefährte einst und jetzt, der ehemalige SDSler Reinhold Oberlercher, verfasste eine *Kanonische Erklärung zur Bewegung von 1968*, in der der SDS als zweite nationalrevolutionäre Urburschenschaft beschrieben wurde. Mahler ergänzte die Erklärung und unterschrieb sie Ende 1998 zusammen mit dem ex-SDSler Günter Maschke. Die Erklärung ist Revisionismus alter Schule, d.h. sie leugnet nicht Auschwitz, wie es die Revisionisten nach dem mittlerweile gängigen Verständnis dieses Wortes tun, sondern liefert eine revidierte Sicht einer historischen Epoche. Die *Kanonische Erklärung* verbiegt historische Tatsachen und revidiert zugleich die Biografie der Unterzeichner, die damit vom Vorwurf des politischen Seitenwechsels entlastet sind. Die Autoren der *Kanonischen Erklärung* haben sich, wie Lena Inowlocki sagt, «in die Geschichte hineingeredet».

Die Kanonische Erklärung zur Bewegung von 1968 *wurde zu Jahresbeginn 1999 in mehreren rechtsextremen Blättern veröffentlicht. In der Erklärung heißt es, in der 68er Bewegung seien zwei nationalrevolutionäre Flügel entstanden: die Neue Linke und die Neue Rechte. Die Neue Linke habe ihre Hauptstoßrichtung in erster Linie gegen den «Amerikanismus» gehabt, die Neue Rechte gegen den «Sowjetismus». Durch den Zerfall der UdSSR habe die Neue Rechte ihr Nahziel erreicht und könne sich nunmehr ebenfalls zunehmend gegen den US-Amerikanismus und Kapitalismus wenden, was zur «Wiedervereinigung» dieser beiden nationalrevolutionären Flügel geführt habe.*

Mahlers politischer Seitenwechsel enthält Kontinuitäten, die über die von Gerhart Baum (s. Marginalienspalte S. 171) bemerkten «konservativen Elemente» hinausgehen. Mahler behält die Erinnerung an den Vietnamkrieg, er bleibt bei seinem Antiamerikanismus und Antiimperialismus, er befasst sich mit Marx, der bei ihm allerdings auf die Schrift *Zur Judenfrage* zusammenschrumpft, und er fühlt sich mit seinem Häuflein geistiger Mitstreiter als Avantgarde wie zu Zeiten der RAF. Die Studentenrevolte der sechziger Jahre, die sein halbes Leben prägte, war, wie er selbst mehrfach schreibt, eine untergründige Auseinandersetzung der Nachkriegsgeneration mit der Schuld der Eltern. Mahlers heutiges Insistieren auf dem Holocaust und seine Fixierung auf den Gott Abrahams, Isaaks und Jakobs sind auf paradoxe Weise biografisch ehrlich. Mahler hatte schon damals ein verqueres Verhältnis zu den Juden. In seiner Verteidigungsrede vor Gericht führte er 1972 aus: «Die mutige Kommandoaktion der Opferbereiten des ‹Schwarzen September› gegen die israelische Olympiamannschaft im besonderen und gegen die Olympiade als imperialistische KdF-Show im allgemeinen ist vollendeter Ausdruck [einer] strategischen Linie.» Weiter schwadroniert er von einer «Symbiose von Zionismus und Imperialismus». Aus diesem Antizionismus ist mittlerweile ein handfester Judenhass geworden.

Baum: «Ich habe auf den ersten Blick den Eindruck, dass Mahler konservativ geworden ist. Auf den zweiten Blick frage ich mich allerdings, ob der Terrorismus nicht ein typisch deutsches Phänomen war und ob Mahler sich im Grunde nicht treu geblieben ist. Auch damals ging es um antiaufklärerische Irrationalität, Feindbilder und Emotionen statt Vernunft, Antikapitalismus und moralischen Rigorismus. Es gab starke konservative Elemente im Terrorismus.» Mahler: «Das würde ich auch so sehen…» (Interview mit dem früheren Bundesinnenminister Gerhart Baum – verblüfft von Mahlers Rechtsschwenk – und Mahler in Die Zeit, *30. September 1999)*

Mahlers «Endlösung der Judenfrage»

Im Stimmengewirr des deutschen Rechtsextremismus hört man Mahler mit einer schrillen Besonderheit heraus: seiner geschichtsphilosophisch-theologischen Begründung des Antisemitismus. Ungewöhnlich ist auch, dass Mahler als Antisemit die Judenvernichtung bislang nicht leugnet und sie für ein Verbrechen hält. In einer seiner ersten Veröffentlichungen nach dem Knast spricht er von der «staatlich organisierten Ermordung von Millionen Menschen» und vom «grauenhaftesten Verbrechen gegen die Menschheit, das je geschehen ist», von «Hitlerbande», «Vernichtungslagern», «Völkermord» und vom «mörderischen Naziregime». Die Revolte von 1968 habe, «als unser Volk zur Normalität übergehen wollte, als sei nichts gewesen, der Demokratie in Deutschland Wurzeln gegeben». Das aber sei nur oberflächlich gewesen. «Vielen in unserer Mitte gilt ein Mensch, der nicht auch Deutscher ist, allein deshalb als hassenswert [...] Ist er von anderer Hautfarbe, erwachen Mordgelüste.» Mahler sah also noch 1998, durchaus aufgeklärt und in linker Tradition, den heutigen Rassenhass als Resultat der nur oberflächlichen Aufarbeitung von Auschwitz. Dennoch macht der Text stutzig, und nicht nur, weil er in der *Jungen Freiheit* (16/1998) erschienen ist und mit «für Gott und Elternland» endet, was immerhin besser ist als Vaterland. Mahler benutzt in dem knappen Text sieben Mal das Wort «Volk», und immer ist das deutsche gemeint (zwei Mal sagt er «unser Volk» und ein Mal das «deutsche Volk»). Das Wort «Jude» kommt nicht vor. Wo es stehen könnte, sagt er «Menschheit». Unterschwellig wird also der Holocaust zu einer Sache der Deutschen, und die Juden bleiben in diesem Text eine Leerstelle.

So klar wie in der *Jungen Freiheit* von 1998 hat Mahler nicht mehr geredet. Aber für ihn bleibt der Holocaust der Holocaust, wenn er ihn auch zuweilen germanisierend mit «k» schreibt. Im April 2001 war Mahler zu einer «Konferenz revisionistischer Historiker», also von Auschwitzleugnern, in Beirut eingeladen, die dann verboten wurde. Auch in dem Referat, das er für die Konferenz geschrieben hatte, leugnet er Auschwitz nicht, nennt es allerdings nur sehr kleinlaut und philosophisch verbrämt beim Namen. So etwas stößt in seiner neuen politischen Umgebung auf Unverständnis. In seinem langen, als Buch herausgegebenen Gespräch mit Franz Schönhuber (*Schluss mit dem deutschen Selbsthass*) sagt Mahler über die in Deutschland assimilierten Einwanderer: «Sie werden schließlich die ‹guten› Deutschen sein und wir die ‹Auschwitzdeutschen›»[490]. Nun haben die Buchmacher alle paar Seiten Kernsätze aus dem Gespräch als Motto in größerer Schrift wiederholt. Aus dem eben zitierten Satz Mahlers wird dabei auf derselben Doppelseite: «Mahler: die guten Deutschen sind die Auschwitz-Deutschen», was, wenn überhaupt verständlich, das Gegenteil von dem ist, was Mahler gesagt hat.

Die Juden sind das Hauptthema in Mahlers Homepage, und sie haben jetzt, wie wir sehen werden, einen systematischen Stellenwert in seinem Weltbild. In der *Jungen Freiheit* veröffentlichte Mahler 1998 seinen offenen Brief an Ignatz Bubis (*Sir, geben Sie Gedankenfreiheit!*[491]), in dem er sich an die Seite des Schriftstellers Martin Walser stellt. Hier schreibt Mahler Bubis «ins Stammbuch»: «Schon der Anspruch der Juden, das von Gott auserwählte Volk zu sein, ist notwendig begleitet von Ablehnung der Juden durch die anderen Völker, die sich nach der jüdischen Lehre als ‹nicht auserwählte› begreifen müssen. Darüber muß man frei reden dürfen.» Mahler sieht die Juden im Krieg gegen Deutschland und bietet ihnen die Kapitulation an: «Der Zweite Dreißigjährige Krieg[492], der unser Jahrhundert durchtobte, kennt nur einen Sieger: das Jüdische Finanzkapital. Verlierer sind die Völker, auch das auserwählte und diejenigen unter ihnen, die sich als Sieger feiern. Diese Erkenntnis allein verwandelt den Sieg Mammons jetzt in seine end-

Zur Bubis-Walser-Debatte s. S. 21

gültige Niederlage. In dieser Erkenntnis erhebt sich die germanische Idee der Volksgemeinschaft zu neuem Leben. Die nach der militärischen Niederlage des Reiches groß gewordenen Generationen werden jetzt erkennen, daß der Kreuzzug der ‹internationalen Bankengemeinschaft› (Rothschild) gegen das Deutsche Reich nicht der Hitlerschen Tyrannis galt, sondern dem davon sehr wohl zu unterscheidenden nationalen Sozialismus Deutscher Prägung. Ihn fürchteten die Finanzoligarchen, weil er [...] eine Hoffnung für die von Mammonsdienern abgeweideten Völker war. Der KRIEG gegen Mammon ist nur zu gewinnen, wenn wir Jahwe – seine Himmelsprojektion – entzaubern. [...] Diese von uns im Geistesreich zu vollziehende Reinigung ist eine Liebestat an den Juden und an uns selbst. Sie wird die Bewährung unseres Volksgeistes sein, des Geistes des Deutschen Idealismus. Wenn die Juden diesen Geist in sich aufnehmen, können sie uns aus Feinden zu Freunden werden.»

Mahler will die Juden von ihrer unheilbringenden Auserwähltheit befreit sehen, indem sie so werden wie «wir», die Deutschen: «Bisher lastete die Zersetzung wie ein Fluch auf den Juden. Dieser Fluch wird durch die Deutsche idealistische Philosophie jetzt von ihnen genommen.» Die Deutschen mussten Hitler hervorbringen und als historisch-naturalistischen Irrtum überwinden (s. Marginalienspalte). Nun ist es laut Mahler an den Juden, einen ähnlichen Schritt zu tun: «Wir fordern die gläubige Judenheit auf, ihr Schicksal [gemeint ist offenbar der Holocaust] entweder als Erfüllung des Moses-Fluches anzunehmen und die Kampfhandlungen gegen unser Volk sofort einzustellen, oder aber mit uns gemeinsam Jahwe und seine Werke als eine im Geiste der Deutschen idealistischen Philosophie zu überwindende Gestalt Gottes zu erkennen.»[493] Hier nun hat sich Mahler in ein Dilemma hineinspekuliert. Die Juden sollen ihren Gott, durch den sie sich von allen anderen Völkern unterscheiden, als historisch obsolet erkennen. In *Was sind die Tatsachen?* hingegen schreibt Mahler: «Die Völker und Kulturen haben ihr Leben in der Differenz zum Anderen und gegen das Andere. Wo diese Differenz genichtet wird, sterben die Völker, verschwinden die Kulturen.» Will er, dass die Juden sterben? Oder meint er, wofür Andeutungen sprechen, dass sie gar kein Volk sind? Mahler nennt die Juden mal ein «Volk», mal ein

«Der von Deutschen in der Vergangenheit unternommene Versuch, die Jüdischen Menschen gewaltsam aus der Volksgemeinschaft zu entfernen, beruht auf einer verhängnisvollen Biologisierung des Problems. Hitler hat zu spät erkannt (und in einem Gespräch gegenüber Bormann bekannt), daß die Juden eine ‹geistige Rasse› seien.» (Mahler: Offener Brief an Daniel Goldhagen*)*

«Pseudovolk ohne Land und Staat», das ein «volksähnliches Dasein» fristet[494], dann wieder «Antination»[495]. Wenn sie aber entgegen dem von Mahler so gerne zitierten Alten Testament kein Volk sind, fehlt ihnen das, was, nach Mahler den Menschen erst zum Menschen macht. In den zitierten Passagen Mahlers über die Juden ist der Gedanke der Vernichtung angelegt. Kurz darauf zieht er dann auch die Schlussfolgerung: Wenn die «Endlösung der Judenfrage» nicht im mahlerschen Kulturkampf ausgefochten wird, «dann werden die Völker die Holocaust-Religion auf grausige Art und Weise als Gebrauchsanweisung für eine Politik der Befreiung vom weltlichen Judentum lesen. Die Thora wird dann nicht mehr als Impuls für die **geistige** Überwindung des Judaismus wirken, sondern als Rechtfertigung für die **physische** Vertilgung der Auserwählten missbraucht werden.»[496]

Thora: heiliges Buch der Juden

Mahlers politische Theologie

Zwei zentrale Begriffe Mahlers sind «Gott» und «Volk». Für «Gott» benutzt er auch «Jahwe», wobei beide Begriffe nicht dieselbe Bedeutung haben. Jahwe, der steinalte Gott Abrahams, Isaak und Jakobs, sitzt Mahler lebendig wie am ersten Tag im Nacken. Mahler ist sein negativer Verkündiger vor Glatzköpfigen und Weißhaarigen.

Was meint Mahler mit «Gott»? Meist scheint er vom Gott der Philosophen zu reden. Sein Gott ist absoluter Geist[497]. Gelegentlich spricht er auch von «Göttern»[498], die wohl die Vorstufe zu einem verallgemeinerten Gott sind. Den Gott des Alten Testaments (Jahwe) zitiert er meist negativ, als strafend und rächend. Er nennt ihn «Anti-Gott»[499]. Hinweise auf das Neue Testament sind selten (wir haben nur die von Antisemiten häufig zitierte Passage Joh. 8, 37-45 gefunden, vergl. S. 149). Gelegentlich stellt Mahler Jahwe, den «Mördergott», dem «liebenden Gott» oder dem «dreieinigen Gott» des Neuen Testaments gegenüber[500], eine im Antijudaismus und Antisemitismus gängige Denkfigur. Den Gott des Alten Testaments erkennt er als den Ursprung von Judentum, Christentum und Islam an, will ihn aber «im Begriff des absoluten Geistes aufgehoben» sehen[501]. Den Juden wirft er vor, Gott als «den Erhabenen [zu denken], der sein Leben in absoluter Trennung vom Menschen führt»[502]. Im Gegensatz zum jüdischen, unerkennbaren und dem menschlichen Kalkül enthobenen Gott handelt Mahlers Gott gemäß der Logik der hegelschen Geschichtsphilosophie (bei Hegel ist es allerdings der Weltgeist, der in der Geschichte waltet). Ein Gott, dessen Unheilsplan in menschlicher Logik darstellbar ist, ist Gegenstand menschlicher Erkenntnis, also ein Gott der Gnosis. Mahlers Gott stammt ebenso aus der mahlerschen Werkstatt wie seine anderen Konstrukte.

Zu «Gnosis» s. das Kapitel «Die Selbsterlösung des Menschen», S. 147

Da nun göttliche Vernunft in der Geschichte waltet, gewinnt Mahler ein Argument gegen die Unerklärlichkeit des Holocaustes. Der Holocaust gilt als Zivilisationsbruch, als absolutes Verbrechen, das die Geschichtswissenschaft nicht erklären kann. Mahler kann es auch nicht, aber er hilft sich mit einem Zirkelschluss: Da es Gott gibt, hat der Holocaust einen Sinn, und der Holocaust hat einen Sinn, da es Gott gibt. Mahler: «Nur dann hat der Holocaust für den menschlichen Geist eine herausgehobene Stellung, wenn er begreifbar ist. Er ist nur begreifbar, wenn es in der Geschichte – wie Hegel meinte – vernünftig zugehe – anders wäre an ihr nichts zu begreifen. Die in der Geschichte waltende Vernunft wäre kein anderer als Gott.»[503] Und: «Die Geschichte ist das Handeln Gottes, nicht das Handeln der Menschen.»[504] Die von Gott vorangetriebene Geschichte des Abendlandes ist «der Kampf des zersetzenden Jüdischen Geistes gegen den sittlichen Geist der Germanen».[505] Nach Mahler ist Gott offenbar in diesem germanischen Geist wirksam. Ist der Holocaust eine notwendige oder wenigstens von Gott akzeptierte Folge der in der Geschichte waltenden Vernunft? Meint er das mit dem «Vernünftigen des großen Tötens»[506]? Dann wäre der Holocaust theologisch-dialektisch gerechtfertigt, und die große Schuld der Mörder wäre verringert, da sie ja nur Werkzeuge dieser Dialektik waren[507]. Mahler deutet bisher diese Konsequenzen nur an[508]. Wenn er ehrlich wäre, müsste er sie aussprechen. Solche Andeutungen gehorchen einer eigentümlichen Logik. Sie spekulieren darauf, dass es Leute gibt, die sie durch Handlungen klarstellen. Nicht das ausformulierte Argument vervollständigt die Andeutung, sondern die Straßengewalt.

«Wer könnte den absoluten Geist richten, wenn nicht er selbst? Das Gericht des Geistes, der in der Geschichte so und nicht anders zu sich kommt, aber ist die Erkenntnis seiner selbst, in der das Böse, das geschichtliche Grauen, gewendet, d.h. aufgehoben – beendet, bewahrt und erhöht – und damit gerechtfertigt ist.» (Mahler: Endlösung der Judenfrage, *Vortrag, der auf einer Konferenz von Auschwitzleugnern im April 2001 gehalten werden sollte.)*

Mahlers zweite Kriegserklärung

Mahler erklärt nicht nur den Holocaust, sondern auch den Krieg, und diesmal nicht mit Mao und Marx, sondern mit der Bibel und Hegel. Er sieht Deutschland im Kriegszustand. «Der Krieg der jüdischen Organisationen gegen das Deutsche Volk dauert an», schreibt er in ominösem Bezug auf die Rede eines israelischen Rabbiners, der die Ermordung der Juden in den Gaskammern als Strafe für Sünden in einem früheren Leben bezeichnet hat[509]. Offen fordert er das «deutsche Volk» zur «völkischen Notwehr» auf: «Es ist an der Zeit, die Fremden in unserem Lande, die glauben, jetzt für ihre geborenen Kinder und infolgedessen auch für sich die deutsche Staatsangehörigkeit erwerben zu können, zu warnen.» Eine derart allgemeine Warnung dürfte wohl eher eine Drohung sein.

Weitere Kriegserklärungen Mahlers finden Sie am Schluss dieses Buches.

Um den «Rauschgiftkrieg zu gewinnen», sollen die Soldaten ausrücken: «Jeder Rauschgiftbesitzer wird dann mit militärischen Mitteln bekämpft, falls er die Bedingungen für den Kombattantenstatus erfüllt» – aber welcher Rauschgiftbesitzer sollte sie erfüllen? – «andernfalls wird er standrechtlich erschossen.»[510] Wenn Mahlers Philosophengott solche mörderischen Vorschläge abgesegnet hat, dann sollte er beim Gott des Alten Testamentes in die Lehre gehen, der zornig sein konnte, aber auch liebend und verzeihend.

Sollte es Mahler gelingen, die NPD intellektuell zu prägen, dann wäre er derjenige, der den Widerspruch zwischen nüchterner Parteipolitik, dem symbolüberladenen Sektierertum und der bunt-aggressiven Szene der braunen Esoterik real überwunden hätte. Denn Mahler ist zugleich ein düster-protestantischer Eiferer und Türöffner zum Irrationalismus. Nach Mahler wollen die Juden oder «Ostküste-Juden» die Welt regieren. Deutschland hat eine «geheime Regierung»[511]. Die «Weltbildagenturen» wollen «vermittels des Giftwortes ‹Verschwörungstheorie› [...] die Frage nach der Existenz und nach der Beschaffenheit der jüdischen Weltherrschaft»[512] vernebeln. «Hintergrundsmächte» steuern bei Mahler die «Geschicke der Welt»[513]. Die Rolle, die Mahler den Juden zuweist, gehört ins klassische Repertoire der Verschwörungstheorie. Mahler ist der einzige uns bekannte Intellektuelle, der ohne mit der Wimper zu zucken die *Protokolle der Weisen von Zion* hochleben lässt: «Wir gedenken der unbekannten Verfasser der ‹Protokolle der Weisen von Zion›, die hellsichtige Betrachtungen über die Mittel und Wege für die Begründung der Jüdischen Weltherrschaft angestellt haben [...].»[514]

Zu den Protokollen der Weisen von Zion s. S. 131

Mahler ist kein Chefideologe, wie das alte Etikett es will. Womöglich wäre er es gerne – seine ständige Rede vom «Neuen Denken», das mal das von Jesus[515] und mal sein eigenes ist, legt diese Vermutung nahe. Aber die meisten seiner Texte sind zu thesenhaft, ein paar Seiten lang und tragen verschrobene Titel wie *Weihnachtsbotschaft 2000*. Eine zusammenhängende Darstellung seiner politischen Philosophie ist uns nicht bekannt. Mahler popularisiert, was andere vorgedacht haben. Vieles, was er schreibt, ist agitatorisch wertlos; anderes formuliert er wiederum als philosophisch verbrämte Kampfparole. Mahler ist kein Schreibtischtäter, sondern ein Rednerpultanstifter. Er hat bei der APO gelernt, wie man Theorien kleinarbeitet und griffige Formeln mit einer Aura legitimierender Intellektualität versieht.

«Mein wichtigster Hoffnungsträger.» Josef Klumb über Mahler in: Die Tat, *zitiert nach* Archivnotizen, *April 2001*

Der *Spiegel* nennt Mahlers Theoriebruchstücke «Gipfel des Irrsinns»[516]. Aber Mahlers Irrsinn hat Methode. Mahler ist ein begnadeter – allerdings wohl unfreiwilliger – Deuter der neuen völkischen Bewegung. Als Mitkämpfer kennt er deren Inneneinrichtung, und als ehemaliger Linker hat er die nötige Distanz. Mahler gelingt es, den impliziten Unsinn explizit zu machen. Er formuliert, wie wir gesehen haben, einen Begriff von «Volk», der dessen genetische Unbegründbarkeit überwindet. Mahlers Betonung der «Volksgemeinschaft» drückt die versteckten Harmoniebedürfnisse der Rechtsextremen aus. Sein Judenhass vollzieht ausdrücklich den Schnitt mit der antisemitischen Rassenbiologie, wie sie Hitler vertrat. Mahler ist es, der das Paradox der Internationale der Nationalisten formuliert hat. Die militanten Rechten schwadronieren vom Reich, die neue Rechte diskutiert über die Reichsidee – Mahler will eine Reichsverfassung und einen Kaiser. Linke Autoren mutmaßen im Neo-Nationalsozialismus ein «Viertes Reich», Mahler wünscht sich ausdrücklich ein «Viertes Deutsches Reich»[517] und Oberlercher bietet im Internet auf seiner «Heimatseite» Schulungstexte dafür an. Mahlers Kriegserklärungen sind die Theorie zu der Praxis des Draufschlagens.

«Die antideutschen Gegenreiche USA, NATO, EU, und UNO werden verschwinden und Nostradamus wird mit seiner Prophezeiung für das Jahr 2020 recht behalten. ‹Das heilige Reich wird nach Deutschland kommen!›» (Das Herrenhaupt, *März 2001*

Über den Mailverteiler einer «Komissarischen Reichsregierung» lädt Mahler zu einer Hegelschulung ein, die «im westlichen Thüringen (Nähe RAB 4)» stattfindet. RAB bedeutet Reichsautobahn.

Dennoch darf man seine Bedeutung nicht überschätzen. Er kommt nicht immer gut an. Sein ehemaliger Linksterrorismus und der Gesinnungswandel im Knast machen ihn suspekt. Einer seiner spektakulärsten Auftritte war am 27. Mai 2000 beim zweiten «Tag des nationalen Widerstands» der NPD, wo er vor etwa 3.500 Zuhörern sprach. Aber schon da gab es bei den jüngeren Zuhörern einiges Murren. Beim NPD-Bundesparteitag in Lichtenhaag / Landkreis Landshut im März 2001 trat eine Fraktion an, die Mahler stürzen wollte. Kritisiert wurde seine «Selbstdarstellung» und seine «überhöhte Ideologisierung», auch führe seine neonationalsozialistische Position die NPD zwangsläufig in das Verbot, da sie die Argumente der Antragsteller geradewegs bestätige. Bundesvorsitzender Voigt musste in die Bresche springen und forderte alle, die zu Mahler hielten, auf, sich von ihren Sitzen zu erheben. Fast alle Delegierten erhoben sich. Bleibt die Frage, warum dieser Aufstand der Partei-Anständigen überhaupt nötig war.

Jene deutschen Eltern, «die so stolz und heldenhaft gegen die ganze Welt Krieg geführt und nebenbei – in unterschiedlicher Beteiligung – das grauenhafteste Verbrechen gegen die Menschheit verübt hatten, das je geschehen ist.» (Mahler 1998 in Das Erbe der achtundsechziger*)*

«... Wir können daher ausschließen, dass ‹ das Deutsche Volk › davon [vom Holocaust] Kenntnis hatte. Den wenigen Wissensträgern, die es ja gegeben haben muss, war der Mund verschlossen...» (Mahler 2000 im Offenen Brief an Daniel Goldhagen*)*

Mahler doziert selbst noch auf Flugblättern und er wiederholt sich endlos! In dem Referat *Endlösung der Judenfrage*, das er im April 2001 in Beirut vor justizflüchtigen Auschwitzleugnern halten wollte, zitiert er viele Seiten lang Hegel und schiebt in der Internetausgabe dazwischen Kästen ein, die – je nach Wichtigkeit – mal normal und mal fett formatiert sind. In diesen Kästen stehen, mal mit und mal ohne eckige Klammer, mit «HM» gezeichnete Kommentare zu Hegel («Diesen Satz sollte man sich gut merken...»), wobei innerhalb der eckigen Klammern Erklärungen in runden Klammern eingefügt sind. Was hätten die Auschwitzleugner in Beirut dazu gesagt, dass er, statt wie dreißig Jahre davor mit der Kalaschnikow, jetzt mit Hegel hantiert?

*Kanonisch: dem Kanon gemäß; danach svw. mustergültig (*Meyers großes Taschenlexikon*)*

Die Deutsche Burschenschaft hat Mahler auf ihrem Burschentag 2000 in Eisenach nicht auftreten lassen, da er «nicht konsensfähig» sei[518]. Seine verquaste Sprache kommt nicht gut an. «Ich halte es [...] für denkbar, daß die von Mahler, Oberlercher und Maschke verfasste ‹Kanonische Erklärung› von manchem Patrioten [...] als ein Hinweis auf den militärisch/artilleristischen Bereich gewertet wird», mäkelt Mahlers Gesprächspartner Schönhuber[519] in Anspielung auf den extravaganten, dem Katholizismus entlehnten Titel. Das *Zentralorgan* moniert, dass nicht jede Vorstellung Mahlers und

Schönhubers in *Wider den deutschen Selbsthaß* «neu und von prickelnder Originalität»[520] sei, eine höfliche Umschreibung dafür, dass Mahler mit seinen geschichtsphilosophischen Exkursen langweilt. Und tatsächlich ist der Kern der mahlerschen Botschaft reichlich angestaubt: Die Juden sind an allem schuld, Deutschland ist besetzt, die Weltkriege wurden von den anderen angezettelt, der Volk muss sich wehren, die Deutschen haben nichts von Auschwitz gewusst (s. Marginalienspalte). Entscheidende Gedanken hat Mahler von Oberlercher übernommen, der etwa Marxismus und Nationalismus miteinander verbinden will, eine Ökonomie der Volksgemeinschaft plant und die Diktatur als notwendige Übergangsphase bezeichnet.

Die Neue Rechte hat ihre Funktion als Stichwortgeber verloren. Die Esoterik hat einigen Einfluss gewonnen, ohne ihn gegenwärtig wesentlich verbreitern zu können. Ein Mensch von der Intelligenz und politischen Erfahrung Mahlers hätte gute Chancen, zu dem zu werden, was in gängiger Rede die Meinungsführer oder Chefideologen sind. Wer aber soll Mahlers hegelianische Überhöhungen alter Kamellen verstehen. Mahlers Mischung aus eingängigen Parolen und kaum mehr nachvollziehbaren philosophischen Aphorismen reißt den deutschen Rechtsextremismus nicht aus seinem Theoriedefizit.

«Es ist schon erschreckend mit welcher naiven Blauäugigkeit von rechten Kreisen linke Renegaten aufgenommen werden. Freilich, wer überzeugend umdenkt hat Anspruch auf Verzeihung. Aber haben sie umgedacht? (...) Kein ‹Umdenken› ist erkennbar. Vielmehr handelt es sich überwiegend um Rechtfertigungen mit falschen Begründungen. Die ‹Kanonische Erklärung› ist eine reine Legendenbildung, die mit der 68er Bewegung aber auch gar nichts zu tun hat.» (Edmund Sawall: Geburt einer kanonischen Legende, *in:* Frieden 2000, *3-4/1999, S.5)*

Rassismus nach Auschwitz

«...dann bestimme ich, wer Jude ist»

«Man darf einfach nicht vergessen das wir im Krieg sind in diesem System und da gehen nun mal einige Bullen oder sonstige Feinde drauf» (Fehler im Original), Hamburger Sturm, *Mai 1999*

«Nur eine lückenlose Gegneraufklärung kann verhindern, dass jene, die heute mit aller Härte gegen uns vorgehen, morgen straflos ausgehen, oder mit ‹ fliegenden Fahnen› zu uns überlaufen. Deshalb lautet die Losung: Feindaufklärung für Deutschland – eine unbedingte Notwendigkeit.» (Anti-Antifa Süddeutschland, zit. nach blick nach rechts *2-2001)*

Combat 18: «18» bedeutet A u. H für Adolf Hitler

Hat sich der deutsche Rassismus nach Auschwitz verändert? Die *Enzyklopädie des Holocaust* behandelt auf 24 Spalten den Rassismus bis 1945. Ein Nachtrag *Rassismus nach dem zweiten Weltkrieg* geht auf einige Länder ein, aber mit keinem Wort auf Deutschland. Er endet mit einem allgemein gehaltenen: «Der Rassismus besteht weiter, wenn nicht offen, so doch unter der Oberfläche...»[521] Kein Zweifel, dass dieser Lexikonartikel den Diskussionsstand von 1998 widerspiegelt. Aber ist es überhaupt denkbar, dass Auschwitz den Rassismus, ja sogar den Antisemitismus nicht modifiziert hat, dass das Verhältnis zum Opfer nach dem Mord dasselbe ist wie zuvor?

Die Auswahlmörder

1995 verübte der Rechtsextremist Timothy McVeigh einen Bombenanschlag auf ein Gebäude in Oklahoma (USA), bei dem 169 Menschen starben. 1996 wurde in den USA der «UNA-Bomber» verhaftet, ein Professor, der von 1978 bis 1995 Paketbomben an Menschen und Institutionen geschickt hatte. Drei Adressaten starben, zwanzig wurden verletzt. Der Professor hing einer rechten Verschwörungstheorie an. Der Österreicher Franz Fuchs hat jahrelang Briefbomben an Adressen geschickt, die nicht in sein rassistisch-nationalistisches Weltbild passten, bis er 1997 gefasst wurde. Anfang 1999 explodierten in London innerhalb weniger Wochen drei Bomben: eine in einem Wohngebiet für karibische Immigranten und ihre Nachkommen, eine weitere in einem Viertel von Immigranten aus Bangladesch und die dritte in einem Schwulenlokal. Der Attentäter David Copeland gehörte dem National Socialist Movement (NSM) an, einer Abspaltung der Gruppe Combat 18. Am 20. April 1999, also dem symbolträchtigen «Führers Geburtstag» ermordeten in Littleton (USA) zwei Schüler 13 Mitschüler und einen Lehrer. Sie suchten jedes Ihrer

Opfer einzeln aus. Zuvor hatten sie die Aktion im Internet angekündigt und ausdrücklich auf Hitlers Geburtstag Bezug genommen. Die beiden Mörder praktizierten einen rassistischen Totenkult und erschossen sich nach der Tat, die zwei Stunden dauerte. Anfang Juli 1999 erschoss in Chicago ein Rassist und Antisemit, der der «World Church of the Creator» angehörte, zwei Menschen und verletzte acht. Alle Opfer gehörten Minderheiten an. Rechtsextreme Überfälle in Deutschland passen in dasselbe Schema[522]. Ihre Liste würde die Fälle im Ausland um ein Vielfaches verlängern. In der deutschen Szene werden die politischen Gegner als «Zecken» bezeichnet. Ungeziefer muss ausgerottet werden, ob jüdisch oder nicht. Wenn eine Personengruppe in einer Zufallssituation «anders» ist als «wir», kann sie zum Angriffsziel werden; etwa Campingplatztouristen oder, wie Ende Oktober 2000 in Ostdeutschland, eine Gruppe Gehörloser. In Düsseldorf wurde im Oktober 1999 ein weißer Jugendlicher anstelle seines schwarzen Freundes, der gerade noch entkommen konnte, stundenlang misshandelt. Zwischen 1989 und 2000 wurden 107 Obdachlose ermordet und 203 schwer verletzt[523].

Im Jahre 2000 gab es in Deutschland insgesamt 15.951 rechtsextremistische, fremdenfeindliche und antisemitische Straftaten, darunter 998 Gewaltdelikte (1999: 746). Außerdem gab es eine große Zahl verhinderter Anschläge[526].

Die Skinhead-Zeitschrift *Landser* schreibt, auch wenn «alle nationalen Zusammenhänge mit einem Schlag» verboten würden, würde das an der «Gesamtsituation überhaupt nichts ändern»: «Der nächste Neger in Dessau, der nächste Obdachlose in Mecklenburg-Vorpommern, der nächste Punker in Magdeburg, das nächste Lübeck, Solingen und Mölln würden morgen wieder geschehen»[524]. «Asylbetrüger, Zigeunerpack / genug schmarotzt, jetzt gibt's auf den Sack. / Wir packen die Itzigs an ihren Zinken. / Es gibt keine Gnade, auch nicht für die Linken», heißt es auf einer einschlägigen CD. Die Gruppe «Volkszorn» singt: «Große, kleine Punker schlagen, tausend kleine Türken jagen, das ist das, was mir gefällt.»[525]

«Als Gefangener in einem Krieg, den das verrottete Rassenmischungs-/‹Multikulti›-System uns zu führen aufgezwungen hat, besitzt er aus unserer Sicht einwandfrei den Status eines Kriegsgefangenen (angelsächsisch: POW).» (Nationaler Beobachter, 9/10)

Wie wählen diese Mörder ihre Opfer aus?

Den scheinbar willkürlich ausgewählten Opfern und Opfergruppen ist gemeinsam, dass sie zu den Hassobjekten eines Rassismus nach Auschwitz gehören. Der nationalsozialistische Rassenhass richtete sich unerbittlich eindeutig gegen *ein* Hassobjekt, die Juden. Der Antisemitismus hat entscheidend zu Hitlers Aufstieg beigetragen. Die anderen Opfergruppen sind ohne eine vergleichbare Ideologie und – mit der Ausnahme der Sinti und Roma – nicht mit derselben tödlichen Konsequenz verfolgt worden. Die europäischen Juden, die die KZs überlebt haben, und ihre Nachkommen können heute nur noch eine Opfergruppe unter anderen sein. Auschwitz ist auch für die heutigen Hitleranhänger einzigartig und unwiederholbar. Auch wenn sie nichts gelernt haben, ahnen sie, dass sie denselben Mord nicht zweimal begehen können. Die Dimension der Verbrechen in den Konzentrationslagern lässt nur noch Imitationen zu.

«Gegen wen richtet sich die Gewalt? Wer sind die ‹Feinde›? Es sind mit biologistisch aufgeladenen Ungeziefernamen und Abartigkeitsbezeichnungen stigmatisierte Gruppen, die nach einem abstrakten Merkmalskatalog definiert werden und denen konkrete Individuen dann im sozialen Umfeld zugeordnet werden.»[528]

«Demnächst werden ‹Andere› in Nürnberg hängen» (Sascha Roßmüller, Bundesvorstand der NPD, zit. n. Süddeutsche Zeitung 31. März 2001. «Nürnberg» ist eine Anspielung auf die Nürnberger Kriegsverbrecherprozesse.)

Der heutige Rassismus muss sich neue Opfergruppen und Gewaltformen suchen. Der historische, vom christlichen Antijudaismus vorgeprägte und in den Rassenlehren des späten 19. Jahrhunderts ausgeformte Antisemitismus ist für sie bedeutungslos. In hochentwickelten Gesellschaften taugen herkömmliche Begriffe wie Erbfeind, Klasse, Rasse oder die Unterschiede von Religionen und Konfessionen nur sehr bedingt zur eigenen politischen Identitätsbildung. Der traditionelle Rassismus und Antisemitismus ist für heutige Rassisten lediglich ein Reservoir von Ausgrenzungskriterien und Stigmatisierungssymbolen, das ihnen hilft, ihren Hass auf alles, was anders ist, zu artikulieren. Die Auswahlmörder lassen sich von einem enthistorisierten Rassismus leiten. «...dann bestimme ich, wer Jude ist», sagte ein Rechtsanwalt aus der rechten Szene über die für 2005 anvisierte Machtübernahme[527]. Hitlers «eiserne Logik der Natur», die früher bestimmte, wer welcher Rasse zugeschlagen wurde, ist aus dem Bewusstsein verschwunden. An die Stelle der biologisch definierten Rasse sind ideologische Ad-hoc-Definitionen der «Anderen» getreten.

Adorno hat 1966 in seiner Rede über *Erziehung nach Auschwitz* die Wiederholung von Auschwitz als kollektiven Rückfall in die gerade erst und eher oberflächlich überwundene Hitlerzeit gedacht. Eine heutige Antwort auf die Frage, was Rassismus nach Auschwitz heißen kann, muss stärker differenzieren und die größere historische Distanz zu dem Ereignis Auschwitz mitdenken. Der heutige Rassismus hat vom Nationalsozialismus ein von den konkreten gesellschaftlichen Bedingungen der Hitlerzeit gereinigtes Idealbild der Rassenreinheit übernommen und in universalisierter Form als Hass auf alles Andere – der sich in selektiven Attacken entlädt oder als Politik der ethnischen Säuberung – weiterentwickelt. Adorno konnte das in einer Zeit, als das allgemeine Bewusstsein zum Eisblock erstarrt war, nur andeuten, wenn er in Erziehung nach Auschwitz sagt: «Morgen kann eine andere Gruppe drankommen als die Juden, etwa die Alten, die ja im Dritten Reich gerade eben noch verschont wurden, oder die Intellektuellen oder einfach abweichende Gruppen»[529]. «Morgen», das ist heute!

Adorno sieht in einer Erziehung zur Autonomie und Selbstreflexion, in der Stärkung des Individuums gegen das Kollektiv das Mittel gegen den Rückfall. Aber die Auswahlmörder handeln nicht als Teil einer dumpfen Masse. Sie werden von einer extremen Rechten hervorgebracht, die krampfhaft ihr eigenes Profil schärft gegenüber dem, was sie «PC» (Political correctness) nennt, und ihre Tat ist ein Auswuchs dieser Selbstprofilierung. Die intellektuellen Lesezirkel um die *Junge Freiheit*, die Sommeruniversitäten der Synergies européenes und die von rechts politisierten Burschenschaften setzen sich reflexiv mit der Hitlerzeit und einem Nebenstrang ihrer Vorgeschichte, der «Konservativen Revolution», auseinander. Ihr Hass ist aufgeklärt. Adornos Gegenmittel erweist sich als ungenügend gegenüber den Resistenzen, die sich seitdem entwickelt haben. Auch der dumpfe Teil des Rechtsextremismus, die Skinheads, diskutiert, will sich profilieren, grenzt sich ab und sprüht Graffiti, die die jeweils ureigenste Handschrift verraten.

Die Stärkung des «Ich» gegenüber dem übermächtigen «Wir» ist heute ein zwiespältiger Rat. Die bemühte Pflege der eigenen Individualität ist ein Massenphänomen geworden. Adorno konnte 1966 von paradoxen Erscheinungen wie dem massenweisen Individualtourismus noch nichts wissen. Heute müssen wir den neuen Kult des «Ich» mitdenken. Kleidung, Tätowierung und Geheimsprache jugendlicher Rechtsextremer sind der krampfhafte Versuch, sich auf ihre Weise an diesem Kult zu beteiligen. Ein Gespräch mit diesen Jugendlichen müsste bewirken, dass sie sich darüber klar werden, was sie meinen, wenn sie «Wir» sagen. Ein solches

«Für das allerwichtigste gegenüber der Gefahr einer Wiederholung halte ich, der blinden Vormacht aller Kollektive entgegenzuarbeiten, den Widerstand gegen sie dadurch zu steigern, dass man das Problem der Kollektivierung ins Licht rückt». (Adorno 1977, Bd. 10-2 S. 681

«Diesen Leuten muss ein demokratisches Weltbild vermittelt werden. Das heißt erst einmal zuhören. Man muss nachvollziehen, warum sie so denken wie sie denken. Dann kann man eingreifen und Hilfestellungen geben sich loszulösen» (Jörg Fischer: Neonazi- Aussteiger, *in:* Die Tageszeitung *5. März 2001)*

«Der zweifellos bevorstehende Endkampf bedarf gut geschulter politischer Soldaten [...], die im Notfall alles zu opfern, ja das Letzte zu geben bereit sind.» (Sachsen-Stimme, Januar-April 2000)

Gespräch müsste das Angebot enthalten, ihr nationalistisch überhöhtes «Wir» durch ein soziales, solidarisches zu ersetzen.

Eine antirassistische Erziehung heute müsste daran ansetzen, den Realitätssinn so zu stärken, dass das Wahngebilde ethnischer Homogenität die Schrulle einer unaufgeklärten Minderheit bleibt. Die Imitationen von Auschwitz werden sich nicht immer verhindern lassen, aber es müssen – für alle klar erkennbar – Imitationen bleiben, so schäbig wie möglich. Zuallererst aber sollte das Gespräch den verhüllten pseudoreligiösen Kern des rechten ideologischen Kitts offenlegen. Lasst sie reden, bis sie einsehen, dass sie glauben statt zu wissen! Wer mit logischen Argumenten gegen die rechtsextreme Symbolsprache anrennt, hat den heutigen Rechtsextremismus nicht verstanden. Wenn in einem Gruppengespräch ein jugendlicher Rechtsextremer zu der Einsicht gelangt, dass er nur die bösartige Variante der belächelten religiösen Sektenmitglieder ist, kann ein Lernprozess beginnen.

«Die politische Klasse, die so handelt, hat ihr eigenes Todesurteil gesprochen. Der Tag der Vollstreckung ist noch ungewiß, aber er wird kommen – viel früher, als die Politiker denken.» (Mahler in: Deutsche Stimme, Oktober 2000)

Prävention darf sich nicht in der Aufklärung über die Hitlerzeit erschöpfen. Erscheinungen wie die braune Esoterik verlangen sachkundige Beratung. Die Grenze zur Therapie ist hier fließend; mindestens die Kunst des geduldigen Zuhörens ist notwendig. Beraterinnen und Berater müssen die rechtsextreme Symbolik wenigstens grob verstehen, auf jeden Fall aber im Gespräch deuten können.

Kriegserklärungen[530]

Wenn die Gewalt gegen die «Anderen», gegen die «zu Juden Bestimmten» sich systematisch entlädt, wird sie zum sektiererischen Bürgerkrieg aus Frustration über die Unmöglichkeit einer zweiten Machtergreifung. Die Konstellation dafür ist vorhanden: Der Hass einigt die «lone wolves» und ist ihr Programm. Die Gewaltschranken sind niedrig, Waffenfunde und Wehrsportübungen bei Rechtsextremen nehmen zu. 1985 veröffentlichte Karl-Heinz Dissberger eine Broschüre *Werwolf: Winke für Jagdeinheiten aus dem Jahre 1945* (6. Auflage 1998). Der historische Werwolf war ein letzter und völlig gescheiterter Versuch, das Dritte Reich durch Guerillaver-

Lone wolves s. S. 61

bände auch nach der Besetzung Deutschlands zu erhalten. Dissberger schreibt im Vorwort (S. III) über diese Ausgrabung, trotz des damaligen geringen militärischen Nutzens könne «jedem das Studium dieser Schrift empfohlen werden, da die damals von den militärischen Fachleuten aufgestellten militärischen Regeln noch heute, wenn auch in anderer Formulierung, gültig sind.»

Es gibt ein Heft *Wehrwolf* mit mehreren hundert Adressen von angeblichen oder realen Gegnern des Rechtsextremismus, das über ein holländisches Postfach der Gesinnungsgemeinschaft der Neuen Front (ein Überbleibsel Michael Kühnens) vertrieben wird[531].

Die vom Repressionsdruck verstärkte dezentrale Organisation erlaubt es jederzeit zuzuschlagen. Es ist eher unwahrscheinlich, dass es die befürchtete rechte RAF geben wird. Eine straff organisierte Terrorgruppe, die Objekte oder Personen angreift, die das «System» repräsentieren, wäre politisch isoliert und könnte vom Staat zerschlagen werden. Gegen eine Hass-Guerilla der Auswahlmörder gibt es keine Instrumente. «Lage peilen, angreifen, drauf und weg», haben Skinheads den Angriff auf einige ältere Menschen beschrieben, die sich im Juli 1999 an einer Wuppertaler Gedenkstätte versammelt hatten[532]. Mehr braucht es nicht. Der Auswahlmörder überschreitet die unsichtbare Grenze, die seine «befreite Zone» vom Rest des Landes trennt, schlägt zu und verschwindet zum Besäufnis.

Der politische Ausdruck des lange aufgestauten Hasses ist der unerklärte Krieg gegen den inneren Feind. Es ist der irreguläre Krieg der Kommandounternehmen, des Herausgreifens, der Säuberung. Diese innere Kriegsführung ist lateinamerikanischen Diktaturen abgeguckt. Der Gegner ist alles, was den gesunden Volkskörper stört, Pinochets «Krebsgeschwür des Marxismus», die vom Ausland gelenkte fünfte Kolonne. In diesem unerklärten Krieg gegen den inneren Feind ist das Folteropfer das ideale Hassobjekt. Im Oktober 1999 wurde in Düsseldorf ein Jugendlicher stundenlang von Skinheads misshandelt, weil er einen schwarzen Freund hatte. Im Juni 2000 misshandelten Neonazis einen Obdachlosen eine Stunde lang, bis er starb (das ist eines von vielen Beispielen). Im Januar 2001 quälte in Bernau bei Berlin eine Gruppe Jugendlicher mit rechtsextremem Hintergrund einen Zwanzigjährigen vier Stunden

Arthur Ehrhardt: Werwolf: Winke für Jagdeinheiten. Ehrhardt war SS-Hauptsturmführer und Chef der «Bandenbekämpfung» (Partisanenbekämpfung) im Führerhauptquartier. 1951 gründete er Nation Europa. Karl-Heinz Dissberger war 1975 Kandidat der NPD bei den Landtagswahlen in Nordrhein-Westfalen. 1980 fand die Polizei in seiner Wohnung Pistolen, Munition und Handgranaten.

Das Symbol des Werwolfs war die Wolfsangel, das mittlerweile in der BRD verbotene Emblem der ebenfalls verbotenen «Jungen Front», der Jugendorganisation der «Volkssozialistischen Bewegung Deutschlands / Partei der Arbeit» (VSBD/PdA) von Friedhelm Busse. Das Zeichen wird auch heute immer wieder – trotz Verbots – von Neonazis benutzt.

Aus dem Aufruf befreite Zonen (s.S. 33): «Wir müssen Freiräume schaffen, in denen wir faktisch die Macht ausüben, in

denen wir sanktionsfähig sind, d.h. wir bestrafen Abweichler und Feinde,... Wir sind drinnen, der Staat bleibt draußen».

«In der jetzigen Situation hilft nur Terror. Macht kaputt, was euch kaputtmacht. Der Bürgerkrieg wird kommen», heißt es in einem Internet-Aufruf von «Bonn 14 88»[539] (zu 14 88 s. S. 18).

«Wir müssen uns als Vorhut auffassen, die Vorhut des Krieges.» (Guillaume Faye in Die Strategie der Vorkriegszeit, Metapo 3, Sommer 2000)

Die Sünden gegen das deutsche Volk seien «kaum oder nur noch um den Preis des Bürgerkriegs revidierbar»[538].

lang, übergossen ihn dann mit Benzin und zündeten ihn an[533]. So handelt nur, wer von einer Art Waffengleichheit zwischen sich und der Polizei ausgeht. Die Schläger lassen sich Zeit. Sie kommen mit quasistaatlichen Insignien wie Fahnen und Trommeln. Sie inszenieren das Kriegsszenarium in Ruhe. Im März 2001 brachen Unbekannte bei einem Schwarzen in Obertshausen ein, verwüsteten die Wohnung, beschmierten die Wände mit Hakenkreuzen und rassistischen Parolen und drapierten im Flur eine große schwarze Puppe, der sie ein Messer in den Hals stachen[534].

An verbalen Drohungen fehlt es nicht[535]. Aber keiner hat sie, wie wir gesehen haben, aus einer Geschichtsphilosophie abgeleitet und keiner so konsequent zur Kriegserklärung zugespitzt wie Horst Mahler: «Der Mob wird sie [die potemkinschen Dörfer der multikulturellen Gesellschaft] im Nu wegspülen, wenn der untergründige Haß auf alles Fremde an die Oberfläche drängt und die Menschen mit sich fortreißt. Das kann schon morgen sein.»[536] Neuerdings scheint Mahler zu glauben, dass die Bundesrepublik kurz vor einem Bürgerkrieg steht. In seiner Eintrittserklärung in die NPD am 12. August 2000, die er vor laufenden Kameras dem NPD-Vorsitzenden Udo Voigt im Hinterzimmer einer Kneipe im nordbadischen Bruchsal übergab, hetzt er: «Die jetzt in den Medien losgetretene Verbotskampagne ist ein letzter verzweifelter Versuch, den Vormarsch des Jungen Deutschland zu stoppen und unser Volk in einen Bürgerkrieg zu stürzen. [...] Das ist der Anfang vom Ende dieses Vasallenregimes, das jetzt sehr schnell von der Bühne abgeräumt werden wird. [...] Deutschland wird den unser Volk vereinigenden Aufstand wählen und siegen. [...] Wir alle müssen uns gegenwärtig halten, daß wir uns im Krieg befinden und das Deutsche Reich unseren Beitrag zur Verteidigung des Deutschen Volkes jetzt einfordert und uns auch persönliche Opfer zumutet. Es ist jetzt die Zeit, uns unserer Ahnen würdig zu erweisen.»[537]

Epilog

«Sie haben ihrem eigenen Volk den Krieg erklärt!», heißt es im Organ des Freundeskreises Ulrich von Hutten[540], «Also muß sich ein jeder entscheiden, ob er auf der Seite Deutschlands – unseres heiligen Deutschlands – kämpfen will.» In diesem «heroischen Kampf», steht dort weiter, «mag das Leben über das Schicksal des einzelnen unbeachtet hinwegschreiten». Diese Endkampfstimmung macht die neue völkische Bewegung zu einer Bedrohung. Menschenleben zählen nicht, steht hier zwischen den Zeilen. Die gesellschaftliche Wahrnehmung fügt dieser Bedrohung den Schrecken der Hitlerzeit hinzu. Hitlers Terror ist unwiederholbar wie alle Geschichte, aber die Rechtsextremisten sind überzeugt, etwas von ihm über die Zeiten aufbewahrt zu haben, und sie geben sich alle Mühe, diesen Wiederschein auszustrahlen. Die kritische Öffentlichkeit ist schnell bereit, ihnen diese Wirkung zuzugestehen. Ausstrahlung und Wahrnehmung bestätigen sich wechselseitig und ignorieren, dass der in Hakenkreuz und der 88 ausgedrückte Schrecken nur entlehnt ist.

Metapolitik s. S. 116

88 s. S. 17

Es gibt einen aktuellen Schrecken hinter dem entlehnten. Er besteht in der Angst der rechten Cliquen. Sie geben vor, nach außen abzuschrecken und innen die Kameradschaftlichkeit der Volksgemeinschaft zu pflegen. Die Bedrohung anderer schlägt aber auf die Clique zurück. Sie haben Angst vor der «Umvolkung», dem enger werdenden Belagerungsring (s. S. 44 f.). Und die Gruppenmitglieder haben latente Angst vor ihresgleichen. Junge Rechtsextreme, die es geschafft haben, mit ihrer Clique zu brechen, leiden Todesängste vor der Femerache, die bis zum Mord gehen kann. Auch die retuschierten Biografien verdecken Schwäche. Das Modell dieser durch ostentative Unbeugsamkeit übertünchten Schwäche sind Leni Riefenstahls Ohnmacht bei dem Judenmassaker (s. S. 111) und ihre Zusammenbrüche[541], als erste Beweise dafür auftauchten. Die als «Revisionismus» getarnte systematische Geschichtsklitterung der Rechten ist die Verallgemeinerung des nach

1945 privat inszenierten Triumphes des Willens über den Zusammenbruch. Solche Lebenslügen aufzudecken ist produktiver als sich in Diskussionen darüber einzulassen, ob es die Gaskammern gab.

20. April: Hitlers Geburtstag

Obergruppenführersaal der Wewelsburg s. S. 77

Schwarze Sonne s. S. 15

Der automatische Ernst, mit dem die Umwelt auf das martialische Gehabe der Rechtsextremen reagiert, verstärkt das Selbstbild innerhalb der Clique. Die Anderen fürchten uns, also sind wir gefährlich. Vielleicht sollten die Kritiker der Rechten deren Erscheinungsbild weniger ernst nehmen! Wie wäre es mit einer kabarettistischen Lesung von Texten Helsings und Mahlers am 20. April im Obergruppenführersaal der Wewelsburg, dort, wo die Schwarze Sonne scheint? Die Sprache des Hasses verträgt keinen Spott.

Literatur

Adorno, Theodor W.: Gesammelte Werke. Bd. 10-2, Frankfurt: Suhrkamp, 1977

Apfel, Holger: Alles Große steht im Sturm. Stuttgart, 1999

Axmann, Artur: Das kann doch nicht das Ende sein. Koblenz: Bublies, 1995

Bäumler, Alfred: Männerbund und Wissenschaft. Berlin, 1943

Bellmund, Klaus; Siniveer, Kaarel: Kulte, Führer, Lichtgestalten: Esoterik als Mittel rechtsradikaler Propaganda. München, 1997

Benoist, Alain de: Aufstand der Kulturen: Europäisches Manifest für das 21. Jahrhundert. Berlin: Edition Junge Freiheit, 1999

Brumlik, Micha: Die Gnostiker: der Traum von der Selbsterlösung des Menschen. Frankfurt am Main: Fischer, 1995

Buck, Felix: Geopolitik 2000: Weltordnung im Wandel. Frankfurt am Main, 1996

Burger, Adolf: Unternehmen Bernhard: die Geldfälscherwerkstatt im KZ Sachsenhausen. Berlin, 1992

Conrad, Jo: Zusammenhänge: Was läuft schief in unserer Welt? Worpswede: Bignose Media, 1998

Derrich, Michael: Geheimwaffen des Dritten Reiches und deren Weiterentwicklung bis heute. Greiz/Thür.: Mediengruppe König, 2000

Ditfurth, Jutta: Entspannt in die Barbarei: Esoterik, (Öko)Faschismus und Biozentrismus. Hamburg, 1996

Eisfeld, Rainer: Mondsüchtig: Wernher von Braun und die Geburt der Raumfahrt aus dem Geist der Barbarei. Reinbek: Rowohlt, 1996

Enzyklopädie des Holocaust. Hrsg. von Israel Gutman. München: Piper, 1998

Epp, Andreas: Die Realität der Flugscheiben: ein Leben für eine Idee. München: Reihe EFODON-Dokumentation 25, November 1994

Evola, Julius: Revolte gegen die moderne Welt. Engerda, 1997

Freund, Rene: Braune Magie? Okkultismus, New Age und Nationalsozialismus. Wien, 1995

Goldner, Colin: Die Psycho-Szene. Aschaffenburg: Alibri, 2000 (erw. und überarb. Auflage)

Goodrick-Clarke, Nicholas: Wurzeln des Nationalsozialismus. Mit einem Vorwort von H.T. Hakl. Graz, 1997

Goodrick-Clarke, Nicholas: Hitlers Priestess: Savitri Devi: the Hindu-Aryan Myth and Neo-Nazism. New York University Press, 1998

Gorsleben, Rudolf John: Hoch-Zeit der Menschheit: die Weltgesetze der Drei oder Entstehen – Sein – Vergehen. Leipzig 1930. Faksimile-Nachdruck Bremen, 1993

Gugenberger, Eduard; Petri, Franko; Schweidlenka, Roman: Weltverschwörungstheorien: die neue Gefahr von rechts. Wien; München: Deuticke, 1998.

Gugenberger, Eduard: Hitlers Visionäre: die okkulten Wegbereiter des Dritten Reiches. Wien: Überreuter, 2001

Hagen, Walter: Unternehmen Bernhard: ein historischer Tatsachenbericht über die größte Geldfälscheraktion aller Zeiten. Wels, 1955

Hauer, Wilhelm: Religion und Rasse. Tübingen, 1941

Hauer, Wilhelm: Deutsche Gottschau: Grundzüge eines deutschen Glaubens. Stuttgart, 1934

Heller, Friedrich Paul: Colonia Dignidad: von der Psychosekte zum Folterlager. Stuttgart: Schmetterling Verlag, 1993

Heller, Friedrich Paul; Maegerle, Anton: Thule: vom völkischen Okkultismus bis zur Neuen Rechten. 2. Aufl. Stuttgart: Schmetterling Verlag, 1998

Helsing, Jan van: Geheimgesellschaften und ihre Macht im 20. Jahrhundert: ein Wegweiser durch die Verstrickungen von Logentum und Hochfinanz, Trilaterale Kommission, Bilderberger, CFR, UNO. Gran Canaria, 1995, (= Helsing 1995 a)

Helsing, Jan van: Geheimgesellschaften 2: Interview mit Jan van Helsing, Gran Canaria, 1995 (= Helsing 1995 b)

Helsing, Jan van: Buch 3: der Dritte Weltkrieg. In Zusammenarbeit mit Franz von Stein. Gran Canaria, 1996

Hess, Norbert: Die schwarze Sonne von Tashi Lhunpo: Das Drehbuch. Engerda, 1995

Holey, Hannes: Bis zum Jahr 2012: Der Aufstieg der Menschheit ... mit praktischen Anleitungen, Fichtenau: Ama Deus Verlag, 2000

Holey, Hannes: Jesus 2000: das Friedensreich naht. Fichtenau: Ama Deus, 1997

Holey, Jan Udo (=Helsing): Die Akte Jan van Helsing: eine Dokumentation über das Verbot zweier Bücher. Fichtenau: Ama Deus, 1999

Holey, Jan Udo (=Helsing): Die innere Welt: Das Geheimnis der Schwarzen Sonne. Fichtenau: Ama Deus, 1998

Inowlocki, Lena: Sich in die Geschichte hineinreden: biographische Fallanalysen rechtsextremer Gruppenzugehörigkeit. Frankfurt am Main: Cooperative, 2000

Irving, David: Die Geheimwaffen des Dritten Reiches. Kiel: Arndt, 2000

Kafka, Franz: Der Prozess: Roman. Gütersloh, 1960

Kershaw, Ian: Hitler: 1889-1936: Hubris. London: Penguin Press, 1989

Kershaw, Ian: Hitler 1936-1945, Stuttgart: Deutsche Verlagsanstalt, 2000

Köhler, Otto: Unheimliche Publizisten: die verdrängte Vergangenheit der Medienmacher. München: Knaur, 1995

Kraushaar, Wolfgang: 1968 als Mythos, Chiffre und Zäsur. Hamburg: Hamburger Edition, 2000

Krebs, Pierre, Im Kampf um das Wesen. Horn, 1996

Krebs, Pierre (Hrsg.): Das Thule-Seminar: Geistesgegenwart der Zukunft in der Morgenröte des Ethnos. Horn, 1994

Krebs, Pierre (Hrsg.): Das unvergängliche Erbe: Alternativen zum Prinzip der Gleichheit. Tübingen: Grabert, 1981

Kundera, Milan: Die unerträgliche Leichtigkeit des Seins. München, 1984

Landig, Wilhelm: Götzen gegen Thule: ein Roman voller Wirklichkeit. Hannover, ohne Jahr

Landig, Wilhelm: Rebellen für Thule: das Erbe von Atlantis. Wien, 1991

Landig, Wilhelm: Wolfszeit um Thule. Wien, 1980

Lipstadt, Deborah: Betrifft: Leugnen des Holocaust. Zürich: Rio Verlag, 1994

McCloud, Russell: Die schwarze Sonne von Tashi Lhunpo: Roman. Vilsbiburg, 1991

Mahler[542], Horst: Ausrufung des Aufstandes der Anständigen, am 15. Oktober 2000

Mahler, Horst: Flugschrift an die Deutschen, die es noch sein wollen, über die Lage ihres Volkes, verfasst November 1998

Mahler, Horst: Was sind die Tatsachen? Wie ist die Lage? Was ist zu tun? August 2000

Mahler, Horst: Offener Brief an Daniel Goldhagen. Januar 2000

Molau, Andreas (Hrsg.): Opposition für Deutschland: Widerspruch und Erneuerung. Berg am Starnberger See: Verlagsgemeinschaft Berg, 1995

Musil, Robert: Der Mann ohne Eigenschaften: Roman. Hrsg. von Adolf Frisé. Hamburg: Rowohlt, 1952

Neulen, Hans Werner: Europa und das 3. Reich: Einigungsbestrebungen im deutschen Machtbereich 1939-45. München: Universitas, 1987

Pauwels, Louis; Bergier, Jaques: Aufbruch ins Dritte Jahrtausend. Bern, 1962

Peters, Ludwig: Volkslexikon Drittes Reich: die Jahre 1933-1945 in Wort und Bild. Tübingen: Grabert 1994,

Rahlves, Rudolf: Was ist deutsch?: Charakter, Geist, Probleme. Tübingen: Grabert, 2000

Reemtsma, Jan Philipp (Hrsg.): Folter: zur Analyse eines Herrschaftsmittels. Hamburg: Junius, 1991

Rencher, Norbert: Ulrichsberg-Dokumentation. Klagenfurt, 1999

Riefenstahl, Leni: Memoiren. München, 1987

Röhl, Klaus Rainer: Deutsches Phrasenlexikon: Politisch korrekt von A-Z. München: Universitas, 2001

Rosenberg, Alfred: Der Mythus des 20. Jahrhunderts. München: Hoheneichen, 1936

Russell, Stuart; Schneider, Jost W.: Heinrich Himmlers Burg: das weltanschauliche Zentrum der SS: Bildchronik der SS-Schule Haus Wewelsburg 1934-1945. Landshut, 1989

Schönhuber, Franz; Mahler, Horst: Schluss mit dem deutschen Selbsthass: Plädoyers für ein anderes Deutschland. Berg am Starnberger See: Verlagsgemeinschaft Berg, 2000

Schröder, Burkhard: Neonazis und Computernetze: wie Rechtsradikale neue Kommunikationsformen nutzen. Reinbek bei Hamburg, 1995

Schrupp, Antje: Die Neuheiden: von neuen Heiden und alten Göttern..., Frankfurt am Main, 1997, Reihe: Forum, Heft 11

Serrano, Miguel: Adolf Hitler: el Ultimo Avatara, Bogotá, o.J.

Serrano, Miguel: Das goldene Band: esoterischer Hitlerismus. Wetter: Teut-Verlag, 1987

Sokoll, D.A.R.: Der Mythos des Blutes: Ansätze zur morphologischen Betrachtung eines zeitlosen Symbols. Dresden: Zeitenwende, 2000

Spengler, Oswald: Der Untergang des Abendlandes. München, 1920, Bd. 1

Steiner, Felix: Die Freiwilligen der Waffen-SS: Idee und Opfergang. Rosenheim: Deutsche Verlagsgesellschaft, 1992

Stiftung Dokumentationsarchiv des österreichischen Widerstandes (Hrsg.): Das Netz des Hasses: rassistische, rechtsextreme und neonazistische Propaganda im Internet. Wien, 1997

Sünner, Rüdiger: Schwarze Sonne: Entfesselung und Mißbrauch der Mythen in Nationalsozialismus und rechter Esoterik, 2. Aufl. Freiburg i. Br.: Herder Spektrum, 1999

Thümen, Gunnar (Hrsg.): Aufbruch zu neuen Ufern. Hamburg: Verlag Deutsch-Europäische Studiengesellschaft, 1998

Thule-Seminar (Hrsg.): Die neue Partei des Geistes: das Thule-Seminar stellt sich vor. (Informationsmappe), ohne Ort, 1995, 34 S.

Trevor-Roper, H.R.: Hitlers letzte Tage. Zürich, ca. 1946

Weißmann, Karlheinz: Schwarze Fahnen, Runenzeichen: die Entwicklung der politischen Symbolik der deutschen Rechten zwischen 1890 und 1945. Köln, 1991

Wirsing, Giselher: Schritt aus dem Nichts. Düsseldorf, 1951

Häufig benutzte Periodika

Archiv-Notizen. Hrsg.: Duisburger Institut für Sprach- und Sozialforschung. Duisburg

Blick nach rechts. Hrsg. Institut für Information und Dokumentation, Berlin

DISS-Journal: Zeitung des Duisburger Instituts für Sprach- und Sozialforschung. Duisburg

Euro-Kurier: aktuelle Buch- und Verlags-Nachrichten, eine zweimonatige Publikation des Grabert-Verlags, Tübingen

Metapo: Metapolitik im Angriff zur Neugeburt Europas. Zeitschrift des Thule-Seminars, Kassel

Nachrichten der HNG. Hrsg.: Hilfsorganisation für nationale politische Gefangene und deren Angehörige, Mainz-Gonsenheim

Häufig benutzte Internet-Seiten

www.idgr.de (idgr = Informationsdienst gegen Rechts)

Zu Horst Mahler s. Fußnote 542

www.thule-seminar.de

Archivalien

Die zitierten Dokumente zu Axmann, Höttl und Sozialistische Reichspartei, die die Autoren nach der Freedom of Information Act (FOIA) erhalten haben, befinden sich im Archiv des Hamburger Instituts für Sozialforschung, Mittelweg 36, 20148 Hamburg. Andere FOIA-Akten liegen in einem Privatarchiv. Unsere Zitierweise der FOIA-Dokumente ist: Dokumente nach der FOIA, Angabe des Themas (z.B. der Person), bei umfangreichen Akten Angabe des Blattes

Anmerkungen

1 Schönhuber 2000, S. 80
2 Heller/Maegerle 1998, S. 83 ff.
3 Landig 1980, S. 135
4 Heller/Maegerle 1998, S. 75 f.
5 beides in: Nachrichten der HNG, Juli 2000
6 regelmäßige Anzeigen in Nation & Europa. Gesamttext: «Wir bieten Asyl für Flüchtlinge aus Multikultopia! Kommt zur Hamburger Burschenschaft Germania, garantiert politisch unkorrekt (preiswerte Studentenzimmer.)
7 Röhl 2001, S. 10, 11
8 Ivan Denes: Wer oder was ist die «Ostküste» des Dr. Helmut Kohl? Berlin: Oberbaum-Verlag, 2000
9 Nation & Europa, Januar 2001
10 Bernd Wagner: Zur Auseinandersetzung mit Rechtsextremismus und Rassismus in den neuen Bundesländern. In: Aus Politik und Zeitgeschichte, Beilage zur Wochenzeitung Das Parlament, 22. September 2000
11 Nation & Europa, 4/1993
12 Die Tageszeitung, 12. Oktober 2000
13 Landig: Götzen gegen Thule, S. 251 und Landig 1991, S. 542
14 beides in: Der Bücherbote, Verlag Tim Schatowitz
15 Der Landser, Frühjahr 2000
16 Die Nr. 10/2000 handelt von der Wewelsburg
17 so auch Sünner 1999, S. 145
18 Metapo 2, Frühling 2000, S. 15
19 Die Tageszeitung, 18. Dezember 2000.
20 zitiert nach: Das Parlament, 22. September 2000
21 Grabert-Verlag: Ihr neuer Buchberater. Folge 36
22 s. Heller/Maegerle, 1998, S. 148
23 Metapo 3, Sommer 2000
24 Zu Annaberg und Freikorps Oberland s. Frankfurter Rundschau, 22. Dezember 2000 und Heller/Maegerle, 1998, S. 40 f.
25 Rencher 1999, S.7, s.a. Blick nach rechts 20/96, 11/97.
26 Mahler: Begreifen des Holocaust statt Monumentalisierung der Schande
27 zitiert nach: Archiv-Notizen, Oktober 2000
28 Die Tageszeitung, 5. 8. 2000. Horst Mahler zitiert diesen Artikel in: Was sind die Tatsachen?
29 Frankfurter Rundschau, 1. Dezember 2000
30 Nation & Europa, Januar 2001
31 Zentralorgan, 10/2000
32 Die Tageszeitung, Ostern 2001
33 Stuttgarter Zeitung, 24. 2. 2001, zitiert nach: IDGR
34 Sächsische Zeitung, 15. 2. 2001
35 Zentralorgan, Nr. 10, Sommer 2000, S. 13, Anführungsstriche im Original.
36 Foiersturm, 9/2000
37 Zentralorgan, 10/2000
38 Internettext des Europäischen Büros von Synergon, Brüssel, 10. Dezember 2000. Schwarz schreibt «Hess».
39 Apfel 1999, S. 218, Fehler im Original
40 Blick nach rechts, 4/2001
41 Jungle World, 48/2000
42 Die Tageszeitung, 24. November 2000. Auf dem Golm hatte es be-

reits in früheren Jahren solche Demonstrationen gegeben.

43 Hamburger Sturm, 17, s.a. die Bilanz des Nationalen Infotelefons Rheinland vom 14. November 2000

44 Der Freiwillige, 11/2000, s.a. Ostpreußenblatt, 47/2000

45 Dokumente nach der FOIA zur Sozialistischen Reichspartei, Blatt 3959

46 Frankfurter Rundschau, 28. März 2001

47 Das Heft zum Thema rechtsextreme Symbole soll in der Reihe Durchblicke erscheinen.

48 Hans Wagner: Taschenwörterbuch des Nationalsozialismus. Bremen: Faksimile-Verlag 1988. Neusatz und unveränderter Nachdruck der Ausgabe Leipzig 1934 (Faksimile-Dokumentation zur Morphologie und Geschichte des Nationalsozialismus. Band 1.)

49 Frankfurter Rundschau, 23. 11. 00

50 Frankfurter Nordwestspiegel, 23. November 2000

51 Alex Demirovic: Rechte Schreibtischtäter und neorassistische Ideologie. In: links (Offenbach) 7/8, 1993

52 Die Zukunft der 68er Idee

53 Demirovic, a.a.O.

54 Kershaw 2000, S. 325 ff. u.a.

55 Zitiert nach: Archiv-Notizen (Duisburg), Aug.-Sept. 2000

56 Der hessische Landtagsabgeordnete Hans-Jürgen Irmer lt. Die Tageszeitung, 6. November 2000

57 Metapo 2, Frühling 2000

58 Die Tageszeitung, 17. 10. 2000. Die auch im vorigen Satz zitierte Rede hielt der brandenburgische Innenminister Schönbohm (CDU)

59 Helsing 1995b, S. 12

60 Krebs 1996, S. 59

61 s. Heller/Maegerle 1998, S. 142 und 188 (dort der Wortlaut)

62 Rechter überlebte Selbstjustiz nur knapp, Frankfurter Rundschau, 16. Januar 2001

63 zitiert nach DISS-Journal, 7/2001

64 Frankfurter Rundschau, 24. 1. 2001

65 Zur Bedeutung von NS-Symbolen bei der Rekrutierung neuer Mitglieder vgl. Inowlocki 2000, S. 46 ff.

66 Der Landser: Gibt es ein Leben nach der NPD? (Internettext November 2000)

67 Kundera 1984, S. 246, Hervorhebung im Original

68 Metapo 2, Frühling 2000

69 Begreifen des Holocaust statt Monumentalisierung der Schande

70 Musil 1952, S. 321

71 Spengler 1920, S. 223

72 Pauwels; Bergier 1962, S. 373

73 Bäumler 1943, S. 53, 132 ff.

74 Hauer 1941, S. 32

75 Mahler: Ausrufung des Aufstandes der Anständigen

76 Mahler: Offener Brief an Daniel Goldhagen

77 Serrano 1987, S. 251, 317

78 Süddeutsche Zeitung, 5. November 2000

79 Stoertebeker-Mailbox, 6. 12. 2000

80 Der Landser: Gibt es ein Leben nach der NPD? (Internettext November 2000)

81 zitiert nach: Freund 1995, S. 79

82 Weißmann 1991, S. 135

83 Das Parlament, 2. September, 2000

84 Das Thule-Seminar vertreibt solche Jahresweiser. Vgl. auch Otto Freiherr von Reinsberg-Düringfeld: Aberglaube, Sitten, Feste germanischer Völker: das festliche Jahr. Reprint Verlag Leipzig, o.J., Originalausgabe 1898

85 Weißmann 1991, S. 5
86 Weißmann 1991, S. 236
87 zitiert nach: Weißmann, Erwachen im Untergrund, S. 108
88 Holey, Hannes 2000, S. 188 ff.
89 Metapo 2, Frühling 2000
90 ausführlich hierzu: Heller/Maegerle 1998, S. 157 ff.
91 McCloud 1991, S. 5f.
92 Kein Platz für Rechtsextremismus. Papier von Ende 2000 / Anfang 2001
93 s. das Kapitel «Wandernde Wikinger»
94 Hitler 1944, S. 311, 314
95 Dieser Absatz lehnt sich an das Stichwort «Umvolkung» an, in: www.idgr.de (Februar 2001)
96 Harald Neubauer, in: Molau 1995. Neubauer zitiert hier einen Artikel aus der Zeit
97 Sachsenstimme, Januar-April 2000
98 z.B. Günter G. Führling: Endkampf an der Oderfront. Die Junge Freiheit wirbt dafür mit: «Die [...] Schilderung der Kesselschlacht von Halbe, vor den Toren Berlins, die zeigt, was in den Menschen vorgeht, die die sichere Niederlage vor Augen haben.» (Prospekt Bücher zur Zeitgeschichte von Anfang 2001.)
99 zitiert nach: Blick nach rechts, 3/2001
100 zitiert nach: Frankfurter Rundschau, 10. April 2001
101 Inowlocki 2000, S. 266. Tatsächlich starben drei der von Inowlocki interviewten Gruppenmitglieder bei Schießereien oder durch Selbstmord.
102 Metapo, 2/2000, Hervorhebung im Original
103 Metapo, 1/1999
104 Blick nach rechts, 23/2000
105 Etwa in Sokoll 2000 (Der Mythos des Blutes), S. 25 f. u.a. Dieses im Verlag Zeitenwende erschienene, neurechte Buch bemüht sich um eine Modernisierung der Blutsmythologie.
106 Euro-Kurier, Februar 2000
107 Euro-Kurier, Oktober 2000
108 Euro-Kurier, Februar 1999
109 Euro-Kurier, Oktober 2000
110 Metapo 3, Sommer 2000
111 Rahlves 2000, S. 217
112 Nation & Europa, Januar 2001
113 Parsimon Versand, Januar 2001
114 Metapo 3, Sommer 2000, S. 22, Hervorhebung im Original
115 Krebs 1996, S. 112
116 Metapo 3, Sommer 2000
117 Krebs 1994, S. 66
118 Metapo, 2, Frühling 2000, S. 21
119 Mahler: Flugschrift an die Deutschen. Dieselbe Verbindung von «Volk» und «Heimat» findet sich in Schönhuber 2000, S. 146
120 Mahler, in: Phönix 2/2000
121 beide Zitate in: Mahler: Was sind die Tatsachen?
122 Schönhuber 2000, S. 215
123 Schönhuber 2000, S. 34, ebenso S. 179
124 Mahler: Die Sehnsucht nach dem Wiedererscheinen Adolf Hitlers als philosophische Herausforderung an das Deutsche Volk
125 Schönhuber 2000, S. 90, 96
126 Schönhuber 2000, S. 31 f., 96
127 Offener Brief an Daniel Goldhagen
128 Uwe Rheingans: Volk ohne Jugend: das Ende des deutschen Volkes? In: Deutschland in Geschichte und Gegenwart, 3/2000
129 Josef Maria Klumb verwendet in einem Interview die Wörter «Szene» und «Volk» gleichbedeutend (Metapo, 3, Sommer 2000).

130 Bundesamt für Verfassungsschutz: Entwicklung im Rechtsextremismus in den neuen Ländern, 1999, S. 10

131 Bäumler 1943, S. 19

132 Neulen 1987, S. 63. Neulen beschreibt in diesem Buch den Übergang vom «europafeindlichen Regime» (S. 21 ff.) zu den Europakonzeptionen der SS (S.61 ff.).

133 Dokumente nach der FOIA zu Sozialistische Reichspartei, Blatt 1726

134 Landig 1980, S. 32

135 Schönhuber 2000, S. 57

136 Landig 1980, S. 196

137 Krebs 1994, S. 82 f.

138 Schönhuber 2000, S. 131, 133, 140

139 Mahler: Was sind die Tatsachen?

140 Blick nach rechts, 23/2000

141 ausführlich in Heller/Maegerle, 1998, S. 79 ff.

142 Steiner 1992, S. 10, 57

143 Heller/Maegerle 1998, S. 189. Zum SS-Untergrund a.a.O., S. 83 ff.

144 Nation & Europa, Januar 2001

145 Sündermann war damals unter dem Pseudonym «Heinrich Sanden» einer der führenden Mitarbeiter von Nation Europa (Nation & Europa 1/2001)

146 Dokumente nach der FOIA zu Nation Europa

147 Nation & Europa, 1/2001)

148ähnlich in: Was sind die Tatsachen?

149 Karl Richter: «Deutsche Leitkultur». In: Nation und Europa, 11/12 2000

150 Euro-Kurier, April 1997

151 Die Deutschen Konservativen in Zusammenarbeit mit Aktion für Deutschland, Rundbrief vom Advent 1999, Privatarchiv

152 Diese Unterscheidung trifft Richard Herzinger in Die Zeit 10. August 2000

153 s. Blick nach rechts, 21/2000, 24/2000

154 Serrano 1987, S. 148

155 Blick nach rechts, 23/2000

156 Schönhuber 2000, S. 131

157 zitiert nach Martin Dietzsch / Anton Maegerle: Rechtsextreme deutsche Homepages. In: Das Netz des Hasses, S. 52

158 Schönhuber 2000, S. 80 f. Mahler will das Internet als «Waffe im nationalen Befreiungskampf nutzen» (ebenda)

159 Mahler: Was sind die Tatsachen?

160 G.M. Gilbert, Nürnberger Tagebücher. Frankfurt am Main 1977, S. 88

161 Nachrichten der HNG, Juni 2000. Der Brief ist mit «mit deutlichem Gruß» (zu lesen als: mit deutschem Gruß) unterzeichnet.

162 le monde diplomatique /die Tageszeitung, Okt. 2000

163 Hammer-Skins sind nach dem US-amerikanischen Hammer-Prinzip dezentral organisierte Kleingruppen. Die Hass Attacke ist seit 1999 nicht mehr erschienen.

164 zitiert nach: Blick nach rechts, 24/2000

165 le monde diplomatique / die Tageszeitung, Okt. 2000

166 Kafka 1960, S. 264

167 Mahler: Flugschrift an die Deutschen

168 zitiert nach Archiv-Notizen, August/September 2000

169 Wir halten uns hier an G. Freges Unterscheidung von «Sinn» und «Bedeutung»

170 Mahler: Was sind die Tatsachen? (Hervorhebung im Original)

171 Demirovic, a.a.O.

172 Wir behandeln dieses Thema ausführlicher in Heller/Maegerle 1998, S. 9 ff. Wenn nicht anders angegeben, stützen wir uns auf die dort genannten Quellen.

173 Kershaw 2000, S. 498

174 Kershaw 2000, S. 496

175 Nachrichten der HNG, Dauertext

176 Helsing 1998, S. 59

177 Kershaw 1998, S. 302, 23

178 Kershaw 2000, S. 23, s.a. S. 143 f.

179 Kershaw 2000, S. 1079

180 Trevor-Roper 1946, S. 30 f., 155

181 Sünner 1999, S. 23, s.a. S. 44, 54

182 Sünner 1999, S. 141

183 «Erberinnern» ist ein Begriff des völkischen Mythologen Rudolf John Gorsleben, Gorsleben 1930, S. 4, 45

184 so Richard Herzinger in: Die Zeit, 10. August 2000

185 Zu dem Scharlatan Wirth s. Heller/Maegerle 1998, S. 70

186 Mahler; Maschke; Oberlercher: Kanonische Erklärung der Bewegung von 1968 (Junge Freiheit 10/1999, DESG-inform 1/1999 und Internettext

187 Nation & Europa, Januar 2001

188 Inowlocki weist darauf hin, dass die Symbolik des Nationalsozialisnmus nicht unmittelbar erfahren werden kann (Inowlocki 2000, S. 27) und von jugendlichen Rechtsextremen regelmäßig für ihre Zwecke umgedeutet wird.

189 blick nach rechts, 23/2000

190 Das Parlament, 22. September 2000

191 Quelle für das Folgende ist ein Interview der Autoren mit Landig und Heller/Maegerle 1998, S. 96 ff.

192 Dokumente nach der FOIA zu Priester

193 Mehr zu von Oven und seiner politischen Wendigkeit in Heller/Maegerle 1998, S. 128

194 Zur Biografie de Mahieus s. den mit W.v.O. (Wilfred von Oven) unterzeichneten Nachruf in Nation & Europa, 3-4/91 und verschiedene Klappentexte und Prospekte des Grabert-Verlags sowie Pierre Krebs 1981, S. 483

195 De Mahieu 1975b, S. 87

196 De Mahieu 1973, S. 11

197 De Mahieu 1973, S. 87 f.

198 De Mahieu 1975a, S. 101 und 1975b, S. 77

199 De Mahieu 1975b, S. 47

200 De Mahieu 1975a, S. 228

201 De Mahieu 1975b, S. 39

202 De Mahieu 1975b, S. 115 f.

203 De Mahieu 1975b, S. 311

204 De Mahieu 1975b, S. 79

205 De Mahieu 1973, S. 15-39

206 Heller/Maegerle, 1998 S. 19

207 De Mahieu 1975a, S. 213

208 Ausführlich in: Heller/Maegerle 1998, S. 109 ff.

209 Serrano: Adolf Hitler: el Ultimo Avatara, S. 441

210 Serrano 1987, S. 35 ff.

211 Weißmann: Erwachen im Untergrund. In: Materialdienst der Evangelischen Zentralstelle für Weltanschauungsfragen, 4/1991, S. 106

212 La Epoca, 21. April 1989

213 Analisis, 1. April 1989

214 Zum Folgenden vgl. Heller/Maegerle 1998, S. 120 ff.

215 s. Heller 1993, S. 17

216 La Hora, 7. September 2000

217 La Tercera, 8. Februar 1998

218 La Nación, 27. Februar 2000

219 La Nación, 27. Februar 2000

220 So hat der Revisionist Ernst Zündel pseudonym ein Buch ver-

fasst, das vom Nazi-Stützpunkt in der Antarktis handelt (s. Heller/Maegerle 1998, S. 94)

221 Nation & Europa Januar 2001

222 Mahler: Ausrufung des Aufstandes der Anständigen

223 Lipstadt 1994, S. 99

224 Euro-Kurier, April 1995

225 Thora Ruth im La Plata Ruf, zitiert nach Siegfried Jäger (Hrsg.): Rechtsdruck, S. 33.

226 Dokumente nach der FOIA zu Höttl

227 Dokumente nach der FOIA zu Höttl

228 s. Burger 1992

229 Höttl 1997, S. 341

230 Wirsing 1951, S. 152

231 Köhler 1995, S. 301

232 Eurokurier, 3/1995

233 Axmann 1995, S. 509

234 Irving 2000, S. 158, 178, 180, 245, 246, 247, 258, 260

235 Irving 2000, S. 196 und 200

236 Irving 2000, S. 138

237 Eisfeld 1996, S. 18 u.a.

238 Irving 2000, S. 362

239 Derrich 2000, S. 130, 131. Derrich verwendet (mit Quellenangabe) Helsings UFO-Fotos zur Illustration.

240 Deutsche Militärzeitschrift, 1/1995

241 Deutsche Militärzeitschrift, 23, 2000. Ebenso «Fliegende Untertassen» im Dritten Reich. In Heft 24, Januar bis März 2001

242 Heller/Maegerle 1998, S. 147 ff.

243 Zur Definition der Neuen Rechten s. Armin Pfahl-Traughber: «Kulturrevolution von rechts». In: Mut 11/96 und die Berichte des Landesamtes für Verfassungsschutz Hamburg von 1995, S. 47 ff und 1996, S. 105 ff.

244 Dokumente nach der FOIA zur Sozialistischen Reichspartei.

245 Metapo, 3, Sommer 2000

246 Krebs 1994, S. 19

247 Krebs 1994, S. 85

248 Krebs 1994, S. 87

249 Krebs 1994, S. 93, 121

250 Metapo, 1, Winter 1999/2000

251 Krebs 1994 S. 110

252 Krebs 1994 S. 97

253 Elemente: die Zeitschrift der Neuen Kultur für die Europäische Wiedergeburt. Winter 1985/86, Nr. 1, Titelblatt

254 Krebs in: Deutscher Weg, Oktober 1996

255 Krebs 1994, S. 88

256 So in einigen seiner Reden, vgl. «Rückkehr des Rassenwahns».

257 Alfred Rosenberg 1936, S. 34 ff.

258 Krebs 1996, S. 180

259 Krebs 1994, S. 91/92

260 Krebs 1994, S. 19

261 NRW-Verfassungsschutzbericht 1999, S. 133

262 Jahresbericht des Bundesamtes für Verfassungsschutz 2000, S. 93 (Pressefassung)

263 zit. nach Blick nach rechts, 14, 1997

264 zit. nach Antifaschistische Nachrichten, 11/97

265 zit. nach DESG-Inform, 10-12/97

266 de Benoist 1999, S. 58, 39

267 Rüdiger Offergeld: «Die Verfassung ist unser Gefängnis». WDR 24. Februar 1994

268 DESG-inform, 10-12, 1999

269 Archiv-Notizen, Oktober 2000

270 Der Verfassungsschutz Nordrhein-Westfalen meint, die Zusammenarbeit von Synergon und DESG bringe «wenig Früchte» und beide seien, wie auch das Thule-Seminar, politisch bedeutungslos (Verfassungsschutzbericht des

Landes Nordrhein-Westfahlen 1999, S. 133)
271 Helsing 1997, S. 15
272 zitiert nach Gugenberger 1998, S. 230. Gemeint sind die *Geheimgesellschaften*
273 Conrad 1998, S. 225
274 Conrad 1998, S. 218 f.
275 Helsing 1996, S. 15
276 Helsing 1995b, S. 125
277 Holey 1999, S. 160 und Resolut: das Magazin für neues Wissen, 1997, S. 6. Einige biografische Angaben finden sich bei Gugenberger 1998, S. 193
278 Helsing, 1995b, S. 40
279 Wenn nicht anders angegeben, sind die folgenden biografischen Angaben aus Holey 1999, S. 225 ff.
280 Helsing 1995, S. 99
281 Helsing: Wer die Welt wirklich regiert. In: Die andere Realität, 2/1996
282 Holey 1998, S. 17 ff.
283 Kurt Vonnegut berichtet in *Schlachthof 5* von einem Soldaten, der im 2. Weltkrieg schwer traumatisiert wurde und nach einem Flugzeugabsturz, bei dem er sich eine Hirnverletzung zugezogen hatte, über UFOs und seine Entführung durch Außerirdische zu reden begann.
284 Helsing 1995b, S. 22
285 Helsing 1995b, S. 31
286 Helsing 1995a, S. 302
287 zu Andromeda s. Gugenberger 1998, S. 205
288 Holey 1999, S. 209
289 Helsing 1995b, S. 31
290 Helsing 1995b, S. 19
291 Helsing 1995b, S. 11
292 Helsing 1995a, S. 119
293 Helsing 1995a, S. 205
294 Helsing 1995a, S. 221 f.
295 Helsing 1995a, S. 262
296 Helsing 1995a, S. 217 und 218
297 Helsing 1995a, S. 258
298 Helsing 1995a, S. 149
299 Flugblatt von ca. 1952, Dokumente nach der FOIA zu Sozialistische Reichspartei, Bl. 2118
300 Helsing 1995a, S. 153
301 Helsing 1995a, S. 171
302 So auch, aber etwas unpräzis, bei Helsing 1995a, S. 157
303 Helsing 1995a, S. 40
304 Zur Geschichte der Protokolle s. Gugenberger u.a. 1998, S. 101 ff.
305 Hitler 1944, S. 332
306 Helsing 1995b, S. 124
307 Kershaw 2000, S. 765
308 Mahler: Ausrufung des Aufstandes der Anständigen
309 Verlagsprospekt
310 Holey 1999, S. 163 f.
311 Helsing 1995b, S. 11
312 vgl. hierzu Heller/Maegerle 1998
313 Helsing 1995a, S. 114, 1995b, S. 250
314 In Helsing 1995a, S. 109 werden Haushofer Behauptungen zugeschrieben, ohne dass dieser Autor in Quellenangaben oder Literaturliste überhaupt vorkommt. Zu den «etlichen Tibetreisen» Haushofers s. Helsing 1995a, S. 104 und 109
315 Helsing 1995a, S. 109
316 Helsing 1995a, S. 117
317 Helsing 1995a, S. 101
318 Helsing 1995a, S. 106
319 Helsing 1995a, S. 29, 228 u.a.
320 Helsing 1995a, S. 65
321 Holey 1999, S. 20
322 Holey 1999, S. 13
323 «Verbrechen sind Verbrechen, dabei darf die Rasse oder Religion der Tätergruppe oder ein Geschehen in deren Vergangenheit kein

Grund sein, bei der Beurteilung einer aktuellen Straftat vorteilhafter als bei anderen Kriminellen vorzugehen.» (Helsing 1995b, S. 11)

324 Helsing 1995b, S. 11

325 Holey 1999, S. 188

326 Holey 1999, S. 233

327 Holey 1999, S. 180

328 Holey 1999, S. 239

329 Holey 1999, S. 79, 201

330 Holey 1999, S. 150

331 Holey 1999, S. 203

332 Conrad 1998, S. 125

333 Conrad 1998, S. 119

334 Conrad 1998, S. 126

335 Conrad 1998, S. 133

336 Conrad 1998, S. 153

337 Conrad 1998, S. 143

338 Conrad 1998, S. 143

339 Conrad 1998, S. 144

340 Conrad 1998, S. 91

341 s. Antifa-Nachrichten, 5/98 und Der rechte Rand, 53/1998 und 16/2000, s.a. Psychologie heute, Juli 1997

342 Hitler hatte in seiner Wiener Zeit Kontakte zu Ariosophen. Himmler hatte esoterische Tendenzen.

343 Mahler: Ausrufung des Aufstandes der Anständigen. Mahler dankt dem Rabbi, dass er «endlich wieder die theologische Dimension der Judenverfolgung – wenn auch unter einem völlig abwegigen Gesichtspunkt – zur Sprache gebracht hat».

344 zitiert nach Goodrick-Clark 1998, S. 121 f.

345 Helsing 1995a, S. 150 ff.

346 Helsing 1995a, S. 281

347 Laut Verlagsprospekt war ursprünglich der Titel *Geheimgesellschaften III* vorgesehen.

348 Helsing 1996, S. 15

349 In *Geheimgesellschaften I* hatte Helsing den dritten Weltkrieg auf S. 204 mit dem Golfkrieg 1991 beginnen lassen und gleich auf der nächsten Seite für das Jahr 1996 in Aussicht gestellt.

350 Helsing 1996, S. 69

351 Holey 1999, S. 219

352 Helsing 1995a, S. 292

353 Helsing 1995a, S. 295.

354 Helsing 1995a, S. 295. Großschreibung im Original

355 Helsing 1995b, S. 329, Großschreibung im Original

356 Helsing 1997, S. 30

357 Helsing 1997, S. 35 f

358 Helsing 1997, S. 40

359 Helsing 1997, S. 43

360 Helsing 1997, S. 38

361 Helsing 1997, S. 110 f

362 Helsing 1997, S. 98

363 Zu den historischen Fakten s. Heller/Maegerle 1998. Helsing hat sich mit der Forschung zum Thema offenbar nie befaßt. Viele Symbole und führende Männer der NSDAP gingen aus der Thule-Gesellschaft hervor. Hitler war ihr Gast.

364 Helsing 1997, S. 123 f.

365 Helsing 1997, S. 188 und 182

366 Ernstzunehmende Informationen zu den deutschen Kreisflügelflugzeugen enthält Flugzeugprofile Nr. 23, Flugzeug Publikations, 23, Illertissen 1997 und Juan Miranda: Die geheimen Wunderwaffen des Dritten Reiches: die deutschen Raketen- und Raketenflugzeugprojekte 1934-1995. Illertissen: Flugzeug Publikations 1995. Zu einem Raketenprojekt der SS vgl. *Der vergessene Raketenflug*, Fernsehfilm von Nikolai Vialkowitsch am 7. April 2001 in Südwest 3. Beim Start einer bemannten Rakete am 1. März 1945 explodierte das Gerät und der Pilot starb.

367 Zu Epp s. dessen Lebenserinnerungen Epp 1994 und Derrich 2000, S. 132. Zu Schaubergers enttäuschtem Leben s. Derrich 2000, König, S.192

368 Helsing 1997, S. 142, 173, 172, 181

369 Dieser Satz gehört zu einer längeren Passage, die identisch in Helsing 1995a, S. 139 steht.

370 zum folgenden Helsing 1997, S. 174 ff. Helsing belegt das Geschilderte durch «transmediale Durchsagen».

371 Holey 1998, S. 254

372 Helsing 1995a, S. 290

373 Helsing 1997, S. 232 ff.

374 Helsing 1997, S. 141

375 Helsing 1997, S. 210, 273

376 Diesen Titel haben wir bei Micha Brumlik stibitzt, dessen Buch *Die Gnostiker* wir die Anregungen für den systematischen Teil des folgenden Kapitels verdanken.

377 Brumlik 1995, S. 290, s.a. 292 ff.

378 Jo Conrad 1998, S. 214, 107

379 Holey, Hannes 2000, S. 7

380 Holey, Hannes 2000, S. 192

381 Holey, Hannes 2000, S. 13, 85, 192. Hervorhebung im Original

382 Holey, Hannes, 2000, S. 73

383 Holey, Hannes, 2000, S. 86, Hervorhebung im Original

384 Holey, Hannes, 2000, S. 366, 378

385 Mahler zitiert dieselbe Stelle in seinem *Offenen Brief an Daniel Goldhagen.*

386 Holey, Hannes 2000, S. 107

387 Holey, Hannes 1997, S. 167

388 Holey, Hannes 1997, S. 168, 171

389 Holey, Hannes 2000, S. 113 f.

390 Holey, Hannes 2000, S. 291

391 Gugenberger 1998, S. 184 f.

392 Zu Hörbiger vgl. Heller/Maegerle 1998, S. 72.

393 Rosenberg 1936, S. 24

395 Holey 1998, S. 190

396 Lange vor Helsing hat Jaques de Mahieu (1975) diese Theorie ausgebreitet.

397 Holey 1998, S. 123

398 Holey 1998, S. 107 ff.

399 Holey 1998, S. 178

400 Holey 1998, S. 156 u.a.

401 Holey 1998, S. 235 f.

402 Holey 1998, S. S. 166 f. und 182

403 Holey 1998, S. 180

404 Holey 1998, S. 170

405 Heller/Maegerle, 1998, S. 100. Helsing spricht in Helsing 1995a, S. 116 von einer «Geheimgesellschaft, [der] Elite und [dem] innersten Kreis der SS, nämlich [der] SS ‹SCHWARZE SONNE›», die er damals noch im Universum statt im Erdinneren ortet.

406 Holey 1998, S. 213, 262

407 Holey 1998, S. 192

408 Holey 1998, S. 192

409 Holey 1998, S. 127, 190

410 Holey 1998, S. 204 f.

411 Holey 1998, S. 208 f.

412 Holey 1998, S. 198

413 Helsing 1995a, S. 262

414 Holey 1998, S. 209

415 Holey 1998, S. 226

416 Holey 1998, S. 264

417 Holey 1998, S. 211

418 Holey 1998, S. 269

419 Helsing 1995a, S. 172

420 Holey 1998, S. 239. Was es tatsächlich mit der Operation Paperclip auf sich hat, auf die sich Helsing hier bezieht, beschreibt Christopher Simpson in Der amerikanische Bumerang: NS-Kriegsverbrecher im Sold der USA, Wien 1988

421 Holey 1998, S. 183

422 Holey 1998, S. 228

423 Holey 1998, S. 225

424 Holey 1998, S. 145
425 Holey 1998, S. 219 f.
426 Holey 1998, S. 331
427 Holey 1998, S. 200 f.
428 Holey 1998, S. 198
429 Holey 1998, S. 306
430 Holey 1998, S. 208
431 Holey 1998, S. 289, 279
432 Helsings Vorschlag, vor dem Spiegel zu onanieren und sich dabei selbst in die Augen zu gucken, deutet darauf, s. Gugenberger 1998, S. 190
433 Holey 1998, S. 268
434 grow (Darmstadt), 1-2/2000
435 Holey 1998, S. 186
436 Holey 1998, S. 188
437 Holey 1998, S. 334 f.
438 Geheimgesellschaften: Verschwörungstheorie heute und im Dritten Reich; Aldebaran-Versand Köln 1998. Das Video enthält weiterhin ein Interview mit Wilhelm Landig, der in der Verlagswerbung als «kürzlich verstorbenes letztes Mitglied einer deutschen Geheimgesellschaft» vorgestellt wird.
439 Helsing 1997, S. 294
440 hierzu auch Gugenberger 1998, S. 186 ff.
441 Helsing 1995b, S. 23
442 Helsing 1995a, S. 302
443 Helsing 1995a, S. 262
444 Gugenberger 1998, S. 146, 164, 167, 186 ff. (dort eine Aufzählung der Quellen)
445 Helsing 1995a, S. 321
446 Helsing 1995a, S. 325
447 Helsing 1995a, S. 110 und 317
448 Helsing 1995a, S. 269
449 Helsing 1995a, S. 217
450 Holey 1998, S. 320
451 Holey 1998, S. 34
452 Helsing 1997, S. 207
453 Helsing 1997, S. 18 ff.
454 Helsing 1997, S. 139
455 Helsing 1997, S. 136
456 Helsing 1995a, S. 120 (dort: «Reichsdeutsches SS-Geheimarchiv), 130 (dort im Plural), Helsing 1997, S. 125
457 Helsing 1997, S. 211
458 Helsing 1997, S. 230 und 293
459 Helsing 1995a, S. 225, 227, 240 u.a.
460 Gugenberger 1998, S. 147 u.a.
461 Holey 1998, S. 151, 317. Zu ZeitenSchrift s. Gugenberger 1998, S. 227 ff
462 Helsing 1997, S. 157. Landig lebte in Wien, Mr. X in der «[Balken von 15 Buchstaben] Hauptstadt [Balken von vier Buchstaben]». Wer löst gerne Kreuzworträtsel?
463 Holey 1998, S. 228
464 Landig 1980, S. 167 und mündliche Information
465 Serrano 1987, S. 61
466 vgl. Heller/Maegerle, 1998, S. 149
467 s. das zitierte Video UFOs – das Dritte Reich schlägt zurück
468 Landig 1980, S. 4
469 Holey 1998, S. 7
470 Helsing 1995a, S. 129 und Helsing 1997, S. 129 f.
471 beides in Helsing 1995a, S. 129 und Helsing 1997, S. 129
472 Helsing 1995a, S. 111f
473 Helsing 1995a, S. 117
474 Holey 1998, S. 229
475 Helsing 1996, S. 218
476 Gugenberger 1998, S. 198
477 zitiert nach Gugenberger 1998, S. 155. Zur Verbreitung s.a. Goldner 2000, S. 28 f.
478 Heller/Maegerle 1998, S. 147 ff. und Gugenberger 1998, S. 156 f.
479 Klumb sollte auf dem Wave-Gothic-Treffen in Leipzig 2000 singen. Nachdem dies verboten wur-

de, trat seine Band von Thronstahl ohne ihn auf (Blick nach rechts, 13/2000). Zu Klumb s.a. Sünner 1999, S. 191

480 s. Verfassungsschutzbericht des Bundesinnenministeriums 1999, S. 86

481 Junge Welt, 5. November 1996.

482 zu Petak s. Sünner 1999, S. 193

483 Heller/Maegerle, 1998, S. 145. Eines der jüngeren Beispiele wird in Blick nach rechts, 16/2000 erwähnt

484 Zu Mahlers Seitenwechsel s. Kraushaar 2000, S. 172 ff.

485 hierzu Kraushaar in: Reemtsma 1991, S. 215 f., 220

486 Mahler: Endlösung der Judenfrage: Gotteserkenntnis statt Judenhaß

487 Kraushaar 2000, S. 175

488 Brief Mahlers «an diverse Redaktionen» zur Vorbereitung der 3. Montagsdemonstration am 15. März 1999 in Berlin

489 Blick nach rechts, 2/2001

490 Schönhuber 2000, S. 31

491 Bei Goethe: «Sire, geben Sie Gedankenfreiheit!»

492 Die beiden Weltkriege und die Zwischenkriegszeit, in der, so die These, dauernd gegen Deutschland gekämpft wurde; vgl. Ernst Nolte: Der europäische Bürgerkrieg 1917-1945: Nationalsozialismus und Bolschewismus.

493 Beide Zitate in Mahler: Ausrufung des Aufstandes der Anständigen. Der Text ist auch als Broschüre des Deutschen Kollegs erhältlich.

494 Mahler: Offener Brief an Daniel Goldhagen

495 Mahler: Endlösung der Judenfrage

496 Mahler: Endlösung der Judenfrage, Hervorhebung im Original

497 Schönhuber 2000, S. 33 f., 46, 174, 237

498 Mahler: Weihnachtsbotschaft 2000

499 Mahler: Offener Brief an Daniel Goldhagen

500 Mahler: Was sind die Tatsachen? und: Offener Brief an Daniel Goldhagen

501 Mahler: Begreifen des Holocaust statt Monumentalisierung der Schande

502 Mahler: Ausrufung des Aufstandes der Anständigen

503 Mahler: Begreifen des Holocaust statt Monumentalisierung der Schande

504 Mahler: Was sind die Tatsachen?

505 Mahler: Ausrufung des Aufstandes der Anständigen

506 Mahler: Annahme und Bewährung. Junge Freiheit, 16. Oktober 1998

507 Gegen diese Entschuldung wendet sich Mahler in der Jungen Freiheit, 16/1998

508 Mahler: Ausrufung des Aufstandes der Anständigen. Mahler spricht hier von einer «theologischen Dimension der Judenverfolgung»

509 Mahler: Ausrufung des Aufstandes der Anständigen

510 Mahler: Ausrufung des Aufstandes der Anständigen. Dieses Dokument enthält ein «Hunderttageprogramm» für eine zu bildende «nationale Notstandsregierung». Es ist eine geringfügige Aktualisierung eines Entwurfes, den Oberlercher in den Staatsbriefen 1/1993 zur Diskussion gestellt hatte.

511 Mahler: Was sind die Tatsachen?

512 Mahler: Ausrufung des Aufstandes der Anständigen

513 Mahler: die Zukunft der 68er-Idee

514 Mahler: Ausrufung des Aufstandes der Anständigen.

515 Mahler: Offener Brief an Daniel Goldhagen

516 Der Spiegel, 6/2001

517 Mahler: Die Zukunft der 68er Idee

518 s. Blick nach rechts, 2/2001

519 Nation und Europa, Januar 2001

520 Zentralorgan 10, Sommer 2000, S. 39

521 Enzyklopädie des Holocaust, 1998, S. 1194

522 Frankfurter Rundschau, 1. 11 .2000

523 Frankfurter Rundschau, 20. 12. 2000

524 Landser (Internettext November 2000)

525 Armin Pfahl-Traughber: Die Entwicklung des Rechtsextremismus in Ost- und Westdeutschland. In: Aus Politik und Zeitgeschichte. Beilage zur Wochenzeitung Das Parlament, 22. September 2000

526 Blick nach rechts, 13/2000

527 Die Tageszeitung, 9./10. 12. 2000

528 Bernd Wagner: Zur Auseinandersetzung mit Rechtsextremismus und Rassismus in den neuen Bundesländern. In: Aus Politik und Zeitgeschichte, Beilage zur Wochenzeitung Das Parlament, 22. September 2000. Zu dem erwähnten Feindkatalog s. die Fußnote zu Wagner in dem Kapitel «Sprachliche Symbole»

529 Adorno 1977, Bd. 10/2, S. 689

530 Beispiele von Kriegserklärungen enthält auch die Süddeutsche Zeitung vom 31. März 2001

531 Blick nach rechts, 2/2001

532 Frankfurter Rundschau, 5. 12. 2000

533 Die Tageszeitung, 19. Januar 2001

534 Frankfurter Rundschau, 2. April 2001

535 blick nach rechts, 23/2000

536 Mahler: Flugschrift an die Deutschen, die es noch sein wollen

537 Mahler: Was sind die Tatsachen?

538 Karl Richter: «Deutsche Leitkultur», in: Nation und Europa 11/12 2000

539 zitiert nach Blick nach rechts, 24/2000)

540 Huttenbriefe für Volkstum, Kultur, Wahrheit und Recht, Jan.-April 2001

541 z.B. Riefenstahl 1987, S. 509

542 Alle zitierten Texte Mahlers außer Schönhuber 2000 standen bis März 2001 auf der Internetseite www.horst-mahler.de, ab März 2001 in www.deutsches-reich.de. Die meisten sind in diversen Zeitschriften veröffentlicht. In der Literaturliste sind nur die wichtigsten hier zitierten texte angegeben.

Register

E

F

G

H

I

J

K

L

M

N

O

P

R

S

T

U

V

W

Z

Franziska Bruder/ Heike Kleffner (Hg.)

Die Erinnerung darf nicht sterben

Barbara Reimann – Eine Biografie aus acht Jahrzehnten Deutschland

reihe antifaschistischer texte 6

258 Seiten, ISBN 3-89771-802-2

„Vorbereitung zum Hochverrat, Abhören ausländischer Sender und Wehrkraftzersetzung" – so lauteten die Anklagepunkte auf dem Haftbefehl, mit dem die Hamburger Gestapo Barbara Dollwetzel im Juni 1943 verhaftete. Ohne Prozeß, mit dem vermerk 'Rückkehr unerwünscht' wurde die damals 23jährige Barbara gemeinsam mit ihrer Mutter nach fast einem Jahr Untersuchungshaft ins Frauenkonzentrationslager Ravensbrück verschleppt.

Searchlight/Antifaschistisches Infoblatt/Enough is Enough/rat (Hg.)

White Noise

Rechts-Rock, Skinhead-Musik, Blood & Honour – Einblicke in die internationale Neonazi-Musik-Szene

reihe antifaschistischer texte 7

3. umfangreich akt. Auflage, ca. 200 Seiten, ISBN 3-89771-803-0

„...ein sehr gut recherchiertes Buch, das trotz der Fülle an Fakten unterhaltsam zu lesen ist und in keinem antifaschistischen Bücherschrank fehlen sollte. Als Standardwerk für Lehrer und allen in der Jugendarbeit Tätigen nur zu empfehlen!"

Antifaschistische Zeitung

Andreas Speit (Hg.)

Ästhetische Mobilmachung

Dark-Wave, Neofolk und Industrial im Spannungsfeld rechter Ideologien

reihe antifaschistischer texte 8

ca. 220 Seiten, ISBN 3-89771-804-9

Jenseits der Nazi-Skin-Musik etabliert sich innerhalb des Darkwave und Industrial eine rechte Musikszene, die sich zwischen Mythos und Ästhetik bewegen. Doch die Mythen sind nicht ohne Traditionen und die Ästehik nicht ohne Ideologie.

A. Woeldinke/H. Schatz

‚Deutsche Arbeit' und Antisemitismus

Die folgenreiche Geschichte und Gegenwart eines deutschen Wahns

reihe antifaschistischer texte 9

200 Seiten, ISBN 3-89771-805-7

Die Autorinnen untersuchen ausgehend von einer historischen Reflexion des deutschen Arbeitsbegriffs die gesellschaftlichen Abgründe der Projektion einer 'raffenden, jüdischen Nichtarbeit'.